史論・宗教論

최남선 한국학 총서 15

사론·종교론

최남선 지음

류시현 옮김

景仁文化社

일러두기

본 총서는 각 단행본의 특징에 맞추어 구성되었으나, 총서 전체의 일관성을 위해 다음 사항은 통일하였다.

1. 한문 원문은 모두 번역하여 실었다. 이 경우 번역문만 싣고 그 출전을 제시하였다. 단, 의미 전달상 필요한 경우는 원문을 남겨 두었다.

2. 저자의 원주와 옮긴이의 주를 구분하였다. 저자 원주는 본문 중에 ( )와 ※로 표시하였고, 옮긴이 주석은 각주로 두었다.

3. ( )는 저자 원주, 한자 병기, 서력 병기에 한정했다. [ ]는 한자와 한글 음이 일치하지 않는 경우와 한자 조어를 풀면서 원래의 한자를 두어야 할 경우에 사용했다.

4. 맞춤법과 띄어쓰기는 『표준국어대사전』의 「한글맞춤법」에 따랐다. 다만 시문(詩文)의 경우는 운율과 시각적 효과를 고려하여 예외를 두었다.

5. 외래어 표기는 『표준국어대사전』의 「외래어표기법」에 따랐다. 「외래어 표기법」의 기본 원칙은 현지음을 따른다는 것으로, 이에 의거하였다.

   1) 지명: 역사 지명은 우리 한자음으로, 현재 지명은 현지음에 따르는 것을 원칙으로 하였다.

   2) 인명: 중국은 신해혁명을 기준으로 이전의 인명은 우리 한자음으로, 이후의 것은 현지음으로 표기하였고, 일본은 시대에 관계없이 모두 현지음으로 바꾸는 것을 원칙으로 하였다.

6. 원래의 글은 간지 · 왕력 · 연호가 병기되고 여기에 일본 · 중국의 왕력 · 연호가 부기되었으나, 현재 우리에게 익숙한 시간 정보 규준에 따라 서력을 병기하되 우리나라 왕력과 연호 중심으로 표기하였다. 다만, 문맥상 필요한 경우에는 해당 국가의 왕력과 연호를 그대로 두었다.

사 론 · 종 교 론

제1부

사론(史論)

아사인수(我史人修)의 애(哀)*
- 최후의 정신적 파산

1

　정당하여야 할 물건이 너무 정당하지 않게 쓰이는 것 가운데 역사라는 것이 있다. 올바른 서술과 선명함으로써 우리 사회적 생활의 보감이 되어야 할 그 본래의 사명은 흔히 뒷줄로 돌려지는 경우가 있다. 도리어 강자와 권력자의 이용물이 되어서 정의롭지 못함과 부도덕함의 엄폐물이 된다. 그리고 그들의 잘못되고 나쁜 행위를 변호하는 자료가 됨은 사실상 역사의 입장에서 보면 기막힌 억울함이라 할 것이다.

　훌륭한 화장품일수록 가장 추악한 얼굴의 화장거리가 된다. 이렇게 역사가 수많은 비행(非行), 패덕자(敗德者)의 얼굴 가리개 혹은 보호막으로 쓰이고 있다. 이는 틀림없이 역사 자신의 위대한 실제적 능력을 증거 세우는 것이다. 가장 잘 취하게 하는 것이 가장 좋

* 이 글은 1925년 10월 21일에서 22일까지 『동아일보』에 실렸다. "아사인수(我史人修)의 애(哀)"란 "우리 역사를 다른 사람이 연구하는 슬픔"이란 뜻으로, 여기서 다른 사람은 일본인을 가리킨다.

은 술이란 증거가 된다. 하지만 좋은 술이 독한 약처럼 악용됨은 술 자신의 큰 망신이 아닐 수 없다.

역사가 인심을 농락하고 말로써 잘못을 감추는 점에서 무엇보다 위대한 능력과 효과를 가진 것을 진작부터 알아차린 사람은 강자, 권력자, 승리자들이었다. 이를테면 어떠한 정치적 전환점에서 약자가 대개 잘못한 사람이 된다. 그리고 국가적 큰 변혁의 경우에는 더욱 그 정도가 강해진다. 나아가 민족적 흥패의 사태에는 역사가 가장 몰염치하게 악용되는 것이 지금까지의 일반적인 사례이다.

가까운 일로 말할지라도, 고려 왕조 말기에 관한 조선 시대의 기록 같은 것이 어떻게 승자의 미소와 함께 패자의 억울함을 상징하는 것이 아니겠는가? 명나라 말기의 실제 사정에 관한 만주족 청나라의 기록이 어떻게 정복자의 입장에서 유리하게 만든 횡포를 표시한 것이 아니겠는가?

2

조선과 일본의 민족적 갈등은 실로 하루아침에 생긴 것이 아니요, 또 수시로 한쪽이 일어나면 다른 한쪽이 기울어서 어느 한편이 늘 우뚝하거나 늘 납작하지 아니했던 것이 대개 사실이었다.

최근 불행히 조선은 패자의 고통을 맛보게 되었고, 온갖 권력을 그에게 빼앗기게 되었다. 기록과 변론의 권능도 그 속에 들어 있다. 이것을 좋은 기회로 하여 그들의 염치없는 꾸밈과 가식은 자유 분망한 날개를 시간과 공간 속에 벌리게 되었다. 수많은 교묘한 말은 자기를 속이고, 우리를 속이고, 나아가서는 세계의 이목을 어지럽히고 있으니 기막히다.

그런데 그들의 이러한 노력이 있는 한편에, 그 상대편인 조선인은 한가함과 태만함으로 인해 도리어 반비례를 짓고 있다. 양자 관계의 사실이 더욱 뒤집어진 상황인 상태로 고정되었다.

양 민족이 한쪽은 최고조이며 다른 한쪽은 가장 어려운 상황을 보이게 된 최근의 관계 속에서 그 진실을 바라는 것이 도리어 어림없을 일일지도 모르겠다. 하지만 연대가 올라갈수록 조선이 우월하고 강력했던 처지를 가지는 고대의 사적(事蹟)까지 이번 기회에 아주 심하게 억눌리어서 변환되고 있다. 그런데도 아무도 무엇이라고 하는 사람 없이 그것이 사실인 것처럼 된 것이 억울하며 굴욕이 아니겠는가?

3

알기 쉬운 한 사례를 말해보자. 그들의 이른바 진구황후(神功皇后)의 삼한 정벌이란 것은 이미 그들 자신의 진보적 역사가의 손에 위조된 설임이 분석, 논파되었다. 하지만 이것이 그들의 국민성 배양의 자료가 된다고 여겨 그들만의 손에 선전된 이 자료가 아직 무식한 외국인의 몰비판한 승인을 얻고 있다. 그래서 마치 조선이 옛날에도 일본에게 굴욕을 받은 일이 있는 것처럼 통설이 되고 있다. 아! 이 얼마나 기막힌 원통함이 아닌가?

또 이것이 최근 조선의 국가가 무(無)로 돌아간 것에 대한 억울함을 풀어줄 일대 숙업처럼 선전되고 있으니 과연 비통함이 아니겠는가? 이것이 그대로 우리 자제(子弟)의 교과서에 들어가 있다. 노비 문서가 없어도 이것이 억지로 있는 것처럼 이를 믿으라고 하는 소비극(笑悲劇)이다. 말은 해서 무엇하겠는가?

그런데 일본인의 손에 만들어진 지금까지의 양 민족 관계의 기술이라는 것이 대개 이 정도로 허망한 것이다. 그런데도 어느 정도만큼 그대로 세상 사람에게 신용을 얻고 있다. 반면 당사자인 조선인은 그렇거니 저렇거니 도무지 무관심, 무대응으로 지내고 있다. 이를 볼 때마다 역사가 바르거나 비뚤거나 똑같이 큰 능력과 효과를 가진 존재임을 아는 우리의 눈에는 남모르는 뜨거운 눈물이 마를 수 없다.

4

옛날부터 일본인처럼 역사로서 정치의 보조물을 삼기 좋아하는 국민이 없었다. 또 일본인만큼 역사를 조작함으로써 예상 밖의 성공을 거둔 국민이 없다고 할 수 있다. 지금 일본인의 역사란 것을 본질적으로 살펴본 사람들이 잘 아는 바이다. 어느 서양 사람은 만일 일본인이 역사를 만드는데 발휘한 천재성을 다른 예술이나 문학상에도 드러낸다 하면 가장 경탄할 가치가 있는 작품을 오직 일본에서만 보게 될 것이라고 했다.

그렇다. 그들처럼 예술 기교와 문학적 형상이 많이 가미된 역사는 진실로 세계에 드물다 할 수 있다. 그것은 사실의 규명이나 재료의 배치나 표현의 방식이나 문구의 정확으로 그렇다는 것이 아니다. 허구와 전설을 그대로 실제 있는 것처럼 바꾸는 데 비범한 기량과 용기가 있다는 찬탄일 뿐이다.

어떠한 나라의 역사든지 그 고대에 속하는 부분이 얼마만한 정도의 전설적 모습을 가지고 있지 아니한 것이 없다. 하지만 일본처럼 엉터리 같은 후대의 설화만으로 뭉뚱그려진 경우는 없다. 고대뿐만 아니라 근대까지도 그 상태에서 벗어나지 못한 나라는 다시 없다.

문학적 작품인지, 전설적 기록인지에 관한 식별이 일본 역사에서처럼 혼란스러울 수가 없음은 일본 역사가 스스로 자주 한탄하는 바이다. 하지만 이것은 대개 국민성 도야(陶冶)의 꿀단지요 위정자, 더욱 사상 지도자의 화수분이다. 때문에 지금까지 일본에서는 그것에 관해 섣부르게 무슨 소리를 하다가는 의외의 봉변이나 보고 말 것이 일상적인 사례가 된다.

이러한 기초 위에 이미 하나의 견고한 국민성을 수립했다. 또 이

러한 구성물로써 최근에 이르러 꽤 큰 국민적 성공을 거두기까지
되었다. 이만큼 맛 들인 역사 조작의 재미를 그들이 얼른 잊어버리
지 못함은 괴이하지 않다고 할 듯하다.

5

그러나 자기네 집안만의 일이라면 있는 일을 없다 하더라도, 없
는 일을 있다 하더라도 상관없다. 그리고 와케노 기요마로(和氣淸
麿)[1]가 있었거니 없었거니, 고지마 다카노리(兒島高德)[2]의 이야기가
정말이거니 만든 것이니 하는 것도 상관없다. 교과서에 찢어 버렸
다고 대서특필한 도요토미 히데요시(豊臣秀吉)에 대한 명나라의 책
봉문이 실제 실물이 남았거나 그렇지 않거나 상관없다. 이것은 자
기들이 필요할 때 마음대로 재미를 보게 내버려 둘 수 있다. 하지
만 자기들의 존영(尊榮)을 위하여 구태여 남을 모함하거나 욕먹게
하는 일이 있다 하면, 이 창피를 당하는 이들에게 이런 기막힌 일
이 어디 있겠는가.

그런데 지금까지 저들의 손에 만들어진 한일 관계의 역사는 대
부분 이런 것들이다. 여기다가 다시 국숫발 늘이듯 잡아 뽑은 턱없
는 종이 가닥을 기다랗게 붙인 것들이다. 그것도 고의로 또 특별한
의도로 그렇게 한 것들이다. 자기에게 긴요하면 조그만 사실이라
도 가장 도수 높은 현미경적 확대를 행하고, 그 반대로 그렇지 않
다면 하늘 가운데 떠 있는 해라도 손가락 하나로 덮어 없애려 하기
를 예사로 했다.

1 와케노 기요마로(733~799)는 일본 나라 시대 말기, 헤이안 시대 초기의 관료
로 수도 건설을 제안하고 궁궐 조성을 담당했다.
2 고지마 다카노리(?~?)는 일본 카마쿠라 막부 말기부터 활동했던 무사로, 근
대 일본의 학교 교육에서 민족 영웅으로 부각되었다. 그러나 그에 관한 기록
이 적어 가공인물이란 설이 제기되었다.

최근 한때의 승패로 인해 조선인에게 영원한 과거와 완전한 범위에 있어서 열약자일 운명을 짊어지게 한 억울함이야 무슨 푸념을 하여야 시원할지 모를 지경이다. 그러나 어떠한 의미로 말하면 남을 떠다밀고라도 우뚝한 자리에 올라앉은 이가 실제로 약은 사람이다.

약자가 변명을 할수록 부끄러운 일이라고도 할 수 있다. 남을 원망하고 허물하기보다는 우리 스스로 이에 관해 자기가 진상 규명하겠다고 천명하는 적극적 노력이 필요하다. 아울러 타인의 무고함을 타파하는 적극적 항쟁이 없다는 부끄러움을 스스로 깨달아야 한다. 역사적 진실의 파악에 깊게 책임감을 가져 열심히 노력하는 자세를 지니는 것이야말로 가장 현명한 일이라 할 것이다.

6

조선 역사의 진실이 엄폐 또 매몰되는 것은 다만 외교 방면에 그치는 것이 아니다. 이유 없는 악선전 때문에 턱없는 오인을 받는 일도 일본에 대해 그치는 것도 아니다. 도리어 그보다 중대한 의미와 가치를 가진 여러 가지에서 드러나야 할 많은 것이 깊이, 깊이 파묻혀 있음을 본다.

그러나 그 관계가 얼마나 소중하든지, 그 영향이 얼마나 커다랗든지 조선인은 스스로 모르는 체하고 있다. 심지어 남에게 내어 맡기고 있으니 이를 어찌하겠는가. 그러고도 부족하여 바로 그따위 것을 어디에다 쓰겠냐고, 스스로 제 역사를 능멸하며 모욕하는 경향조차 생기고 있으니 어찌할 바를 모르겠다.

조선 사람이 내버리는 조선의 역사는 다시 한 번 일본인이 손에 주워가는 바 되었다. 이번에 새로이 조선사 편찬에 관한 부서가 생기고 관리가 배치되었다. 그리고 어렵다는 재정에도 불구하고 80만 원이란 적지 않은 돈이 투여되었다. 또한 조급한 성미에 10년 가까운 세월을 이 일에 허비하겠다고 한다.

그 일을 담당하는 사람은 계속해서 성명을 발표하고 있다. 이번에야말로 무슨 목적을 위한 고의의 곡필(曲筆)을 아니하겠음을 세상에 서약하고 있다. 마치 지금까지는 곧잘 그런 일을 한 것을 스스로 참회하는 것 같다. 이렇게 서두르는 모습이 자주 보인다.

아무리 그들이 이번 일에 최선을 다한다 하여도 남의 손에 되는 일이 나에게 따뜻하기를 바라는 것은 도리어 바라는 이의 억지일 것이다. 이러니저러니 하더라도 그들이 또한 일본인임을 기억하지 않을 수 없다. 그저 그렇게 하는 대로 굿이나 본다 할 수밖에 아직 다른 말을 할 것은 없다.

다만 우리 역사를 가지고 남이 무슨 법석을 떨든지 당사자인 조선인이 일방적으로 화도 내지 않고 흐리멍덩한 상태이다. 또한 자극받은 바가 커서 떨쳐 일어남을 보지 못했다. 이러한 모습을 보면서 조선인이 이미 최후의 정신적 파산까지 한 것은 아닌지를 염려스럽게 생각할 뿐이다.

조선역사통속강화개제 *
(朝鮮歷史通俗講話開題)

태극은 조선에서 가장 신성한 표호(表號)[1]이다. 아득한 옛날에 생겨서 오늘까지 왔고 또 언제까지든지 갈 것이다. 이 오래된 문장(紋章)은 동시에 신비의 창고이다. 우리 먼 선조가 디자인해서 전해 준 유일한 유형적 유적이다. 이 하나의 표식은 우리의 연속성에 관한 확실한 지주이며 우리의 발전성에 관한 심후한 근원인 것이다.

우리의 오래되고 심원한 심령적 노작(勞作)과 넓고 두텁게 착종된 생활상 경험이 완전히 – 그래, 완전히 이 간단한 것처럼 보이는 태극 속에 다 들어 있다. 글씨 아닌 역사이다. 책이 아닌 경전이다. 우리 생명력이 샘솟는 원천이다.

조선에서 태극의 의의는 태양을 나타낸 것이다. 생명력의 본체인 태양은 실로 조선 고유 종교의 유일한 대상이었다. 그러나 태극은 세계 보편, 인류 공통의 일대 기호요 결코 조선인만이 독특하게 소유하거나 전용하는 것은 아니다.

---

* 이 글은 1922년 9월 17일에서 12월 17일까지 『동명』 제3호~제16호에 실렸다.
1 속의 것을 겉으로 드러내 보이는 부호나 표지를 말한다.

민족과 시대를 따라 여러 가지 의미로 쓰지만 그 공통된 기원을 찾아보면 대개 생식기를 본뜬 데서 비롯하여 차차 태양의 표호로 진화한 것임을 알 수 있다. 또 그 형식도

등 여러 단계를 거친 것임을 알 수 있다. 十도 사람 몸에서는 생식기, 우주에서는 태양의 상징임이 물론이다.

그렇지만 태극은 세계 어디에도 유례가 없을 정도로 조선에서 민족 생활에 중대한 가치를 가지며, 문화 성립에 심오한 의의를 가지고 있다. 생명과 활동의 원동기(原動機)로 또한 무진장한 흥미와 교훈으로 조선인의 영원한 성재(聖材)되는 태극을 찬송합시다. 축복합시다.

태극의 원시형인 十이 역사의 이론을 가장 교묘하게 구현한 것임을 우리는 신기하게도 알고 있다. 조선인의 신성한 기호가 동시에 역사학의 적절한 표상이 됨은 조선인 사학자로서 가장 심대한 감흥을 느끼지 않을 수 없다. 조선 역사의 개강에서 첫 번째로 이 말을 끄집어 내는 것이 어쩐지 우리가 강의하는 자리의 앞길을 축복하는 축문(祝文)처럼 생각된다.

우주 만물은 모두 유동적이다. 한 모서리에 머물지 않으며 잠시라도 가만히 있지 않는다. 생명의 호흡이 계속됨과 풍만함으로, 가로는 공간 속에서 세로는 시간 속에서 발전한다.

이 무궁한 대생명의 오묘한 대활동 가운데 '인생의 활동'이란 하나의 파란이 있다. 그 범위는 좁을 망정 우주 만물과 마찬가지로

생명의 본능을 받아서 유동과 발전의 연쇄적 동작을 꾸며 나간다. 평면적으로 연속하는 동작이 그로 하여금 사회를 만들게 하고, 수직적으로 연속하는 동작이 그로 하여금 역사를 만들게 한다.

가로로 놓고 보는 역사가 곧 사회이며, 세로로 놓고 보는 사회가 곧 역사다. 역사란 사회적으로 활동하는 인생의 기록이며, 시간적으로 전람(展覽)하는 사회의 사진이다. 원시인으로서도 아니요, 개인으로서도 아니라 사회인으로서 인생의 활동을 시작한 곳에서 역사의 싹이 생겼다.

인류의 사회적 생활상에서 나타나는 대생명의 발전 사실을 인과적 연쇄로써 관찰하고 정리하여 가치로써 판단하고 기록으로써 표현하는 것을 역사 또는 사학이라고 한다. 역사는 사람이 생겨 난 뒤부터 오늘날까지 잠시도 쉬지 않고 인류 생활의 큰 물줄기를 전부 포함하고 총괄한 일반적 과정이다.

역사는 복잡한 인류의 사회적 생활을 질서 있게 보여 주고 복잡한 시간상 변화를 맥락으로써 갈라 주는 것이다. 역사는 과거의 사실을 통해 현재를 알게 하고 미래를 보게 하는 것이다. 귀중한 경험의 가치를 완전히 향수하게 하는 인생학에 있어서 역사는 귀중한 한 분과이다.

十자의 횡선은 곧 공간상의 평면적 발전을 나타낸 것이다. 가로선은 곧 시간상의 수직적 연속을 나타낸 것이다. 그리하여 종횡 양선으로 연결된 십자의 교차점은 곧 역사의 발생점이며 역사적 사실의 핵심이다.

十이 나아가 ❀으로 변화한 것은 물질적, 심령적인 무수한 파동으로 인류의 역사적 활동이 전개됨을 표상하는 것이다. 나아가 태극으로 변화한 것은 원동(原動)과 반동(反動), 직접과 간접의 무수한 인과적 관계가 미묘한 이법(理法)으로써 둥그런 한 덩어리가 되는 곳에 역사의 실상(實相)이 있음을 드러내 보이는 것이다.

통속 강화인 이 자리에 어려운 이론과 어수선한 방식은 긴급하거나 중요하지 않다. 위에서 약간 설명한 역사의 성질을 가지고 보면 十이나 태극이 얼마나 역사의 기호로 꼭 들어맞는지를 짐작할 수 있다.

더욱 조선 민족의 전체 생활과 그 기록인 역사는 하나의 태극 개발(開發)에 불과함을 알면 무한한 흥취가 여기서부터 솟아남을 깨달을 것이다. 옳다, 모든 조선의 모든 역사는 하나의 태극이다. 이 신비를 발명(發明)하는 것이 조선 역사의 사명이다. 얼마나 이를 잘 설명할 것인지 여부가 진실로 이 강화가 기대하는 바이다.

우주의 대생명이 조선인 및 그 국토를 통해 얼마만큼 나타났는지를 찾는 것이 조선 역사이다. 바꾸어 말하면 조선인이 조선 국토를 가지고 얼마만큼 천지의 화육(化育)[2]을 도왔는지 그 성적을 살피고 그 가치를 심판하는 것이 조선 역사의 직능(職能)이다.

우주의 생명이 어느 국토에 나타나기 위해 반드시 민족이란 기관을 통하고 문화라는 형식을 취한다. 역사의 가치란 것은 곧 민족의 현명함과 어리석음과 근면함과 태만함을 살펴보는 것이다. 이로 말미암아 생긴 문화의 질과 양이 얼마나 되는지를 비교하며 살피는 것이다. 그럼으로써 민족과 문화는 역사를 연구하는 중추적 양대 문제이다.

조선 역사의 실제적 문제는 조선 민족의 연원이 무엇인지부터 비롯한다. 조선인이 어떠한 종족인지, 어디서 생겼는지, 어떻게 움직였는지, 어느 때 성립되었는지, 어떻게 해서 현재의 국토를 가지게 되었는지, 어떻게 해서 현재의 사회 모습을 만들게 되었는지, 어

---

2 자연이 만물을 낳고 자라게 함을 말한다.

떻게 해서 현재의 민족성이 양성되었는지, 역사적 또는 지리적의 종족 관계는 어떠한지 등은 다 조선 민족 문제에 관한 중요한 주제이다.

그러나 민족의 규명은 요약하건대 그가 승계한 문화의 계통과 그가 만들어낸 문화의 성질과 그가 발전시킨 문화의 영향을 밝히는 것이 전제이다. 조선의 문화는 어떻게 발생했는지, 어떠한 사정과 어떠한 조건과 어떠한 진로로 발달했는지, 다른 문화에 대한 영향을 주고받음은 어떠했는지, 얼마만큼 창조력을 발휘했는지, 자기의 존재와 생활을 보장하기에 얼마만큼 노력이 있었는지, 세계 인문의 나아감에 대하여 얼마만한 기여를 했는지, 문화의 개발에 대한 조선인의 독특한 효능이 얼마나 되는지, 문화적 대동(大同)의 조류에 섞여서 얼마만한 부담과 협동을 기대해도 좋을지, 동시에 남에 비해 문화적 결함이 무엇인지도 조선 역사가 당연히 천명해야 할 주요 문제이다.

인류 문화의 서광은 '사람'이란 자각에서 시작되었다. 인격적 노력으로써 내적 연마와 외적 모습을 쌓은 곳에 발달과 생장(生長)이 있었다. 각각 개별적으로 존재하던 인류가 점차로 집단을 이뤘다. 그리고 집단 자각을 가지고 공통한 감정과 공통한 욕구로써 공통한 목적을 위해 공통한 공력을 들이는 동안에 씨족 관계가 생기고, 민족 관계가 생기고, 사회가 되고, 국가가 되었다.

씨족이나 민족이나 국가나 사회나, 이를 조성한 각 분자가 이 집단의 일원이라는 자각의 명확한 과정 여부에 따라 그 운명이 성장과 쇠퇴의 여러 모습을 보였다. 집단적 통일의 공고한 정도 여부를 따라 흥하거나 망하거나 하는 양극으로 나뉘게 되었다. 집단생활의 여러 단계를 골고루 밟는 동안 감정의 순화와 지능의 숙련 발달을 마친 자가 문화의 강자로 세계에 큰 행세를 하게 되었다. 이는 곧 우주의 생명력이 점차로 나타나게 되는 정당한 질서에 합치했기 때문이다.

모든 문화적 현상은 요약하건대 인성(人性)과 자연의 꽃피움이다. 당연히 필 꽃은 마침내 피게 되는 것이다. 이 인연으로 하여금 가깝게 하기도 하고 이때로 하여금 빠르게 하게 하는 것이 민족의 능력이다.

민족의 능력은 지리적 조건이나 경제적 상황과 같은 물리적 또는 기계적 구속을 받음이 크다. 하지만 동시에 인성의 일부인 창조력, 탄발력, 응용력의 발동(發動) 정도 여부로써 환경과 상황에 대하여 어느 정도 합당한 개화(改化)를 베풀 수 있는 것이다.

이러한 능력의 발휘는 하나의 민족과 하나의 국가 역사에 영광과 명예를 얻게 해준다. 가장 험악한 국면을 헤치고 가장 곤란한 상황에서 업적을 이루는 곳에 가장 큰 영예가 있는 것이다. 마치 가장 암흑한 구름 속에 가장 빛나는 섬광이 나오는 것과 같다.

그 대신 이러한 제약 아래 있으면서 줄곧 끌려 쫓겨 다니는 자에게는 당연한 보수가 수치와 굴욕과 고민과 신음이다. 역사의 교훈적 방면에서 가장 주요한 점이 이것이다.

자기를 아는 것이 모든 지식의 근본이다. 자기의 과거를 알고 현재를 알고 그리하여 앞으로 올 운명을 똑바로 알고자 함은, 자기의 존엄과 생활의 가치를 생각하는 이에게 무엇보다 앞서는 긴급한 지식이다. 더욱 역사는 현재 우리의 처지가 유래한 모든 원인을 정확하게 알게 해 줌으로써 참으로 긴급한 반성과 심오한 분발을 촉진하게 만들며 마주한 개화와 지위의 향상에 견고한 출발점을 공급한다.

우리로 하여금 자기의 본질을 투시하고 자기의 입지를 바로 보게 한다는 점에서 역사는 진실로 유일하고 정확한 영사막이다. 이 점에서 민족적 자각을 유발하고 나아가게 하며, 자각한 내용을 충실케 하여 진실한 자조심(自助心)을 조장하고 확실한 자주력을 수립케 하기 위해서는, 어떠한 시편(詩篇)보다도 철학보다도 역사가 가장 유력한 것이다.

아니, 자기의 역사에 대하여 항상 정당한 이해가 있다면 새삼스럽게 자각하고 애쓸 필요도 없으며 또한 자조, 자주와 같은 것이 문제될 까닭이 없다. 그의 반대로 자각이 필요하고 자주가 급무인 민족, 사회, 시대이기 때문에 무엇보다 먼저 자기의 역사에 대해 정확한 관념을 가지기에 힘써야 한다.

조선인 형제여! 우리들은 우리 자신을 얼마나 아는가? 우리가 무엇임을 – 어떠함을 – 어찌해야 하는지를 얼마나 아는가? 비역사적 민족이란 말은 야만의 동의어이다. 비(非)역사와 무(無)역사의 거리가 그리 멀지 않음을 생각할 때, 아아! 몸에서 소름이 치지 않는가? 과학적 연구의 합리적 해명을 했던 시기와 사건도 없이 입으로만 남과 같다며 역사적 자부심으로 호언장담함이 어찌 양심에 미안한 일이 아닌가?

남과 같은 영예가 우리 역사에 있음도 사실이다. 그러나 영예를 영예로 주장할 만큼 우리는 얼마나 확고한가? 남만큼 어려웠던 시기와 사건이 우리 역사에 있음도 사실이다. 그러나 어려움을 어려움으로 애통하는 자각이 우리는 얼마나 절실했던가? 문화적 능력자 또 강자가 된 뒤에야 존재가 보장되고, 생활이 안정되고, 즐거움과 기쁨이 차례에 오는 것이다. 그런데 이에 대한 성찰과 마음가짐과 노력이 우리는 얼마나 돈독한가?

조선의 문화는 진실로 전체 아시아 의식의 종합적 표현이요, 전체 아시아 정신의 혼일적(渾一的)³ 발로이다. 이 때문에 더욱 분발하

---

3 혼일(渾一)은 한데 섞어서 하나로 만듦을 의미한다.

고, 이 때문에 더욱 노력해서 파묻힌 영광을 파내고, 감추어진 광명을 끌어내고, 잠자는 심령을 깨우고, 감추어진 능력을 발휘해서, 세계 문화의 대조류(大潮流)에 조선인의 꽃배를 두둥실 띄울 수 있는 우리의 성의가 얼마나 되는가?

이에 관한 감상을 펼쳐 놓을 지면이 있지 아니하니까 잘라서 말하자. 금일의 조선인은 참으로 생명이 있는 민족이 아니다. 또 현재의 심사(心事) 그대로는 결코 활발한 활동력을 지녔다고 기대하기 어렵다.

곧바로 민족적 일치로써 문화권 내에서 유력한 일꾼이 되지 않으면 모든 일이 허사이다. 이러한 일에는 조그만 틈도 있어서는 안 된다. 묵은 터전을 다스리고 새집을 이룩하기 위해 사용해도 줄지 않는 도덕적 용기를 오래된 우리 역사 가운데서 길러 내야 한다.

역사를 살펴보아야 하겠다, 밝혀야 하겠다. 알아내야 하겠다. 태극이 포함하고 있는 무한대를 반만년 사실을 통하여 고찰하고 밝혀야 할 것이다. 이것 하나만은 남의 손톱 하나 대지 못하게 해야 한다. 온전히 내 정신, 내 능력, 내 준비, 내 공적으로 시간상의 광복(光復)을 성취해야 한다.

그렇다. 우리가 당면한 커다란 급무는 공간상의 광복만큼 중요한 의미를 지닌 시간상의 광복이다. 아니, 공간상의 광복보다 앞서 시간상의 광복을 이루어야 한다. 그래서 신비와 성령(聖靈)의 태극을 영원히 신비하며 성령하게 하도록 하자.

1. 선사 시대 – 석기

역사는 변천을 연구하는 학문이다. 변천이라 함은 현재의 무슨 사물이 결코 원시로부터 현재의 상태로 이러하던 것이 아니라, 현재의 상태를 이루기까지 무수한 단계와 수많은 전화를 거친 것이라고 이해하는 것이다. 어떤 사물이든지 배후를 뒤져 보면(그 밑을 파 보면) 현재의 상태하고는 전혀 다른 원시 상태가 된다는 말이다.

개구리는 올챙이 시절이 있고 올챙이는 알인 적이 있다는 셈이다. 나비는 번데기 시절이 있고 번데기는 누에인 적이 있고 누에는 알인 상태에 있다는 셈이다. 조선만 가지고 말할지라도 현재의 사회 상태를 이루는 과정과 구조의 재료는 진실로 복잡하고 층위가 많은 것이다.

변변치 않은 것이라도 내력을 캐어 보면 문화 계통의 간섭과 종족 관계의 출입에 관해 세계적인 범위를 가지는 것이 많다. 우리 조선의 신성한 표호(票號)인 태극 같은 것도 전 인류의 전체 역사를 가지고야 그 기원과 분표와 연혁과 의의를 설명할 수 있는 하나의 적실한 사례이다.

그러나 보통 역사라 하는 것은 흔히 문적(文籍)에 기록되어 전해져 있는 것을 연구한다. 멀리 올라가더라도 구비 전설이 유래한 기간과 관계한다. 오로지 유적과 유물만 가지고 인류의 과거를 관찰 연구하는 것은 '고고학'이 담당하는 것이 상례(常例)이다.

어떠한 부분은 '인류학', '인종학', '토속학', '종교학', '언어학', '금석학', '고천학(古泉學)[4]', '문장학(紋章學)', '지질학', '지리학', '해부학', '생물학' 등에게 분담시키는 것도 많다. 이 여러 학술의 조사 · 발명 · 단안(斷案)의 보조를 받지 않으면 근거 있는 논리와 결

---

4 옛 화폐를 연구하는 학문 분야이다.

과를 얻을 수 없다. 더욱 문헌이 미비한 고대사는 대부분의 재료를 이런 학과에서 거두어 쓰는 것이다.

동서양의 구별 없이 문적이 아니면 역사가 아닌 줄로 아는 시절도 있었다. 또 기록이 있기 이전 일은 이른바 "그 모습을 고찰할 수 없다."란 셈으로 전혀 모를 것으로 여긴 시절도 있었다. 그러나 진보한 학술은 한편으로 기록이 있을지라도 황당하고 의심스러운 것은 그대로 믿지 아니하고 반드시 과학적 관찰과 고찰을 실시했다.

동시에 다른 한편으로 한 글자의 기록이 없을지라도 한 조각의 인골(人骨), 한 무더기의 조개껍질, 동굴에 우연히 새겨진 옛 자취, 분묘 발굴에서 요행히 발견한 유기(遺器) 내지는 목구멍에 나오는 언어, 지상의 언덕과 물줄기를 모두 붙잡아다가 구성한 역사, 생활 언어를 바탕으로 한 역사로 인류 생활의 과거를 당당하게 설명한다. 이러저러한 인류 지식의 시간적 범위가 갈수록 연장되고 확대된다. 인류가 출현한 이래로 현재에 이르기까지 인문의 과정을 흔히 세 단계로 나누어 관찰한다.

1. 문자상 자료가 조금도 존재치 아니하고 유적, 유기만 가지고 연구하는 선사(先史, Prehistoric)기
2. 약간의 문헌이 있지마는 대개 전설이 위주인 원사(原史, Protohistoric)기
3. 문자와 실제 유적이 함께 전하는 유사(有史, Historic)기

그 가운데 1과 2는 대개 고고학 기타의 영역이요, 3은 확실한 역사의 영역이다. 하지만 어떤 민족·국가·문화든지 기록이 미처 생기지 않거나 미비한 동안은 역사와 고고학의 경계가 확실하게 나누어지지 않는다. 그래서 서로가 보탬이 되지 않으면 안 된다.

또한 세 단계를 연대로 말하면, 민족과 문화의 정도 차이에 따라 그 멀고 가까움이 서로 다르다. 어떤 민족은 유사기에 들어 온 지 이미 오래인데 다른 민족은 원사기에 있고 또 다른 민족은 오히려 선사기에 머무는 일도 있다.

조선 민족의 유사기는 2천 년 이전으로 소급하지 못한다. 그 이전에 약 2~3천 년의 원사기가 있었으며 또 그 전에는 아득한 선사기가 있었다. 조선을 반만년의 역사국이라고 하며 조선인을 반만년의 역사적 민족이라 함은 물론 유사와 원사의 양 시기를 합산한 말이다.

오늘날 우리들이 철(鐵)로부터 받는 혜택은 진실로 한량없다. 가옥의 건축·기구의 제작 등 생활 재료의 대부분은 철의 도움을 받았다. '철 시대'라는 말까지 있거니와, 인류가 처음부터 철을 이용할 줄 알았던 것은 아니다.

"인류는 도구를 사용하는 동물(Man is the tool-using animal)"이란 말처럼 인류하고 다른 동물하고 현격하게 다른 특징이 도구의 사용이다. 개화가 아직 유치한 단계에서는 여러 과정을 거쳐 인위적 방법으로 비로소 생산되는 금속을 얻을 수 없었다. 자연적으로 생기고 손쉽게 얻어 사용할 수 있는 목석(木石), 골각(骨角) 등으로 도구의 재료로 삼았다.

대나무와 일반 나무로 만든 것은 쉽게 닳아져 버려서 매우 오래된 시대의 제작품은 현재까지 남아 있는 것이 없다. 석제와 골각제의 기구가 오늘날 우리가 알 수 있는 인류 유물 가운데 가장 오래된 것이다.

나무와 돌로 만든 기구로써 생활한 지 몇 만 년만에 비로소 금속을 이용해 날카롭지 못하고 깨지기 쉬운 석기의 불편함을 대신하

게 되었다. 그것도 유연한 청동에서 시작해서 점차로 수철(水鐵)[5]로
진보했다.

청동기 사용의 연대는 오랜 문화를 가진 바빌론·이집트에서도
약 5천 년 전후로 더 이상은 올라가지 못한다. 철기를 쓰게 된 것
은 그보다도 훨씬 뒤이다. 철의 이용이 보편적이고 성대하게 되기
는 진실로 최근세의 일이다. 인류의 도구, 더욱 이기(利器)의 주요한
재료를 가지고 인류의 문화를 석(기) 시대(Stone age), 청동(기) 시대
(Bronze age), 철(기) 시대(Iron age)의 세 단계로 나눔이 오늘날 고고
학의 상례다.

그러나 세 단계의 시대가 어느 것이든지 맺고 끊는 경계가 있어
한 편에서 다른 편으로 옮기는 것도 아니다. 또한 어떠한 민족이든
지 이 세 단계의 시기를 반드시 차례로 밟는 것도 아니다. 또한 그
시기를 말해도 민족과 집단에 따라서 멀고 가까움과 길고 짧음이
서로 다르다.

우리 조선, 넓게는 동양에서는 최근까지 석기에 대하여 그다지
유념하지 않았다. 하지만 우리 선민(先民)의 일파인 숙신씨(肅愼氏)
는 석노(石砮) 즉 돌로 만든 화살촉을 사용함으로 옛날부터 유명했
다. 청석(靑石) 화살촉이 주위 민족에게 큰 두려움을 주었음을 내외
옛 기록에 전해지고 있다.

또 북관(北關) 여러 곳에서 수령 같은 이들이 돌화살·돌도끼를
얻어 가지고 와서 숙신씨 유물이라고 매우 귀하게 여긴다. 하지만
석기는 결코 숙신씨만 있었던 것이 아니다. 또한 이러한 종류도 화
살촉과 도끼에 한정된 것도 아니다.

세계 다른 모든 지방처럼 중국에도 있었고 조선에서도 북관뿐

---

5 탄소의 함량이 높은 철의 합금으로, 강도가 낮은 철을 말한다.

아니라 반도 남북 이르는 곳마다 골고루 석기 유물이 산포해 있다. 고조선의 일부를 형성하는 남·북만주도 또한 그러하다. 이로서 우리 조선에는 석기 시대의 인민이 살았던 것을 알 수 있다.

우리 석기 시대의 유적은 포함지(包含地)와 산포지 두 가지로 나눌 수 있는데, 본래 포함지였던 것이 무너지면서 산포지가 되는 것이다. 유물 있는 곳은 흔히 산 위와 산자락이요, 바닷가에도 꽤 많이 있다. 지금까지 포함지로 가장 유명한 곳은 경주 반월성의 옆구리이다. 경기 근처에서는 인천·강화 등이 다 유명한 포함지이다.

석기 시대를 흔히 구석기와 신석기의 양 시대로 나눈다. 구석기 시대의 것은 정교하지 않은 타제(Chipped)뿐이요, 신석기 시대에 와서는 타제 외에 마제(Polished)가 생겼다. 또 그 제작이 정교해졌고 종류가 매우 많아졌다.

돌 화살촉은 화살과 활의 사용에 따라 신석기 시대부터 생겼다. 마제의 돌도끼, 돌칼 등이 또한 이 시대의 대표적인 유물이다. 우리 조선의 석기는 석촉 이외에는 아직까지 마제뿐이요, 타제는 발견되지 않았다. 이로써 조선의 석기 시대 인민은 신석기 시대에 들어간 줄을 알 수 있다.

석질은 흔히 '슬레이트'인데, 북관에서 나는 것은 청색이 많고 남중(南中)에서 나는 것은 황색을 띠는 것이 많으며, 가끔 흑요석도 있다. 석촉은 길거나 짧거나, 넓거나 좁은 다양한 형태가 있다. 돌도끼는 흔히 납작하고 평평하다. 끌[6]도 있으며 날이 무뎌지면 갈아 쓰는 숫돌도 있다. 기다란 석창도 있으며 두껍거나 얇거나 길거나 짧은 다양한 돌칼도 있다.

---

6 망치로 때리거나 손으로 밀어서 나무에 구멍을 파거나 겉면을 깎고 다듬는 데 쓰는 연장을 말한다.

석촉을 가지고 보건대, 일본에는 타제도 꽤 많이 있지만 조선에는 대개 마제뿐이다. 만주의 석기는 마제요, 몽고는 타제이다. 그러므로 조선과 만주가 석기의 측면에서 밀접한 관계가 있고 일본은 도리어 조선과 만주보다는 몽고하고 연락이 있음을 알 수 있다. 성진(城津) 이북에는 타제 석촉이 마제 석촉과 섞여 있다.

석기의 사용이 없어진 지 오래여서 그것에 대한 기억조차 없어졌다. 실물이 자주 발견되었는데 무엇인지 몰라서 여러 가지 상상설이 만들어졌다. 일대의 석학이던 주희(朱熹)도 석촉을 하늘이 내린 물건이라 한 것이 그의 어록에 보인다.

혹자는 천연 광물로 생각하기도 했다. 땅 속에 묻혀있던 것이 비 온 후에 흔히 노출되므로 공중에서 낙하하는 줄 오인하기도 했다. 『본초강목』같은 책에는 뇌부(雷斧)·뇌침(雷礵)·뇌침(雷砧) 등의 이름으로 기록했다.

유럽에서도 또한 비슷한 이름을 지었다. 모두 뇌우하고 관계가 있다 하여 호신부 비슷한 미신을 붙인 예가 각국에 흔하다. 세조 때의 저술가 이육[7]은 『청파극담(靑坡劇談)』에서

별이 떨어져 돌이 된다. 우레가 친 다음에 돌이 나오는데 칼 같기도 하고 도끼 같기도 하다. 깎고 다듬은 솜씨가 진실로 우연히 이루인 것 아니며 솜씨 좋은 장인의 손을 거치지 않고는 될 수 없는 것이다. 혹시 천지조화의 능력이 원래부터 신비하며 인위적인 것보다 훨씬 뛰어남인가? 천상의 자연물이 이렇듯 정교한 것이 누구의 뜻인가? 무릇 천지간 스스로 생긴 물(物)처럼, 초목의 꽃처럼 교묘한 것이다. 이는 음양의

---

7 이육(李陸; 1438~1498)은 조선 시대의 관리로 과거 합격 후 성균관 직강이 되었다. 이후 대사헌과 병조참판을 지냈다. 저서로는 『청파집』, 『청파극담』이 있다.

정(精)을 빌어서 한때 빛나는 것이다. 금옥토석(金玉土石)으로 말하면, 인력을 빌지 아니하면 공예적 아름다움을 이루지 못하는 것이다. 내가 뇌부(雷斧)·뇌검(雷劍)에 관해서는 어찌 된 셈을 알 수가 없는지라, 박물군자(博物君子)를 기다릴까 하노라.

라고 한 것이 있어, 우리 선민의 석기에 대한 관념을 볼 수 있다. 옛 사람이 무엇인지 몰라서 궁금하게 생각했으며 신비롭고 괴기하게 생각했던 이것들이 실상 우리 조상의 생활상 필요 기구였다. 이것이 오늘날 위대한 문화를 만들어 내던 기본 토대였다. 또한 우리 역사가에게는 고대 문화를 문자 이상으로 명확히 설명하여 주는 좋은 스승이자 벗인 것이다.

2. 선사 시대 – 패총

석기는 혹시 산골짜기나, 계곡 옆이나, 해안 같은 데 노출되어 있지만 학술적 가치가 가장 큰 것은 조개무지(패총·패허 등이라고 쓰는 것, Shell-mound) 속에서 바로 끄집어낸 것이다. 왜냐하면 발견된 장소와 존재 상태를 같이 있는 여러 기물과 함께 살필 수 있기 때문이다.

조개무지를 앞 사람들도 발견하지 않은 것이 아니지만 흔히 조개 잡이, 소라 잡이하는 이가 벗겨서 내버린 것으로 알고 무심히 지나쳤다. 그러나 이것은 대개 석기 시대의 인민이 식용으로 먹고 난 찌꺼기를 내다버린 쓰레기통이다. 쓰레기통이기 때문에 그때 그들의 생활상의 자료와 기구가 폐물 혹은 오염물로 그 속에 섞여 있다. 지금도 경성인의 생활품을 골고루 알려면 가장 편리한 방법으로 광희문 밖에 있는 쓰레기 내다 쌓은 데를 가보는 것이 손쉬울 것이다.

온갖 정도(程度), 온갖 종류의 온갖 물품, 온갖 양식을 한구덩이 속에서 다 발견할 수 있다. 조개무지는 태고의 인류가 생활에 관계되는 모든 물종(物種)의 표본을 깊이 한 곳에 감춰서 후인(後人)들로 하여금 자기들이 가졌던 기술, 풍속과 사용하던 동물의 종류, 인종적 소속까지를 알게 해주는 것이다. 말하자면 태고 인류의 생활 박물관이라고 할 수 있다.

이 조개무지의 소재지는 대개 석기 시대 인민의 큰 취락이 있던 곳이다. 따라서 유물 외에도 여러 가지 역사상 증험을 할 수 있다. 그러므로 조개무지는 글씨로 쓰여 있지는 않지만 태고인의 생활사, 문화사의 책장이다. 수백, 수천 년을 두고 층층이 퇴적한 곳이었던 이 단층이 진실로 섣부른 기록보다 훨씬 명료하고 매우 정확한 연대기 노릇을 하는 것이다.

조선에서 조개무지를 학술적으로 조사한 것은 매우 최근의 일이다. 북방에서도 가끔 발견한 것이 있지만 내용을 검토하고 계통을 설명할 수 있는 것은 대개 남방의 것이다. 남방, 더욱 바다와 가까운 산자락 곳곳에서 조개무지를 볼 수 있다. 그중에도 김해의 봉황대 근처에서 발견한 것이, 원시 민족으로부터 신라 초기까지 이르러, 가장 완전한 연대기를 보여주고 있다. 우리 태고 시대의 정형(情形)을 고찰하는데 이 유적지가 일대 광명이 되었다.

맨 밑에는 석기만 나오지만 차차 상층으로 갈수록 골기·각기(角器)도 나오고, 토기도 나오고, 철기도 나오며, 다소의 문화적 유물도 나온다. 이로 말미암아 사학·고고학·민족학 등이 귀중한 자료를 얻었음은 물론이다. 게다가 한 옆으로 능곡(陵谷)과 생물의 변천 등 지리학·동물학 등에도 여러 가지 증거와 시사점을 제공받았다.

김해 근처의 조개무지에서 나오는 각류(角類)의 유물을 살펴보면, 그때 이 지방에 큰 사슴이 산 것이 분명하다. 하지만 지금은 북관(北關)밖에 없는 것이다. 바다표범도 유물 속에 섞여 나오지만 지금은 이 근처의 바다에서 보지 못하는 것이다.

이 조개무지는 10년 이래로 여러 번 학자의 손을 거쳤다. 더욱 최근(1920년)에는 크게 과학적 발굴이 시도되었고 조직적 연구를 진행하고 있다. 그래서 우리 민족사와 문화사에 일대 새로운 경지를 개척하게 되었다.

3. 고분

조개무지와 버금가는 실물적 역사는 분묘이다. 땅을 파고 망인(亡人)의 유골을 안장하는 것은 인류의 한 특성이다. 분묘의 경영은 신석기 시대로부터 생겼다. 생전의 주거는 아주 변변치 못한 인민이라도 사후의 영역은 매우 정성을 다함이 일반적인 사례이다. 문화의 정도를 따라 그 구조를 상당히 견고하며 높게 하려고 했다. 거기에 미술적 장식까지 더 했다.

사후의 생활을 생전과 다름이 없도록 하려 함인지, 생전의 손때 묻은 기명(器皿)[8]은 사후에까지 가지고 있으라고 함인지, 또 긴요한 물품을 풍부하게 휴대시켜 불편이 없으라고 함인지, 고분 안에는 많은 실용적·장식적 기물이 주인공의 유골과 함께 있다.

아울러 무덤의 조성은 당시의 주거 상태를 유추하기 좋은 자료가 된다. 인골이 전부 고스란히 남아 있을 뿐만 아니라 더러 다수가 함께 매장되어 있기 때문에 골격을 측정하여 종족을 추측할 수

---

8 집안 살림살이에 쓰이는 여러 가지 기구를 말한다.

있는 근거가 매우 튼튼하다.

고분 속의 유물은 여러 실용품이 한곳에 모여 있을 뿐만 아니라 상당한 질서를 가지고 당대의 형식에 맞춰 진열되어 있다. 따라서 당시 사람의 생활 방법과 문화 정도를 조사 연구하기에 매우 적절한 편의를 제공한다. 나아가 그들의 신앙과 예술과 기타 특수한 부문에 속하는 사항까지를 상당히 설명해 준다.

조개무지에서는 애매했던 것이 고분에서는 분명해지는 것이 많다. 고대사를 밝혀주는 조개무지가 관솔불쯤 되면, 고분은 화톳불 노릇을 한다. 고분은 진실로 고대사 연구의 보고이다.

또 조개무지는 석기 시대에 한정된 유적이지만 고분은 선사 시대로부터 원사, 유사의 여러 시기를 통해 계속되어 온 것이다. 따라서 고분은 역사 연구에 편리함과 이익됨이 매우 크다. 더욱 문적이 없었던 시기를 대상으로 할 때 과거를 살피기 위해서는 거의 유일하고 가장 오래된 자료가 된다.

우리 조선인이 이 땅에 정주(定住)하던 초기부터 이미 분묘를 만들어 온 듯하다. 또 조선인은 예부터 장례를 잘 치루는 풍속이 있었다. 그러므로 다른 유적은 비록 보잘 것이 없지만 분묘 하나는 곳곳에 귀중한 자료를 지니고 있는 것이 상당히 많이 있다.

조개무지 이외에는 다만 분묘만 가지고 연구되는 것이 조선의 고대사이다. 조선의 고분은 유일하고 가장 정확한 조선 고대사 그것이다. 또 고분 조성의 기간이 오래되기로 거의 세계에 유례를 볼 수 없는 것이다. 기록이 벙어리 노릇하는 동안 고분이 이야기꾼 노릇을 한다.

분묘가 여러 가지 귀중한 재료를 지닌 것은 역사가보다도 먼저 도적의 주의를 끌었다. 괭이와 부삽만 가지면 값진 옛 물건을 쉽게 취득할 수 있는 고분은 밑천 없이 하는 장사치의 좋은 꿀단지와 같왔다. 처음에는 금은주옥(金銀珠玉)만 주의를 기울였지만 학자가 관심을 가진 뒤부터는 도깨그릇[9] 부스러기와 썩은 쇠 조각이 모두 다 그들의 큰돈 장만하는 거리가 되었다. 파기만 하면 유물이 나는 통에 도굴과 약탈이 점점 더 심해졌다.

학자들이 "분묘를 발견하기는 쉬워도 그 속에 무엇이든지 남아 있는지를 발견하기는 어렵다."라고 한탄하게 되었다. 조선에도 '묘구도적'이란 것이 옛날부터 있었지만 최근 10~20년 동안 몰염치한 일본 사람 – 멀쩡한 불한당들이 들어와서 땅속까지 후비고 훑는 통에 학자의 보고(寶庫)가 참담한 해를 입은 것은 생각할수록 애석한 일이다.

고려자기가 이러한 사태의 근본 원인이 되었다. 개성 · 풍덕 · 장단 근처의 왕릉과 민가(民家)가 차마 눈뜨고 볼 수 없는 지경에 이르렀다. 이를 볼 때 안타까운 마음을 금할 수 없다.

또 꼬부장 구슬[10], 흙 항아리가 근심의 원인이 되었다. 남쪽 이르는 곳마다 조선인뿐만 아니라 일본인 자기들의 민족 문화와 관련해서 중요한 의혹과 난점을 해결하는 관건이 될 수 있는 무수한 고분들이 대다수가 형체가 없이 사라지게 되었다. 무엇보다 큰 손실이다.

수효가 원체 풍부해서 참담함을 면한 것만 가지고도 어지간히 옛일을 생각할 수 있는 재료를 찾아 확인할 수 있다. 그러니 망정이지 하마터면 수천 년 동안 내려 온 고문화의 등촉이 터무니없이 꺼지고 말 뻔했다. 아슬아슬한 일이었다.

그러나 미운 일본인과 함께 고마운 일본인이 있음을 생각해야

---

9 독, 항아리 등의 그릇을 통틀어 이르는 말이다.
10 곡옥(曲玉)을 의미한다.

한다. 한 가지, 그래, 딱 한 가지 일본인을 향하여 고맙다고 할 일이 있다. 다른 것이 아니라 '고적 조사 사업'이다. 모든 것이 못마땅한 가운데 딱 한 가지 옹호하여 줄 일이 고적의 탐구와 유물의 보존에 대해 근대적 · 학술적 노력을 쌓아 간 사실에 있다.

우리 자신으로 말하면 부끄러운 일이며 콧잔등이에 화톳불을 질러 놓을 일과 같다. 조선 사람이 아니하는 조선 일을 일본인이 하는 것이기에 그 공렬(功烈)이 더욱 빛나는 것이다.

문화에는 국경이 없다 할지라도 즉 학술에는 나와 남이 없다 할지라도 일본인의 손에 비로소 조선인 생명의 흔적이 천명된다는 것이 얼마나 큰 민족적 수치인지는 더 말할 필요가 없다. 일본인이 발견하고 천명한 공든 탑이 일척(一尺)만 올라가더라도 조선인이 없애거나 버려서 생긴 욕패(辱牌)[11]가 일장(一丈)씩이나 높아진다. 이를 생각할 때면 몸에서 소름이 돋지 않을 수 없다.

'아시리아학'(Assyriology)이 누구 손에 건설되든지, 멕시코의 고적 조사가 누구 힘으로 경영되든지 이는 종족과 사회가 무수한 변천을 지난 오늘날 누가 더 영화가 되고 누가 더 치욕인 것이 아니다. 하지만 저 '이집트학'(Egyptology)이 이집트인 이외 사람의 손에 건설되고, 인도의 고문화 연구가 인도인 이외 국민의 힘으로 경영되어 가고 있다. 이 점이 현재 이집트와 인도인의 상태를 반영한다고 생각하면 이집트와 인도인의 짓밟힌 지위와 흙칠당한 체면이 다른 어떤 것보다 여기서 가장 잘 나타난다 할 만하다.

문화의 계승자이어야 할 자가 도리어 파멸자가 되고 민족적 재산을 늘려 나가야 할 자가 도리어 탕아가 된다면, 그들의 과거 생명에 영광이 줄어들고, 현재 생명에 존엄이 없어지고, 장래 생명에

---

11 일본인의 '공든 탑'과 대비되어 유적 유물 보호에 소홀한 조선인이 받게 될 불명예스러운 간판을 의미한다.

기대할 바가 없을 것이라는 점은 당연한 업보이다. 주워 가는 남이 있는 것은 버리는 내가 있기 때문이다.

일본인의 '조선 고적 조사 사업'은 아마 세계 인류로부터 영원히 감사를 받을 일인지도 모르겠다. 또 우리들도 다른 사람에 끼어서 남만큼 감사를 주는 것이 당연한 일이다. 하지만 제가 할 일을 남이 한 ─ 남도 하는데 저는 모른 체한 ─ 우리 집 세간을 샅샅이 들추어내는 남이 있는 줄을, 임자인데도 기척도 알지 못한 것이 얼마나 염치없고 면목 없는 일인 줄 생각하면 ─ 이 부끄러움이 언제까지든지 사라지지 아니할 것임을 생각하면 감사하겠다는 용기조차 나오지 않는다.

우리가 이제 민족적 일대 각성을 가진 것은 사실이다. 그러나 그 각성은 아직 혼돈이다. 명료한 자각은 마땅히 정제된 내용을 가져야 한다. 이름을 구하기 전에 실상을 만들어야 한다. 이름도 찾아야 하겠지만 실상은 따로 있는 것이다. 이름에서 큰 정신을 차린 다음, 다시 한번 실상에서 깊은 정신을 차려야 한다.

정신부터 독립할 것이다. 사상으로 독립할 것이다. 학술에서 독립할 것이다. 특별히 자기를 지켜주는 정신, 자기를 발휘하는 사상, 자기를 구명하는 학술적으로 절대적인 자주, 완전한 독립을 실현할 것이다.

조선인의 손으로 '조선학'을 세울 것이다. 조선의 피가 속에 돌고 조선의 김이 겉에 서리는 활발한 대조선 경전(經典)을 우리 자리에서 우리 힘으로 만들어 놓을 것이다. 부끄러운 줄 알아야 한다. 발분해야 한다. 나를 내가 알려고 해야 한다. 내 생명의 샘을 내 손으로 파야 한다. 내 영광의 북을 내 손으로 두드려야 한다.

조선에서 실지의 유물 발굴을 통한 학술적 연구의 시작은 광무 6년(1902) 동경제국대학의 세키노 다다시[12] 씨가 건축 조사에 착수한 것에서 비롯되었다. 그 결과가 1922년 「한국건축조사보고」로 이루어졌다. 융희 3년(1909)에 대한 정부에서 고건축물 및 고적 조사를 착수하게 되자 지난 번의 인연으로 세키노 씨가 그 소임을 맡게 되었다. 그 결과로「한홍엽(韓紅葉)」,「조선예술지연구」,「조선예술지연구 속편」 등이 나왔다. 그 뒤로도 계속해서 일본 사람에게 계승되었는데 규모가 점차로 확대되고 사업도 크게 진보되었다.

이로부터 선사 유적, 고분, 사적 등의 조사 연구, 발굴, 보수 등 여러 방면에서 해당 전문 학자의 손에 상당히 볼만한 성적이 생겨났다. 1916년 이래로 해마다 내는 조사 보고서와 평안남도에 있는 한사군 및 고구려의 유적에 관한 특별 보고서와 시베리아에 있는 고민족의 유적에 관한 특별 보고서 등은 모두 다 그 노고의 산물이다. 그중에서도『조선고적도보(朝鮮古蹟圖譜)』(7책 출간)는 순수한 학술적 편찬으로 귀중한 내용으로 구성되어 학계에 불후의 지침서로 평가되고 있다.

그러나 조선에서의 고적 조사 사업 - 더욱 고분 연구는 아직 초창기에 속한다. 따라서 준비 과정이 미흡하고 무질서가 심하다. 학술적 검토를 통해 학문적 체계를 세우고는 있지만 전망이 오히려 망연(茫然)하다.

'망연'이란 빈 구석이 있음으로 인해 실제로 우리에게 치욕이란 낙인을 없앨 수 있는 출구를 찾을 수 있다. 크거나 작거나 상관없이 우리의 분발 노력의 여하가 얼마만큼이라도 과거를 반성하고, 현재를 잘 수습하고, 장래를 개척할 수 있게 해주는 매듭이다. 아직도 늦지 않았으니까 이를 출발점 삼아서 자신의 진면목을 제대로 인식해야 할 것이다. 이러한 마음가짐 하나만 가지더라도 넉넉히

---

12 세키노 다다시(關野貞; 1867~1935)는 일본의 동양 건축사 연구자이자 미술사학자이다. 1908년 도쿄제국대학에서 공학 박사 학위를 받았으며, 이후 같은 학교 교수를 지냈다. 1902년 이후 한국에서 미술과 건축물을 연구했고, 『조선고적도보』,『낙랑군시대의 유적』 등의 저서가 있다.

세계 학계를 향해 우리의 지적 능력, 학문적 자질을 흐뭇하게 나타낼 것이다.

이러니저러니 해도 우리가 꼭 해야 할 일임이 물론이다. 다른 사람을 부러워할 것 없는 훌륭한 고대사를 산야(山野) 곳곳에 가진 우리는 하루바삐 그 글을 알아 볼 수 있는 눈을 떠야 하겠다. 그 말을 알아들을 귀가 열려야 하겠다. 그래서 거기서 샘솟는 민족적 신비의 순요(醇醪)[13]로 목마른 생명을 흠뻑 축일 것이다.

4. 무형적 유물

역사적 유물은 반드시 유형적 방면에 한정된 것이 아니다. 성정(性精) · 습관 · 신앙 · 언어 · 설화 등 무형적 유물도 역사적 가치가 매우 큰 것이다.

민족마다 각별한 공통 심리가 있어 온갖 사물 위에 특수한 색채를 나타내니, 이것을 민족성이라고 한다. 민족성이 국민으로 표현된 것을 국민성이라 일컫는다. 그런데 한 민족이나 한 국민의 성격 · 정서는 인종적 관계와 지리적 영향과 기타 여러 가지 복잡한 분자와 서로 결합되어 나간다. 결코 하루아침에 성립하는 것도 아니요, 또 결코 순식간에 크게 변하는 것도 아니다. 그러므로 어느 한 민족의 성정을 잘 이해하는 것은 그 민족 역사의 심리적 기초를 터득하는 것이다.

만사(萬事)는 모두 일심(一心)의 번역이다. 속마음이 형상으로 변할 때 동작이 있으며 사건이 있다. 무슨 동작과 사건이든지 그 유

---

13 다른 불순물이 조금도 섞이지 않은 술을 의미한다.

래를 추구해 들어가면 마침내 처음 먹었던 마음 – 본래 가지고 있는 성미로 돌아가고 만다.

가령 여기 한 민족이 있고 그가 일천 년 역사를 가졌다면 그 일천 년 역사란 것은 곧 그 민족의 성정이 일천 년 동안 이 일 저 일로 인해 여러 가지로 물든 것이다. 그 바탕이 붉은 것이라면 시고 떫고 곱고 미운 차이와 다홍 분홍 자주 주황의 차별은 있을 망정, 그 밑은 한가지로 붉음에서 나온 것이다. 경우와 사정을 따라 숨김과 드러냄과 진함과 흐림은 다를지언정, 그 임자의 민족적 특수성을 띠지 않은 역사적 사실은 한 가지도 없을 것이다.

이 원리를 과거에 적용할 때 과거 역사에서 나타난 자체를 가지고 지금 사회의 민족적 본질을 짐작하게 될 것이다. 현재를 적용할 때 지금 사회에서 드러나는 꼴을 가지고 과거 역사의 심리적 기초를 밝히게 되는 것이다. 역사를 심리적으로 관찰할 때 지금의 민족성 그대로가 과거의 역사 그것이라 할 수 있다. 우리 각자의 심성이 매우 소중한 역사적 재료이다.

오늘날 우리 민족성의 결함을 말하는 이가 맨 먼저 언급하는 것은 비사회적, 더 적절하게 말하면 스스로 서로를 배제하는 통습(通習)이다. 그러나 그 유래를 역사적으로 살펴 보건대 그 배후에는 장구한 세월과 복잡한 사정이 있음을 알 수 있다. 결코 가까운 과거의 특수한 사정에서 생긴 것이 아니다.

우리 조선 민족이 역사 시대 곧 국민적 생활로 들어오면서부터 이러한 경향이 있기 시작한 것을 역사가 증명한다. 또 이 악풍(惡風)으로 인해 조선 및 조선인이 얼마나 복구하지 못할 만큼 큰 손상과 씻지 못할 큰 치욕을 당했는지를 오랫동안 많은 사례로써 역사가 설명하고 있다.

조선 사람에게 이러한 경향이 생기게 된 것은 실상 어쩔 수 없는 환경 때문인 것이 분명한 사실이다. 내적 탄발의 세력을 발휘할 겨를 없이 외적 위협의 압박에 휘둘렸기 때문이다. 그러는 동안 정신없이 제 손으로 제 뺨을 친 것은 애달프기는 해도 그다지 허물할 수 없는 일이다.

손바닥처럼 작은 땅에 수많은 작은 부락이 병립했다. 바둑판 같이 잘게 구획된 산천이 이리저리 막고 있어서 풍기(風氣)[14]의 교화와 종족의 섞임을 오래도록 방해했다. 부락 의식이 마음껏 발달했던 사정이었다. 거기다가 이해와 감정의 충돌이 덧칠했다. 옛날 여러 부족의 한복판에 오랫동안 외국 세력이 번성하게 거처하고 있어서 일부러 또는 저절로 이러한 경향은 더욱 심해졌다.

또 사방에는 업신여기지 못할 이민족들이 있었다. 긴급한 때 그들로부터 물질적 또는 무력적인 원조를 얻어서 내적 곤란함을 없애고자 생각했다. 하나의 원인이 무수한 반동을 낳았다. 한번 시작된 다툼이 꼬리에 꼬리를 물게 되었다.

이렇게 싸우고 다투고 깎고 접고 거치적거리고 으르렁거리는 것이 하나의 강력한 습성을 이뤘다. 습성은 흔히 맹목적으로 발작한다. 호랑이 같은 습성이 이기적 필요란 날개를 붙이고 나설 때 자주 무서운 현상을 만들어냈다.

안으로 반성할 기회가 끊기고, 밖으로 놀랄만한 자극이 없는 때는 마치 부지런한 일꾼과 날카로운 호미가 드나들지 않은 거친 밭과 같다. 악습과 폐풍이라는 잡초가 무성해지고 거리낌이 없어지게 되었다.

싸우기 위해 싸운다는 어리석음을 스스로 깨닫지 못했다. 싸우는 결말이 기막힐 줄을 알면서도 아니 싸우고는 견디지 못했다. 그리하여 스스로 재촉하여 온 붕괴와 몰락의 구렁텅이로 솜씨 있게,

---

14 풍채와 태도, 기개를 통틀어 이르는 말이다.

그래, 솜씨 있게 떨어진 것이다.

비사회적 민족성 결함은 결코 최근 300년 이래의 일이 아니다. 그 이전인 조선 시대 초에도, 고려 시대에도, 신라 때에도, 병립한 삼국 시대에도, 또 그 이전에도 거의 일관되게 관찰할 수 있다.

이러한 기막힌 독초가 오랜 동안 덩굴지고 넝쿨진 것에는, 지리적 형세와 사회적 사정이 있다. 그밖에 독이 독인지 알지 못한 까닭에 기어이 제거하라는 혁명적 노력이 생기지 않았다. 또 그 병독을 지니고라도 숨찬 생명을 보존할 수 있다고 생각했다. 무섭고 기막힘에 대한 본질적 반성이 생기지 않았다. 이러한 점이 부차적인 원인이라고 생각한다.

그런데 이제는 민족적 불일치가 얼마나 무서운 생명의 위협인지를 통절하게 경험했고, 사회적 불성실이 얼마나 생활의 재앙인지를 절실히 깨달았다. 역사란 거울을 보기 시작한 이제부터는 자기의 실제 상황을 관조하게 되었다. 그리하여 한번 엎어진 상황 속에서 다시는 구르지 말아야 한다는 총명을 얻게 되었다. 이 의식이 생기고 자라서 점차로 굳어 가는 대로 우리의 광명은 더욱 커질 것이다.

민족성에는 불가변한 근본성과 가변적인 부착성이 있다. 우리의 비사회적 대립에 기우는 경향은 환경의 제약으로서 유래한 부착성이다. 때문에 우리의 이후 노력 여하에 따라 앞으로 올 희망은 크다고 할 수 있다.

여하간 오늘날까지 우리의 성정에는 이러한 현저한 한 경향이 있음은 사실이다. 또 이것이 우리의 심리적 한 기초를 이루었음도 사실이다. 이 열쇠 하나를 가지고야 역사상 수많은 비밀 – 사건의 배후에 숨어 있는 비밀을 열 수 있는 것이 진실로 한두 가지가 아니다. 무형적 방면으로 민족적 공통 성정(性情)이 유력한 재료가 됨이 대개 이러하다.

고대사를 규명할 수 있는 재료는 현존하며 시행되고 있는 상태·습관·풍속·제도 속에서 많이 찾을 수 있다. 민족의 자연스러운 성정에서 우러나오며 환경의 자연스러운 요구에서 생겨 난 것은 없는 듯하면서도 있는 것처럼 그 생명이 매우 오래되었다. 한번 형성된 것은 쉽사리 없어지지 않는다. 다른 유물은 대개 정지한 꼴, 사라지고 없어진 형태로 남지만, 습관이나 풍속은 오히려 활동하는 형태로 우리의 생활 가운데 섞여 있다.

오늘날 우리의 생활상 습속을 가만히 살펴보면 그 내부에 고대 생활의 잔존물(Survivals)이 무수히 잠복했음을 발견할 수 있다. 지금 와서는 아무 필요와 의미가 없는 고대의 습속이 예절·의식이라는 형태로 지금까지 생명력을 가지고 있는 것이 많다. 결혼이라는 풍속에서도 여러 가지 적절한 예를 들 수 있다.

고구려의 결혼 풍속을 보자. 정혼을 하면 신부 집에서 큰 집 뒤에 따로 작은 집을 지었다. 신랑이 저녁에 신부 집에 와서 여러 번 신부 방에 들어가기를 구한 뒤에야 부모가 그 작은 집에 가서 자게 했다. 그뒤 성례(成禮)를 시키고 첫아들 낳고 큰 뒤에야 신부와 함께 돌아가게 했다. 지금 "3일 치른다."라는 것, 얼마 사이를 두고 "아주 간다."라는 것 등은 실상 그 남아 있는 풍속이 축약된 것이다. 또 혼인을 남자 편으로 말할 때에 "장가들다."라고 함도 여기서 나온 말이다.

또 혼인 전날 밤에 '봉치 싸움'이란 것이 있었다. 횃불을 켜서 들고 신랑 집으로부터 군중이 몰려서 신부 집으로 향해 간다. 그러면 신부 집에서 마중 나와서 중간에서 '횃불 쌈'이란 것을 격렬하게 했다. 지금은 의미 없는 한 고습(古習)이지만 실상 아주 오래된 옛날에는 신부 얻어오는 데 상당히 필요했던 수단이었다. 신랑이 평상적으로 신부를 얻게 된 것은 인류의 문화가 매우 개명한 뒤의 일이다. 태고에는 매매·약탈 등 지금의 안목에서 몹시 벗어나는 방법으로 남녀가 결혼을 했다.

다른 물건 가지고 여자를 사오는 것은 매매혼이라고 하며, 무력으로 싸우고 빼앗아 오는 것을 약탈혼이라고 한다. 이는 진실로 세계 어느 나라를 물론하고 얼마 전까지 다 한번씩 행하던 풍습이었다. 야만 부락에서는 지금도 이러한 풍습을 공공연히 행함은 물론이다. '봉치 싸움'은 실상 우리 조선의 약탈혼 시대의 유풍(遺風)이 아직까지 남아 있는 것이다.

근래까지도 멀리 떨어진 지역에는 '과부 쌈질'이란 것이 있다. 이처럼 약탈혼이 아주 일부 지역에서 남아 있다. 지금 논리로는 흉악한 야만적 습관이라고 하는 이 악풍도 태고에는 혼인을 성립하게 하는 정당한 방법이었다.

또 혼례 중 가장 경건한 한 절차로 '납채(納采)'가 있다. 직물과 기타 여러 가지 폐백을 혼인 전에 신랑 집에서 신부 집으로 보내는 것이다. 납채는 실상 고대에 금백(金帛)으로 매매하던 풍습이 문명적으로 탈화(脫化)한 형식임에 지나지 않다.

이처럼 오늘날 우리의 습속 가운데에는 가까운 옛날뿐만 아니라 천년, 2~3천 년 전의 행사가 복색(服色)만 약간 바꿔 가지고 그대로 전승 유행하는 것이 부지기수다. 그런데 이러한 것 각각의 원래 의미와 진상을 밝혀내는 것이 고대 역사를 건설하는 데 하나의 중요한 임무이다.

5. 종교

인류가 까마득한 옛날부터 자기 이외에 신령한 세력이 있는 줄을 알고서 진실로 이를 위하고 이를 섬겼다. 다른 문화가 모두 하잘 것 없는 시절에도 종교 하나는 상당한 형식을 갖추었다. 미루어

올라가 보면 종교란 것이 없는 시대는 인류의 생활사에서 찾을 수 없다. 어찌 말하면 인류가 생기면서 종교도 따라 생겼다고도 할 만하다.

그런데 종교는 언제 어느 곳에서든지 그 사회의 내부 생활이자 그 사람들의 근본 정신이다. 따라서 그 문화의 최고 표현이 된다. 인류 문명의 가장 근본적 동기는 거의 종교로부터 생겨난 것이라 할 수 있다.

더욱 고대에 있어서는 정치고, 율법이고, 제도고, 의례고, 풍속이고, 습관이고, 학문이고, 예술이고 모두 종교를 중심 삼아서 존재도 하고 작용도 하고 발달도 하고 변천도 했다. 더 적절하게 볼 것 같으면 인류의 고대 생활은 종교 하나뿐이다. 이밖에는 아무 것도 없었다고 할 수 있다.

인생의 모든 활동이 모두 종교의 한 부문, 한 가지, 한 방면, 한 분자로 존재했었다. 종교와 인류 생활과의 관계가 이토록 심원하고 밀접하기 때문에 역사 연구에서 종교 고찰은 매우 중요한 의미를 지닌다.

고대의 생활이 종교를 주축으로 삼았기에, 고대사 연구란 고대 종교의 형식상 생성과 소멸 그리고 생활상 영향을 밝힘으로써 대강령을 삼는 것이 당연한 일이다. "종교사를 잘 알면 분명히 문화사의 전체를 알 것이다."라는 말까지 있다.

종교도 또한 다른 사물과 마찬가지로 역사적으로 발달하는 것이다. 다른 문화와 똑같이 종교의 생명도 영원한 것이다. 어느 시대, 어느 민족에게 생긴 종교든지 변천 없는 것이 없다. 동시에 아주 소실되는 법도 없다. 태고의, 야만의 인간 종교가 생장 발달해서 현대 문명인의 종교를 이룬 것이다.

전체 인류 역사를 통틀어 관찰하면 태고의 종교가 현대의 종교

로 함께 묶여진 끈에 매달려 있고, 야만인의 종교가 문명 사회의
종교와 더불어 한통에 들어 있음이 분명하다. 한 종교가 시대를 따
라 변화상을 드러낸 것을 미개한 종교이니, 개명한 종교이니 하는
것이다.

우리 조선에도 언제부터라고 할 수 없는 아주 오래된 옛날부터
종교가 있었고 종교를 중심으로 한 문화가 있었다. 그런데 이 종교
가 점차로 부족교로서, 국민교로서, 자연교로서 성립되었고 나아가
전체 민족을 결합하는 정신적 연쇄로써 수천 년을 끊어지지 않고
지속되었다.

중국 문화의 영향을 받게 되자 유교 또는 도교적 색채를 띠게 되
었다. 인도 문화의 훈육을 입게 되자 바라문교 또는 불교적 변화를
만들어 나갔다.

원래 의미가 소실되고 진면목이 사라진 것이 많다. 하지만 다양
한 방법으로 덮여진 원래의 모습을 찾는 수술을 하면 굳은 세력과
넓은 범위에서 고조선의 대종교(大宗敎)가 현대 우리의 일상생활에
서 얼마나 활동적인 생명력을 가지고 있는지를 알 수 있다.

출처 모르던 제도의 유래와 의미 모르던 풍속의 원인 가운데 넓
게 잠복되어 있고, 깊은 곳에 숨겨져 있으며, 면면히 이어져서 보편
화된 조선 국교(朝鮮國敎) 속에서 정확하게 알아 낼 수 있는 것이 많
다. 오직 조선 국교의 내력을 밝힘으로써 비로소 천명되고 간신히
증거를 찾게 되는 여러 의문이 한두 가지가 아니다. 조선 국교를
밝힘으로써 모르는 것을 알게 되는 것도 많거니와 대수롭지 않게
알던 것이 금세 소중하게 되는 것도 적지 않다.

더구나 조선 민족의 연원과 조선 문화의 계통뿐만 아니라 문적
(文籍)을 가지기 이전의 사적(事蹟)은 오직 조선 고교(古敎)를 연구함
으로써 대강을 파악하며 개관을 할 수 있다. 문적 시기 이전의 조

선역사는 유적과 유물을 빼고는 종교에 관한 약간의 사실이 오늘날 우리가 알 수 있는 전부이다.

2천 년 이전 일이라고 전승해 오는 약간의 재료를 가만히 살펴보면 이것저것이 모두 우리 선민의 종교 생활을 설명하는 것에 지나지 않는다. 바꾸어 말해서, 종교에 관한 약간의 사실을 통해 보면, 우리 상고(上古)의 역사가 말이나 글에 뒤떨어지지 않다고 볼 수 있다.

태고 시절의 소박한 사회는 실상 그리 대단한 역사적 사건이 있지도 않았으며 또한 어지간한 일은 모두 종교 속에 함축되어 있다. 그런즉 옛 종교를 통해 그 중요한 마디를 잘 알 수 있다면 분명히 우리가 고대사 거의 전체를 가진 것이라고 불 수 있다.

옛 사람의 손에는 황당무계하다고 돌아보지도 않았던 고전설과 남의 나라 학자의 손에는 허구적이며 뒷사람이 장난한 것이라고 해서 쉽게 무시되는 고기록이 존재한다. 이를 종교학·종교사 등과 비교 연구를 할 때 쇳소리가 쩡쩡하게 나는 귀중한 역사 재료가 됨을 비로소 깨닫게 된다.

종교를 중심으로 해서 고대인의 중요한 생활을 충실하게 전해주는 많은 고전설은 진실로 글자와 자구마다 보배이며 성스러운 가치가 있다. 또 이 귀중하고 존귀한 전설로 인해 조선의 옛 종교와 조선인의 옛 생활만을 밝힐 수 있는 것만이 아니다. 아직까지 깊고 깊은 어둠에 싸여 있는 동방 여러 나라의 문화 계통이 비로소 유력한 중심축을 가지고 학술적으로 규명될 수 있게 된다.

진정한 의미로 '동양학'이란 것은 숨겨져 있던 동방 고대의 정신적 일대 표치(標幟)[15]를 가르쳐주는 조선의 옛 전설을 중심으로 해서 마땅히 새롭게 건설되고 또한 완성되어야 한다. 이는 조선 고대

15 다른 사물과 구별하기 위한 표시나 특징을 의미한다.

에 관한 연구가 진실로 무한한 흥미와 지대한 가치를 가지는 까닭
이다. 이와 동시에 우리들로 하여금 무거운 책임감을 지니게 한다.

6. 신화

문자로써 하는 기록이 생기기 전에는 성음(聲音)으로 하는 설화
가 이상(理想) 전달, 사실 전승의 가장 중요한 방법이었다. 설화가
종교에서는 경전 노릇을 하며 교육에서는 교과서 노릇을 했다. 사
회 및 국가의 역사도 설화의 형식으로 존재했으며, 학술 및 문예의
저작도 설화의 형태로 유행했었다. 오늘날 문서 · 도서를 쓰는 일
체 교학(敎學)은 그 가장 오래된 형태가 모두 설화였다. 설화가 고
정되거나 분화되면서 후세의 모든 문헌적 현상 – 역사 · 전기 · 시
가 · 소설 · 과학 · 경전 등이 생긴 것이다.

설화란 입으로 전승되는 동안에 변화되기 쉬운 것이다. 한 입 거
르고, 두 입 거르다가, 맨 나중에는 전혀 다른 말이 되기도 한다. 그
런즉 설화로 내려오는 것에서 진정한 역사 즉 정확한 사실로 보려
함은 소설을 실제 사회로 보는 것 이상으로 어림없는 일이다. 그
러나 어떤 민족, 어떤 사회든지 그 상고사에 관하여 정확한 기록을
가진 이는 없다. 기록의 방법이 더디게 생긴 곳일수록 설화로 전하
는 역사의 기간이 길 수밖에 없다.

다소의 의구심을 가지고 설화 가운데 역사적 그림자를 붙들려고
함은 장구한 동안에 이루어진 역사에 생명을 주기 위해 다른 묘책
이 없는 바에야 또한 필요한 도리라고 할 수 있다. 소설에 묘사된
인물과 사건 등이 반드시 그대로 꼭 있는 것은 아니지만, 대개는
그 시대의 풍속과 습관, 인정과 세태를 그려 놓은 것이다. 마찬가

지로 옛 전설에 나오는 바를 그대로 실재적 인물 또는 사건으로 볼수 없더라도 어느 시대, 어느 사회의 광경을 거기 있는 명물(名物), 사상으로써 짐작할 수 있다.

그러므로 전설의 가치는 어느 인물이나 사건을 전하는 점에 있는 것이 아니라 도리어 그 인물, 그 사건을 묘사한 시대 및 사회를 알려 줌에 있다. 또 그 전설이 표시하는 어느 연대가 묘연한 일을 전하는 점에 있는 것 아니라 도리어 그 전설이 생성한 어느 시대의 지식과 관념 등을 보여 줌에 있다. 이러한 견지에서 옛 전설을 상고하여 보면 의외로 귀중한 재료와 신기한 암시를 그 가운데서 발견할 수 있다. 설화가 기록 이전의 고사(古史)를 연구하는 데 얼마나 가치 있는 재료인지를 알 수 있다.

설화에는 여러 가지 형식이 있지만 역사 연구의 재료로는

1, "옛날에 한 사람이 있는데" 혹은 "옛날 어느 때, 아무 데에 개(혹은 기타 유정(有情), 무정(無情)의 물류(物類))가 한 마리 있었는데"로 비롯하는 고담(古談)(Fairy tale, Marchen 혹은 동화, 유리(遊離) 설화, 또 그냥 설화라고 하는 것)

2, "언제 누가" 이러고 저러고 하였다는 반(半) 역사적, 반 공상적의 전설(Legend)

3, "어떠한 신(혹 신인)이" 어찌어찌하였다는 신화(Myth)

이상 3종이 가장 긴요하고, 그중에도 신화가 더욱 중요한 것이다.

이 세 가지를 통틀어 우리말에는 '이야기' 혹 '옛이야기'이라 하니, '야기'는 음성 내지 언어의 옛 뜻을 가진 듯하다. '이'는 필시 연락 또는 계승을 의미하는 설명어로 공간상으로는 갑과 을의 사이에 사상을 전달한다는 의미, 시간상으로는 전과 후 사이의 틈에 관

한 사실을 전승시킨다는 의미인 듯하다. 그런즉 우리말의 '이야기'는 모든 문헌의 모체를 의미하는 동시에 설화와 기록을 통찰하는 역사의 요체가 된다고 하겠다.

또 조선어의 '이야기'가 그리스어 '미토스'(Mythos=something spoken) - "무슨 이야기 하는 것"이라는 말과 의미가 비슷함은 언어상에 나타나는 문화 단계의 일치를 살필 만한 하나의 예증으로 삼을 만하다.

고대 문화의 중심이 되는 종교는 신화를 가지고 성립한 것이요, 또 발달한 것이다. 신화 한 가지 속에 고대인의 정신적 산물이 온통 들어 있다. 그들의 사상·성정·관찰·지각이 여기 모두 다 나타났으며, 그들의 신앙·찬송·영탄·이론이 여기 한데 뭉쳐 있다.

비록 유치하고 졸렬하지만 문화 정도가 낮은 그들의 자연과 인사(人事) 등 여러 현상에 대한 연구심이 자극되어서 사색하고 고려한 결과로 만들어 낸 것이 신화이다. 이러한 신화는 심리적으로 말하면 곧 그들의 철학적 체계이다. 그들의 과학적 기술(記述)이다. 다른 한편으로는 그들의 시편(詩篇)이다. 그들의 성전(聖典)이다.

요약하면 신화란 것은 소박한 민족이 자기들의 지식 정도와 사상 범위로써 자연과 인사를 해석, 설명한 기술이다. 옛 사람들은 천지간의 만물이 다 자기들과 같이 생명도 있고 의지도 있고 변형하는 능력도 있는 줄로 알았다. 그들은 이러한 관념으로 눈에 띄는 온갖 사물의 발생·계통·행동 등을 추단, 서술한 것이다. 이러한 방법으로 자연의 활동을 해석한 것이 자연 신화란 것이다.

인문의 발달을 설명한 것이 인문 신화란 것이 있다. 인류의 생활과 문화에 어떤 신격(神格)이나 혹은 그 대표자의 주관 아래 생성, 발전한 것을 전하는 것이 신화이다. 이는 어느 민족에게든지 다 있다. 신화가 성립될 때 종교가 성립되고, 종교가 성립된 곳에 국가가 성립되었다. 그러므로 문화민족의 건국사(建國史)는 대개 신화를 통해 이루어졌다.

신화는 물론 역사가 아니다. 그중에 나오는 사건이 실제 그대로 있었던 것은 아니다. 그러나 신화는 우리의 선조 내지 인류의 아주 오래되고 자세히 모르던 과거에 대한 생활 기록이다. 그들이 가졌던 사상과 생활을 그대로 그려 놓은 것이 신화이다.

이런 의미에서 보면 신화도 엄정한 사실이다. 관념적으로는 정확한 역사임은 물론이다. 또 이것이 사실이라 하여 오랫동안 사람의 마음속에 믿음으로 있는 동안 교학·예술상에 수많은 산물이 그것부터 생겨났다. 이 점이 인문사(人文史)에서 특히 두드러진 큰 사실이다.

또 허다한 실재적 인물과 역사적 사건이 신화 가운데 첨가되어 서술되기도 한다. 실재가 신화나 전설이 된다는 점을 주의할 것이다. 분명히 역사는 입으로 서로 전달되는 동안 어느덧 신화 비슷해지고 마는 일이 있음을 주의해야 한다. 이러한 관계로 신화를 고사(古史) 연구의 중요한 하나의 재료로 여기지 않을 수 없다. 어떤 의미로 말하면 역사다운 고대사는 신화 속에만 있는 것이라 할 수 있다.

고대의 역사는 이야기뿐이었다. 입에서 입으로 퍼져 나가고, 입에서 입으로 물려 내려갔었다. 문자라는 연장이 생기면서 기록이라는 그릇을 만들어 그 속에 이것을 주어 담은 것이 우리가 가진 고대 생활에 관한 문적이란 것이다. 그러나 여러 가지 사정에 따라서 같은 문화 민족이라도 기록에 올린 신화의 분량이 많기도 하고 적기도 하다. 그러므로 기록으로 전하는 것만이 결코 그 민족이 가진 신화의 전부가 아님은 물론이다.

또 이미 기록된 것이라도 그것이 반드시 신화의 완전한 형체가 아니며, 또한 거기 나오는 명물(名物)이 그 신화의 본연한 언어 형태가 아닌 점도 많다. 우리 조선의 신화 - 더욱 고대사와 관련된 신화는 위에서 말한 여러 가지에 적절한 예증이 되는 것이다.

기록에 오른 것이 변변치 못한 점, 기록된 것이라도 원형과 본래의 의미를 몹시 잃어 버려 완비된 기록이 부족한 사례가 조선의 신화이다. 이 때문에 조선의 신화가 아직까지 학문적으로 깊게 연구되지 못했다. 이 때문에 귀중한 암시를 지닌 귀중한 신화가 경망한 학자의 손에 원통하게 무분별한 매질을 당해 거의 존재 여부를 잃게 돼 버릴 정도까지 이르렀다.

가장 신성하고 가장 긴요한 조선 역사의 원시점인 단군 설화 같은 것이 가장 참담한 위험과 가장 억울한 경우에 빠졌었다. 그러나 종교적 근거와 역사적 배경이 신화학으로부터 방증을 얻어 가면서 단군의 존재가 비로소 과학적 연구 기반을 가지게 되었다. 신화학의 도움을 기다리는 것은 단군 문제뿐만이 아니다. 고대사의 대부분은 대개 비교 신화학의 체로 걸러야 할 것이다.

이미 기록에 오른 것은 그 더럽혀진 것을 청소하고 진정한 실체를 드러내기 위해서는 신화학을 필요로 한다. 아직 기록에 오르지 못한 무수한 민족적 설화는 모집 · 정리 · 검사 · 해명 과정에서 신화학의 법칙을 기다려야 한다.

조선 고대사가 신화학으로 인해 어두움이 밝혀지면 막힌 것이 소통될 것이 진실로 많아질 것이다. 왜냐하면 고조선을 밝힐 가장 유력한 횃불이 간신히 남아 있는 약간의 신화(내지 변형, 축소된 많은 민간 설화)인데, 이는 대부분 학문적 처녀지이자 광맥인 까닭이다.

7. 전설

선민(先民)의 물질적 생활 흔적인 석기 · 토기가 남부럽지 않을 만큼의 질과 양으로 남아 있음을 다행히 여겨야 한다. 우리는 정신적 생활의 흔적인 신화와 전설 가운데 지금까지 전승하는 것이 비교적 변변치 못하고, 있더라도 그 내용이 변하고 고쳐진 것이 너무 심하다는 점을 깊이 유감이라고 생각한다. 문화가 훨씬 못하고 기록이 썩 뒤떨어진 일본보다도 그 보존과 정리가 안되어 있으니 딱하다 할 수밖에 없다.

어떤 점에서 보면 우리에게는 북방 아시아의 영세한 민족과 남양 여러 곳의 미개한 부족보다도 설화적 결함을 보이기까지 한다. 그렇게 된 까닭은 여러 가지 있지만 그중에서도 특히 우리 사회가 일찍부터 괴력난신(怪力亂神)[16]을 말하지 않는 유교적 사상이 있었기 때문이다. 유교를 바탕으로 우리의 역사가는 일찍부터 과학적 태도로서 옛 전설을 폐기, 삭제, 개찬, 수정했었다.

그들의 기준에 맞지 않은 것 - 상식을 벗어나는 것은 아무쪼록 문자로 기록하지 않으려 하고, 부득이 해서 올리면 설화적인 내용에다가 실제적 색채와 상식적 규범을 가지게 한 결과이다. 그래서 원시의 형식은 점점 더 사라지게 되었다.

섞여 있는 것, 토막토막 난 것, 딴판으로 되어 있는 것, 아주 없어진 것 등 설화적 큰 액운이 수천 년 계속 쌓였다. 모든 사안을 중국식으로 바꾸려고 했던 최근대까지 다른 것과 함께 우리의 설화는 거의 사라질 뻔했다.

조선의 신화에는 천연(天然) 방면의 내용은 아주 적었다. 세계 공통의 형식으로 나타나는 천지개벽 설화, 홍수 설화 같은 것은 거의 전승되지 않았다. 또 신화 가운데에도 자연물과 관련된 요소(일월·산천초목·금수 등)가 비교적 드물었다. 약간 남아 있는 것은 대개 국

---

16 괴이하고 기괴하며 불가사의한 현상과 존재를 의미한다.

가의 기원, 사회의 유래, 성씨의 연기, 지명의 근거 등을 설명하는 인문 신화 내지 인사(人事) 설화이다.

그러나 조선 민족이 처음부터 천연 신화가 없지 않은 것은 여러 가지 측면에서 추측하기 어렵지 않다. 동일한 설화 계통으로 포함되는 주변 주민의 신화에는 혹 '개벽설'을 가진 이도 있고 혹 '홍수설'을 가진 이도 있음으로써 조선에도 이러한 종류의 설화가 있었다고 상상할 수 있다.

또 순수한 천연 신화는 과학적으로 설명해야 한다는 완고함을 지닌 그 당시 문사(文史) 계급에 의해 처음부터 배척당했다. 하지만 그들이 역사인 줄만 여기고 문장을 지어 글로 남긴 인문 설화 중에는 천연 신화의 편린 또는 그림자가 담겨 있는 것이 빈번하다. 그래서 고대에는 인문 신화만큼 천연 신화가 있었음을 짐작할 수 있다.

가령 단군 · 부여 · 고구려 · 신라 · 가야 등의 건국신화 중에 공통적인 요소가 알에서 태어났다는 난생(卵生)이 있다. 그 구성이 대개 천지개벽 설화에 근거해서 생식 현상을 덧붙여 국가 건립 설화로 바뀐 것이라고 볼 수 있다.

혼돈(Chaos)이 쪼개져서 천지가 생겼다 함은 원시인의 공통된 우주 시원관(始原觀)이다. 혼돈을 구체화할 때에 알로써 비유하고, 알을 한층 절실하게 묘사할 때에 계란으로써 비유함이 일반적인 사례이다.

천지의 형상을 양분한 계란 껍질 두 조각에 대비시킨 것은 중국의 반고 설화,[17] 그리스의 비밀교(秘密敎) 고전(古傳), 인도의 우주란(宇宙卵) 설화부터 페르시아 국민, '페니샤' 국민 사이에도 이러한 사상이 있었다. 또 '인도네시안'의 개벽 설화 중에도 이러한 설명

---

17 반고(盤古)는 중국의 천지 창조 설화에 나오는데, 혼돈을 의미하는 알 속에서 튀어나온 최초의 인간이었다. 이후 그의 몸이 변화해서 우주와 만물이 생성되었다고 한다.

이 보인다.

종족 또는 언어상으로 우리하고 매우 가까운 연관이 있는 듯한 '퓐' 사람도 알 껍질을 태공(太空)이라 하고, 그 황백(黃白)의 색깔을 바다와 육지로 비유했었다. 천지를 분화시킨 알 껍질이 바뀌어서 사람을 만들기도 하고 국토를 생성하기도 했다고 한다. 국가와 군주의 기원을 난생 설화(Oviparous myth)의 형식으로 설명함은 고대인의 철학적 논증으로 보아야 옳다.

서언왕(徐偃王)[18] · 동명 · 주몽 · 혁거세 · 수로왕 등의 설화에서 보이는 란(卵) · 대란(大卵) · 금란(金卵) · 자란(紫卵)의 경우에도 다양한 의미로 해석할 수 있다. 하지만 이를 인문 설화에 포함되어 있는 천연 신화의 일부분으로 보는 것이 중요하다. 그 연원을 깊이 캐어 보면 우리 선민에게 있었던 천지개벽 설화가 그 전체 모습은 없어졌어도 그 가운데 일부가 국가 기원 설화의 한 부분으로 남아 있음을 알 수 있다.

어떤 설화이든지 차차 후세로 전해 내려오는 동안에 그 뜻을 표시하는 언어가 바뀌기도 하고, 그 배경이 되는 풍습과 습속이 변화하기도 하며, 그 시대의 새로운 재료가 점점 첨가되기도 한다. 또 이민족, 타문화로부터 다른 계통의 신화가 유입되면서 내용의 강약에서 다양한 감화를 받기도 한다. 또 무식 · 부주의 · 고의 · 우연 등 여러 가지 이유로 말미암아 다른 것으로 이해되거나, 섞이거나, 바뀌는 작용이 꾸준히 이루어진다. 그러므로 얼른 보기에 순수한 민족적 특산물이라고 생각되는 것 가운데 의외로 외래로부터 온 것도 많다.

---

18 서이족(西夷族)의 왕으로, 중국의 서주(西周)와 대립한 인물로 전해진다. 그는 알에서 태어났다고 하는데, 이는 이후 여러 건국 시조 설화의 모태가 되었다.

아주 가까운 과거에 누구라는 실재한 인물로 알려졌어도 실제로는 언제부터인지 모르지만 태고부터 전승해 온 고설화의 인물이 변형된 경우도 적지 않다. 전설이 실상 신화인 것도 있고 신화가 실상 설화인 것도 있다.

가령 조선에는 '노아 방주 설화'나 우(禹) 임금의 '치수(治水) 설화' 같은 홍수 설화는 없지만 지리산 '성모대익(聖母大溺) 설화'(『조선불교통사』하편 참조)가 우리 홍수 설화의 일부분으로 남아 있는 것이다. 『삼국유사』에 보이는 신라 태종대왕의 왕비 문명(文明)황후의 누이인 보희(寶姬)가 꿈에 서쪽 언덕에 올라가서 오줌을 쌌고 경주 시내가 잠겼다는 전설도 분명 '성모대익 설화'와 연결되는 것이다. 완전한 형태의 홍수 설화에 관한 기록이 없다고 해서 조선에 홍수 설화가 없다고 할 수 없음은 물론이다.

8. 설화

민족과 민족과의 소통, 문화와 문화와의 감응은 진실로 아득한 옛적부터 끊인 적도 없었거니와 또 언제든지 활발하고 번잡했었다. 설화의 관련성에서도 그것을 본다. 지금 우리에게 할아버지가 손자에게 들려주고 어머니가 어린애에게 일러주는 옛날이야기라는 것 - 언제 비롯한 것인지 모르거니와 일찍부터 조선 고담처럼 옮겨 가는 이야기가 있다.

이를 비교 설화학의 꼬챙이로 쑤시어 보면 그 출처가 여기서 발견되는 것도 있고, 그 원형이 저기서 찾아지는 것도 있다. 나중에는 순수한 조선의 창작물이라 할 수 있는 것이 과연 몇이나 될지 모를 정도까지 이르게 된다.

중국에서 유입된 것, 일본하고 같은 것, 주위 가까운 민족하고 공통되는 것들은 그렇다고 하더라도 몇 천 년 전 인도의 그것, 몇 만 리(里) 밖 그리스의 그것하고 똑같은 것이 무척 많다. 그 점에 흥미가 샘솟듯 하다.

또한 북방 에스키모로부터 남양 태평양인에 이르기까지 서로 관계가 없다고 할 수 없다. 먼 곳에 사는 사람들의 그것하고 계통적 관련이 있음에는 도리어 경탄을 금할 수 없는 점이 많다. 불교가 들어오기 전에 인도의 사상은 이미 우리의 마음과 마음에 물든지 오래였다.

서양을 꿈도 꾸기 전에 - 그래 몇 천 년 전인지 모르는 바빌론 · 아시리아 · 이집트 · 페르시아를 집성한 그리스 문화의 귀중한 산물이 소리 없이, 자취 없이 우리 옛사람의 입술과 입술에서 아름다운 빛과 꽃다운 냄새를 피웠다. 외형으로는 우리 고대의 역사적 사실인 듯한 것도 실제로는 세계로 확산된 것이거나 혹은 어떤 종족과 공통인 설화에 불과한 것이 많다.

일본의 북쪽에 겨우 2만 명 미만으로 남아 있는 아이누인은 그 종족 관계와 언어 계통이 아직 어디에 귀속되어야 하는지 분명치 않다. 그들이 일본의 선주 민족임과 그 신화와 언어 · 어휘 등이 조선 · 일본과 더불어 비슷한 점이 많다. 그러므로 어느 시대엔가 조선 · 일본하고 동일한 문화 계통에서 나왔음을 짐작할 수 있다.

그들의 신화 가운데 '오키-구루미(Oki-kurumi)'라는 신인(神人)이 하늘로부터 내려와서 아이누인의 시조가 되었다고 전하는 것이 있다. '오키-구루미'는 곧 그들이 가진 모든 문화의 창시자라 한다. 그는 천국으로부터 인간을 이롭게 하기 위해 내려 온 자로, 무수한 시련과 고초를 겪은 뒤에 비로소 인간 세상에 한 국토를 조성했다고 한다. 또한 그는 천국으로부터 인간에게 없던 곡식을 가져왔다.

그는 '사루' 강변의 '해오-비라'라는 산 위에 도성을 두었다. 그는 맨 먼저 물과 육지에 흩어져 있던 모든 마신(魔神, Tumunchi Kamui)

을 복종시키고 물리쳤다. 경작과 천 만드는 것과 가옥 건축과 의복·음식·배와 수레·활과 화살·의약·무축(巫祝)[19]·제사·기도를 가르쳤다. 모든 신에 관한 일과 나라 다스리는 일을 전부 '오키-구루미'가 마련했었다. 그러므로 아이누인은 그를 '아이 오이나-가뮈(a-i-oina kamui)' 곧 "우리들이 입으로 계속 전해져서 영원히 대체하지 못할 신"이라고 존숭한다.

그는 국조(國祖)인 동시에 교조(教祖)였다. 신인 동시에 사람이었다. 자신도 또한 '아이누' 곧 사람으로 자처했다. '오키-구루미'는 '사마이-운-구루(Samai -un-guru)' 곧 "곁에 있는 이"를 데리고 와서 오랫동안 세상을 다스리다가 나중에 천국으로 돌아갔다.

이 '오키-구루미'의 모든 교화를 전하는 옛 설화를 '오이나(Oina)' 즉 '전(傳)'이라 하여 아이누인들은 매우 신성하게 여긴다. '가뮈-오이나(Kamui-Oina)'는 '신전(神傳)'이라고도 일컫는데 여기에는 재미있는 설화가 많이 실려 있다. '오키구루미' 신화 하나만 우리의 옛 전설에 비교하여 보아도 여러 가지 가치 있는 암시를 얻을 수 있다.

언뜻 보면 단군 설화와 비슷하고, 어찌 보면 동명 설화와 비슷하고, 해모수 설화와도 비슷하고, 주몽 설화와도 비슷한 것을 누구든지 알 수 있다. 그런데 이것도 비슷하고 저것도 비슷한 것이 사실상 당연한 일이다. 왜냐하면 어느 범위 안의 동양 민족에게는 동일한 근원부터 나온 공통된 설화가 오래 전부터 널리 유행했기 때문이다.

건국 설화 같은 것은 그중에서도 특별히 두드러진 것이다. 조선의 경우 환웅·왕검·해모수·주몽·혁거세·수로 등 외형과 주인공에 약간의 차이가 있는 듯하지만 한 겹만 걷어내고 보면 뼈대

---

19 제계를 관장하는 사람이 하늘에 제사를 드리는 행위를 말한다.

는 마찬가지임을 보게 된다. 얼른 말하건대 기본적인 한 설화가 있고, 각 민족·각 시대·각 지방에 따라 여러 가지 가지와 잎을 뻗은 것이라고 추측하기 어렵지 않다.

　주인공의 명칭도 기본 설화 중에 나오는 인물이 각기 특수한 사정에 따라 존재하거나, 사라지거나, 줄어들거나, 첨가된 것임을 짐작할 수 있다. 또 국면과 사건 같은 것도 기본적 구성 위에 지방색과 시대색이 첨가되거나 많이 떠돌던 이야기가 삽입되었음에 지나지 않는다. 가령 얼른 생각하기에 아무 관련이 없는 듯한 '오키구루미'의 설화와 『삼국유사』에 나오는 고조선 건국 설화를 비교하면 양자의 가장 주요한 부분이 얼마나 긴밀하게 부합되는지를 쉽게 지적할 수 있다.

　전자의 '간나·모시리' 즉 천국은 후자의 '환국' 즉 한울이다. 전자의 경우 인간 세상으로 내려오는 동안 겪은 어려움은 후자의 경우 인간 세상으로 내려오기를 여러 번 생각했다고 하는 내용에 해당한다. 전자의 '곁에 있는 이'는 후자의 '거느리고 온 졸도(卒徒)'에 해당한다. 인간에 내려오는 주지(主旨)로부터 인간에 내려온 뒤의 행한 일까지 양자가 얼마나 유사한지에 관해 주의를 기울여야 한다.

　강변 산 위에 도성을 두었음과 천국의 특산물을 노잣돈처럼 가지고 온 것 등이 또한 우연이라고 하기에 너무나 교묘한 일치점이다.

　'사루'니 '해오비라'니 하는 지명이 또한 우리 옛 전설에 근거 있는 듯한 이름이다. '사루'와 '해오'가 모두 다 태양을 중요시하는 우리 건국 고화(古話)에 상관있을 듯한 어음(語音)이다. '비라'는 지금 '아이누'어로 '산의 절벽'를 의미하는 말이지만, 설화상의 고의(古義)로는 우리의 '벌(伐)', '불(弗)' 등에서 전화(轉化)한 왜어(倭語)의 '하라', '후레' 등과 동일한 것일 지도 모르겠다.

　단군 설화에 나오는 '왕검'이라는 이름이 '오키구루미' 혹은 '아

지지 않도록 매우 조심해야 한다. 넓게 배우고, 깊이 묻고, 신중하게 생각하고, 바르게 판단하는 것은 모둔 학문에서 절실하게 요구되는 방법이다. 비교 연구 – 특히 언어의 비교 연구의 경우 부지런히 노력해서 조금도 방심해서는 안 된다는 점에서 이러한 금과옥조(金科玉條)는 더욱 필요하다.

언어가 민족 연구에 관해 중요한 재료를 제공하는 것이 사실이다. 하지만 한 민족의 언어가 선천적으로 물려받은 것이 아니라 사실상 후천적으로 우연히 획득한 것임을 분명히 알게 된 오늘날에는 언어의 재료만 가지고 인종(人種)의 같고 다름을 판정할 수 없음이 물론이다.

바꿔 말하면 언어하고 인종하고는 본래부터 필연적의 관계가 있는 것이 아니다. 언어가 동일하다 해서 인종이 동일하다고 할 수 없는 것처럼 언어가 상이하다고 해서 인종이 다르다고 할 수 없는 것이다.

그러나 인종 문제, 민족 문제에 관해 유물이나 문적이나 다른 증거가 변변치 못한 상황에서 언어로 남겨져 있는 것을 귀납적으로 논증하면 특수한 수많은 고증을 얻게 된다. 이 점이 고대 문화를 밝히는 데 언어 연구의 특히 두드러진 공적이라 할 수 있다.

우리 조선어는 아직까지 학계의 처녀지이다. 멀고 아득한 황량한 벌판에다가 가시나무 숲이다. 언어학으로 소속된 계통조차 아직 확정되지 못한 형편이다. 만주·몽고·일본 등 여러 언어 사이의 관계도 아직까지 불분명한 상태에 있다.

문법도 분명하게 만들어 놓지 못했다. 사전 하나 볼만한 것이 없다. 비교 문법이니 어원 연구니 하는 것은 꿈도 꾸지 못하는 형편이다. 유치하고 정밀하지 못하지만, 과학적 연구를 통해 이뤄진 약간의 업적도 대개 외국인의 손에서 나온 것이다. 우리들 스스로 우리의 언어를 천착하고 규명하지 못했으며, 아직 '흉내'조차 내지 못하고 있다.

조선어에도 역사적 연구가 언제 생길는지 또 방언 모집이 언제 이루어질지 생각하면 답답하고 깜깜한 일이다. 오늘날 이러한 형편에서 언어 연구의 결과에 힘입어야 할 고대 문화 - 고대사의 규명은 참으로 어려운 일이라 할 수밖에 없다. 그렇다고 안 할 수도 없는 일이니까 억지로 하는 일이지, 실제 고대사 연구라고 자랑하고 나설 거리가 있는 것은 아니다.

오늘날 우리가 하는 일을 역사 연구라고 할 것도 아니며, 언어 연구라고 할 것도 아니며, 그렇다고 의젓하게 문화 연구라고 할 것도 아니다. 억지로 하나를 말하자면, '조선학'을 위해 황폐한 토지를 약간 개척하고 좁은 길을 약간 통하게 하자는 것이다. 이렇게 닦은 터에서 역사의 대궐이 이룩될지, 이렇게 뚫은 길에서 언어학의 수레가 지나갈지는 앞날을 두고 볼 일이다.

언어의 학문적 현상으로만 보더라도 우리가 얼마나 지능적 불구자인지를 새삼스럽게 절감하지 않을 수 없다. 부족하고 엉성한 이론과 개념만 가지고는 이불 속에서 활갯짓할 수밖에 없음을 알아야 한다. 우물 안에서 늙은이 짓을 해서는 안 되는 것을 알아야 한다. 유행에 따르는 문자만으로 입술 끝에 재주넘기를 시키면 모든 일이 쉽게 될 줄 아는 것이 얼마나 소용없는 일인 줄을 깊이, 깊이 깨달아야 한다.

10. 조선어

조선어의 계통학적 소속은 아직까지 제대로 정리되지 않은 문제이다. 현재 형편으로는 학문적 결정을 얻기까지는 한참 동안이 걸

릴 것 같다. 언어학자가 세계의 언어를 어법 구조상으로 분류하여
1. 고립어(Isolating) 2. 교착어(Agglutinative) 3. 곡미어(曲尾語; Inflectional)
4. 포함어(抱合語; Incorporating) 이상 네 가지 종류의 형태로 나눈다.
그 가운데 조선어가 형태상으로 교착어라고 보는 것이 정확하다.
서로간의 관계상으로

1. 인도 게르만 어족(Indo-Germanic family)

2. 하미트 세미틱 어족(Hamit-Semitic family)

3. 말레이 폴리네시아 어족(Malay-Polynesian family)

4. 인도 중국 어족(Indo-China family)

5. 아메리카 어족(American family)

6. 뜨라비다 어족(Dravidian family)

7. 카필 어족(Kafir or Bantu family)

8. 우랄 알타이 어족(Ural-Altaic or Ug-ro-Altaic family)

　등의 여덟 개 족속으로 나누는 가운데 조선어가 계통상
(Genealogical Classification)으로 '우랄 알타이 어족'이란 함은 비록 엄
밀한 과학적 견지에서 그 이유가 분명히 논증되지는 않았다. 하지
만 이미 다수의 학자들에 의해 일치된 인정을 받았다.
　조선어가 이미 교착어요, 이미 '우랄 알타이 어족'이라고 인정을
받았다. 그리고 당연히 어형과 어법이 만주어 · 몽고어 · 터키어 ·
'사모예드'어 등의 자매어(Sister Language)하고 유사점이 많다. 게다
가 '인도 게르만 어족' 혹 '하미트 세미틱 어족'과 함께 심상치 않
은 일치 - 적지 아니한 유사어를 발견하게 됨은 역사적으로 좋은
연구 자료라고 할 수 있다. 가령 불이란 말이

　중국어　　　　火(화, 호, Fuo)

일본어	ヒ(히 Fibi, 옛날에는 '비')
영어	Fire
독일어	Feuer
프랑스어	Feu
이탈리아어	Fuoco
네덜란드어	Vuur
스웨덴어	Fyr
앵글로색슨어	Fyr
그리스어	Pyr
산스크리트어	Pavana

등처럼 여러 나라 말이 다 순음(脣音)으로써 시작할 뿐만 아니라 그 어형이 거의 비슷하다. 누구 말처럼 불을 끌 때 입술 모양이 자연 스럽게 그런 소리를 하게 함으로 말미암은 결과라고 설명할 수 있다. 또는 달리 심리적 설명을 붙일지도 모르겠다. 감탄어·의성어도 아닌 관념 표현어 – 고상한 추상어 가운데 그런 것이 적지 않음도 사실이다.

가령 명사의 '새벽', 동사의 '새다'·'세다', 형용사의 '새'·'신선하다'·'선뜻하다' 등처럼 조선어에서 'ㅅ'음으로 표시하는 '서광'·'일색(日色)'·'조선' 등에 관한 말이 있다. 이 말이 중국어의 서(曙)·색(色)·삭(爍)·선(鮮)·섬(閃)·신(新)·영어의 Sun(일, 일광, 일출)·Shine(광휘·청천)·Serene(청명한)·Sheen(光·輝), 범어의 숙리(叔離; 白)·수리야(須梨耶; 日)·아습파(阿濕波; 東白神·啓明星의 신격화)·'우사스'(朝暾의 美色을 신격화한 것), 바빌론의 태양신 Shamash·San 등의 어근과 같다는 공통점이 있다. 일본어의 サヤ(明), サヤ(新), シノノメ(東白), シロ(シラ, 白) 등이 또한 'ㅅ'음과 크고 동일한 근원이 있음을 암시하는 유력한 증거이다.

높음을 표시하는데 'ㄷ'음과 밝음을 표시하는데, 'ㅎ'음 따위도 어족을 초월한 대원적(大原的) 어근을 암시하는 것이다. 또 조선인 이 북방 야인(野人)을 '되'라고 하는 것처럼 중국인은 '적(狄)'이라 하고(夷의 古音에도 '다'·'닥' 등이 있는 듯하고), 아리아인은 '두란'이라 하여서 '두'로써 공통한 어근을 삼는 것도 우연이 아니다.

이렇듯 조선어를 중심으로 해서 세계의 어원을 함께 하는 단어 를 연구함도 매우 흥미 있는 일이다. 하지만 그보다 더 학문적 공 헌이 큰 것은 조선어의 역사적 연구가 있다. 이는 아직 드러나지 않은 동방의 일대 문화 계통이 생긴 시점에 관한 것이다. 조선어 가운데 조선을 중심으로 한 동양 고대사의 대 신비가 숨겨져 있다.

11. 불함 문화

동방 아시아에 있는 여러 민족의 종성(種姓) 문제와 여러 방언의 계통 문제는 아직 그믐날 밤과 같다. 앞으로는 '아이누'·일본·오 키나와, 뒤로는 만주·몽고·'퉁구스'가 모두 다 상당한 연구가 진 행되었다. 하지만 아직까지 이 모든 것이 제각기 분리되어 있고 끼 리끼리 연결되어 있을 뿐이다. 이 여러 민속(民屬)을 크게 단결시켜 모두 하나가 되게 하는 대문화 계통을 성립시키지 못했다. 그 이유 는 이 문화권 내에서 역사적 또는 지리적으로 중심이 되는 조선의 그것이 아직까지 황무지로 있기 때문이다.

'아리안' 문화에 대한 '프러시아'와 중세기 문화에 대한 '아라비 아' 같은 지위를 한 몸에 함께 지닌 조선이 인문 과학적으로 암흑 계에 있다. 이점은 단지 동방 문화사의 성립을 불가능하게 하는 손 실뿐만 아니라 인문 발전의 중요한 한 부분이 엄폐, 매몰되어 있다 는 점에서 세계 문화사를 기형 불구로 만드는 큰 결함이라고 할 수 있다.

조선과 조선인의 학문적 침체는 자기를 모름에서 비롯되었다. 이는 조선인 자신에게 막대한 치욕이다. 게다가 진실로 인류 생활사에서 중요한 부분인 조선을 지금까지 이대로 관심 없는 지역으로 남겨 두었다는 것이 세계 학계에도 상당한 불명예라고 할 수 있다.

우리 생각에 인류 사회는 3대 문화의 조합으로부터 발전한 것이다. 인류 역사는 이 3등변을 고르게 섭취하고, 이것을 정리하고, 이것을 제약함으로써 비로소 성립된 것이라 한다. 인도·유럽 계통의 문화와 중국 계통의 문화는 비교적 상당히 정리되었다. 하지만 다른 한 변을 이루는 일대 문화 계통이 있는 줄을 깊이 살피지 않았고 간절히 찾지 않았다. 그런 까닭에 세계사란 것이 아직도 자리를 잡지 못하고 있다.

마땅히 계통적으로 보아야 하고 조직적으로 뚫어야 할 일대 문화 계통의 존재를 인식하지 못하는 것은 이러니저러니 할 것 없이 신세기(新世紀) 학술의 결여라고 할 수 있다. 반드시 있지만 아직 드러나지 않은 이 문화 계통이 무엇이냐 하면 나는 우선 그것을 '불함 계통'이란 이름으로써 부르려고 한다.

왜냐하면 이 문화 계통에는 민족이 거주하는 곳에 반드시 '불함'을 어원으로 삼는 일대 성스러운 장소가 있기 때문이다. 인문 전개상 한 조류인 불함 문화가 벌써 드러났어야 했다. 하지만 아직까지도 숨어 있음은 여러 가지 이유가 있다. 그 가운데 중요한 이유는 이 문화권이 집중적으로 축적된 조선이 아직 시커먼 물속에 있으면서 모든 비밀을 담고 있기 때문이다. 조선이 얼마나 큰 가치를 지니는지를 알아 본 이가 아직 없었기 때문이다.

조선의 내용을 밝혀야만 나타날 그것인데, 조선을 검은 장막에 싸인 채 버려두었기 때문에 그윽한 냄새조차 맡을 수 없었다. 우리의 입장에서 보면 조선은 불함 계통 문화의 역사상 중요한 표식이 된다.

 장구한 시간에 걸쳐 멀고 넓은 곳을 흘러 내려오는 동안에 조선은 가장 커다란 물줄기를 지니고 있다. 조선은 이 문화 계통의 가장 중요한 핵심을 가장 많이 보여주고 있다. 이 문화의 창조적 생명이 차차 무디어지고, 이 문화 유포의 집적지인 조선이 문화적 외적의 침략을 받은 세월이 오래되면서 진면목이 파묻혀 버렸다. 그러다가 이럭저럭 이 문화 전체가 사람들의 관심 밖으로 물러나게 되었다.

 그러나 없어진 것은 형체만이지 생명까지는 아니었다. 넓게 퍼지고 깊이 박힌 그 뿌리는 드러난 곳과 드러나지 않은 곳 양면에서 위대한 세력을 계속해서 발휘했다. 이 문화 계통은 동시에 종성(種姓)과 언어의 관계로써 한층 더 친밀함과 긴밀함을 더하고 있다. 이 문화의 성질과 유포를 밝힘으로써 모든 역사적 미몽(迷夢)에서 깨어나게 될 것이다.

 이 점에서 조선 역사의 연구는 실로 본질적으로 세계적인 큰 가치를 가지는 것이다. 조선을 중심으로 하는 학문적 설계만 가지면, 지금까지 성공 여부가 현안인 '동양사'란 것도 비교적 용이하게 학문적 성취를 높일 수 있다. 이른바 세계 역사란 것도 이러한 기초 위에 비로소 완전한 결론을 기대할 수 있다.

 그런데 이렇게 중대한 관련성을 지닌 불함 문화 계통의 연구는 오늘날 얼마만큼의 증거와 자료를 가졌는가? 유일하고 가장 오래된 금옥(金玉)을 언어의 광산 속에서 채취해야 할 형편이다. 다른 방면으로서도 약간의 자료가 나오지 않는 것은 아니지만 거의 전부를 언어에서 얻어야 할 형편이다.

 불함 계통 문화의 연구는 별 수 없이 그 문화 유포 구역을 대상으로 한 언어 연구라고도 할 수 있다. 언어로써 밝힐 수 있는 범위가 거의 불함 문화를 살필 수 있는 최대 범주라고 할 수 있다. 그런데 이 모든 것이 조선이라는 처녀를 과학의 혼인 잔치로 끌어 내와야 할 수 있는 일이다.

조선으로서 중심을 삼고 조선으로서 풀무질을 하고 조선으로서 형체를 맞춰야 한다. 그래야 따로 낳았던 것이 비로소 한데로 모여 들게 된다. 풀어진 것이 비로소 꼭 맞게 엉기게 될 것이다. 조선이란 속 이야기를 통해서만 비로소 하나에 이를 것이다.

12. 언어와 문화

언어에 남아 있는 형적을 따라 올라가면 다른 무엇보다도 명백히 이른바 '불함 문화권'이라는 개념을 얻게 된다. 이를 통해 어떤 지역 안에 산포하여 있었으며 얼마만큼의 종족을 포함해서 공통적이며 일치했던 일대 문화권이 존재했었는지를 짐작하게 된다. 설령 그들의 여러 언어가 각각 다른 계통이며 종성이 각자의 연원을 가졌을지라도, 그런대로 그들이 만들어 낸 문화를 통해 볼 때 서로 한 집안 식구였던 것만은 알기 쉬운 사실이다.

원시 사회의 상태가 동일한 것은 거의 전 인류의 공통된 사실이다. 하지만 어느 정도까지 발달한 이후의 사회적 현상 - 가령 말하면 종교 · 철학 · 정치 제도 등 문화상의 제 2차적 사실이 어느 지역 안에서만 도장 찍은 것처럼 동일하게 나온다면 그것은 본래 한 근원부터 나온 것임을 증명하는 것으로 볼 수 있다.

이를 언어상으로 관찰하건대 가족 · 가축 · 수리 · 천문 · 지리 등 기초적 언어의 현재 형태가 판이하게 다른 여러 종족들 사이에도 종교 · 철학 · 정치 제도상의 중요한 명칭이 서로 간에 많이 일치하고 있다. 이는 곧 다른 어떤 것보다도 그들 문화 사이에 존재하는 밀접한 관계를 표시하는 것이다.

우리 조선에서는 지방을 구획하는 중요한 단위로 '고을' 혹 '골'
이 있다. 이를 한자로 번역하면 주(州)·군(郡)·현(縣) 등이란 여러
단어와 같은 말이다. 이는 필연 고구려어의 성(城)을 의미하는 '부
루'(혹은 '홀(忽))로부터 내려오는 말이다. 그러나 '고을'의 가장 오래
된 뜻은 분명히 '집취(集聚)'를 의미할 것이다. 이는 마치 '마을'이란
말이 '무리'란 말과 한 근원에서 나온 것과 같다.

지금 말에 밀집되고 응축된 것을 '걸'이라 하고 또 군중이 빽빽
하게 섞여 모여 있는 상태를 '들끌'이라고 한다. 이를 보면 '끌'과
자매형인 '걸'·'글'에 집취(集聚)를 의미하는 어근을 가지고 있음
을 짐작할 수 있다. '들끌'의 '들'이 '들이 덤빈다', '들어 먹는다',
'들어 야단한다' 등의 '들어'와 같은 접두어임은 물론이다.('맺어 있
다'는 일본어로 'コホリ', '퉁그스'어로 Kuldam, 몽고어로 Kuru-ku라고 하고, 응집
을 일본어로 'コル', 몽고어로 Kornam, Kurnap이라고 하는데, 위의 견해에 대하여
매우 유력한 암시가 된다).

요약하면 한자 촌(村)이니 리(里)니 사(社)니, 군(郡)이니 현(縣)이
니 주(州)니, 방(邦)이니, 국(國)이니 우(宇)니 하는 글자는 인류의 취
락 생활이 점진 증대함에 따라 단계적으로 파생된 것이다. 그러므
로 최초에 생긴 말 가운데에는 이후에 생긴 모든 말의 의미가 미분
화된 상태로 감추어져 있다. 또한 차후에 생긴 말 가운데에는 그 여
러 앞에 생긴 말의 내용을 이미 분화된 상태로 포함해 있는 것이다.

가령 촌(村)이 맨 먼저 생긴 말일 것 같으면 즉 촌밖에 다른 어떤
말이 없을 때 촌이란 말 한 마디 속에 리·사·주·군·현 내지 방
·국·우주란 아직 생기지 않은 관념이 그 속에 들어 있는 것이다.
또 그 다음에 리(里)란 말이 생겼을 것 같으면 리 속에는 촌이 포괄
되고 또 그 다음에 사(社)란 말이 생겼을 것 같으면 사란 말 속에는

촌을 포괄한 리란 말을 포괄한 것이다. 점차 한 층 한 층씩 포괄해 가다가 맨 나중에 방국(邦國) 혹은 우주란 말이 모두 포괄된 것이다.

다시 한 번 말하겠다. 분화한 뒤에는 대소(大小)와 고저(高低)의 차별이 종종 있다. 하지만 분화되기 이전으로 말하면 촌이 곧 지난 날의 리(里)요, 사(社)요, 주(州)요, 군현(郡縣)이요, 방(邦), 국(國), 우주란 말을 포괄한다.

우리 조선에서 지방 구획의 명칭으로 쓰는 말에 '말'·'면'·'골' 내지 '불' 등이 있다. 지금 와서는 '나라'란 말이 따로 있어서 이 모든 단계를 총괄하는 모양이다. 하지만 역사적으로 그 옛 의미를 찾아 보건대 '말'이고, '면'이고, '골'이고, '나라'고 상관없이 그 의의(意義)에는 어떠한 차이와 등급이 있지 않았다.

가령 '말'이란 것이 어느 시절에는 현재 '나라'라는 뜻이었다. 혹은 '골'이란 것이 어느 시절에는 또한 '나라'란 뜻이었다. '면'과 '불'이 다 그러했다. 그런데 요약하면 '말'·'면'·'골'·'불' 등을 일관하는 전체적 의미는 '모임' – '모여 사는 곳' – '사람 많이 모인 곳'이라는 것이다.

'말'이 '무리'·'물'·'뭇'하고 근원이 같고, '불'이 '불움'·'붓'하고 근원이 같고, '나라'가 '느러'·'널리'·'늘비'하고 근원이 같다. 이를 보건대 '골'이 '걸'·'글'과 한가지로 집취(集聚), 빽빽함의 의미로서 생긴 말임을 추측하기에 어렵지 않다.

『삼국지』의 기록자가 고구려의 '구루(溝婁)'는 '성(城)'이라고 했다. 이는 '성곽'이란 성(城) 보다도 차라리 '성시(城市)'란 성(城)의 뜻으로 한 것이다. 또한 고구려에서 '구루'라고 이름을 부르는 곳에는 반드시 성곽의 시설도 있었다. 그러므로 '구루'란 말은 사실상 성이 있는 지방을 의미했음에서 비롯된 듯하다.

이러했든 저러했든 현재 사용하는 '골'이란 것은 처음에는 '말'·'불'과 한가지로 '취락'이란 의미로 생겨서 차차 '방국(邦國)'이란 뜻으로도 쓰이고 나중에는 '군현(郡縣)'이란 뜻으로 고정되어 지금까지 왔다고 볼 수 있다.

몽고어의 집취(集聚)를 뜻하는 '호란(呼蘭; 혹 '呼喇'·'忽喇'·'胡魯喇', '火兒忽')'과 만주어에 군현을 뜻하는 '꼴로' 혹 '골로', 방국(邦國)을 뜻하는 '꾸룬'을 합쳐서 생각하면 '골'의 옛 의미를 더욱 명백하게 짐작할 수 있다.

또 지금 우리의 지방 구획상의 한 명칭인 '면'이란 것도 출처와 의의는 아직 정확하게 밝혀져 있지 않지만 우리의 생각에는 만주어에 집취를 뜻하는 '이먄'(『원사』 132의 '亦迷', 『금사』 92의 '因閔', 『요사』 31의 '移馬', 『삼국국어해(三國國語解)』의 '伊綿')의 조선형인 것으로 '말'·'불' 등과 비슷한 뜻을 가진 명칭이라고 할 수 있다.

'골'이란 말의 어의에 관해서는 일찍부터 학자들 사이에 일대 논쟁이 된 문제이다. 따라서 이런 저런 논의가 아직 분분하다. 하지만 우리의 견해로 말하면 '집취 생활지'를 의미하는 중요한 말로써 불함 문화 계통에서는 여러 지역에 공통적으로 사용된 지방 구획을 위한 한 명칭인 것이다.

일본어의 'コホリ'(郡), 만주어의 Golo·Kolo(군현), 몽고어의 Korgbo(城塞)·Kalgan(市邑), 터어키어 중 '다다라' 방언인 Kot(성읍), '사모예드'어 중 '오스탁'어의 Kara·Kere, '유탁' 방언의 Korras(시읍), '피노우그리'어족 중 '피노'어의 Kula(촌), '뱁스'어의 Kula, '보덴'어의 Cula, '에스덴'어의 Kula, '리블란드' 어의 Kula(幷村), '케레미스'어의 Hala(시읍), '실얀'어의 Keras(촌), '보탁'어의 Kar(시읍) 등은 모두 불함 문화에서 연원된 공통어로 볼 수 있다.

그런데 어원을 한가지로 하는 이 말이 곳에 따라서 촌락·시읍·성새 등으로 차이가 나게 된 것은 각각의 특수한 정형에 따른 제2차적 분화이다. 그 원래의 의미는 반드시 '집취'에 귀착될 것이다. 모여 사는 곳이란 뜻으로부터 가옥의 뜻도 되고 정원의 뜻도 되고 촌락·시읍·성새의 뜻으로 변화 혹은 발달한 것으로 보인다.(비교에 인용한 '우랄 알타이' 여러 어족의 방언은 대개 시라토리[21]가 모은 것을 받아쓴 것임.)

---

21 시라토리 구라키치(白鳥庫吉; 1865~1942)는 일본의 동양학자로 일본 도쿄제국대학을 졸업했고, 같은 학교 사학과 교수를 지냈다. 『만선지리역사연구보고』 등을 저술했다.

해방 8년과 한국의 장래*

국민 생활의 과정에는 일상적일 때가 있고 비상시(非常時)가 있고 또 가끔 초비상시(超非常時)가 있다. 국가와 민족의 생존이 중대한 위협에 직면하는 때, 국내 자기(自己) 분열 작용이 정도가 지나쳐서 수습하지 못할 혼란 상태에 빠진 때가 비상시이다. 그리고 민족 세력의 교체가 주위에 일어나서 어떠한 비바람이 우리를 어느 곳으로 몰고 갈지를 헤아릴 수 없는 때가 모두 다 비상시이다. 압력이 강렬하면 강렬한 만큼 점점 초비상 또 초초비상의 시기가 된다.

광복된 한국은 오랫동안 일제의 지배에서 해방된 환희를 충분히 맛볼 겨를도 없이 더 큰 새로운 시련에 붙들리게 되었다. 모든 것을 휘몰아서 항일의 방향으로 매진하던 공통 목표가 소실됨과 함께 우(右)니 좌(左)니 하는 사상 분열이 나날이 두드러지고 심각하게 되었다.

그 배후에 자유주의 대 전체주의가 세계적으로 서로 대립 관계를 가진 만큼 양자의 반발(反撥) 투쟁은 앞선 사례를 찾을 수 없을 만큼 극렬했다. 미·소 회담이니 외국 주둔군 철수니 하는 몇몇 단

---

* 이 글은 1953년 8월 16일 『서울신문』에 실렸다.

계를 넘어서 사태는 마침내 6·25사변으로 진전했다. 그 결과 민족·국가·사회·문화·산업이 모두 파멸이라는 비참한 현실을 가져오고 말았다.

우리 한국의 전체 역사에서 나아가 세계 인류의 국민 생활사에 이 이상의 비상시·초비상시가 일찍이 있었다 할까? 우리는 단연코 명백하게 말하기를 "없었다. 처음이다."하기를 주저하지 않겠다. 이것이 해방 8년 동안의 우리 국민 생활에 일어난 새로운 경험이다. 역사에는 '30년 전쟁'이란 것도 있고, 십자군은 약 2백 년 동안 전쟁을 계속했다. 그런데 겨우 3년에 지나지 않은 한국 전쟁으로 인해 우리는 앞서 마주했던 모든 어려움보다도 비교할 수 없이 심한 어려움을 경험했다.

세계 제1차 대전, 세계 제2차 대전은 '세계'라는 말을 붙일 만큼 광범위하고 대규모의 전쟁이었다. 또한 항공기·잠수함·탱크·로켓 등 신무기가 사용됨으로써 전에 없던 큰 참화가 발생하기에 이르렀다. 그런데 이번 한국 전쟁은 진실로 아주 작은 하나의 반도라는 좁은 지역 안에서 양 전쟁에 필적하는 전쟁 비용이 사용되고 물자가 동원되었다.

한국 전쟁에는 앞의 전쟁보다 몇 배나 진보한 전쟁 도구가 사용되었다. 원자탄이니 수소탄처럼 경천동지(驚天動地)할 커다란 파괴력을 지닌 무기가 사용되기 일보 직전에 멈추었다. 이러한 무기가 사용되었다면 인류 세계는 거의 마지막 파멸 단계에 이르렀을 것이다.

요약하건대 한국 전쟁은 인류 전체에게 절대적인 공포와 위협이었다. 그렇기 때문에 이는 한국 역사에서도 처음 보는 국민 시련이요, 생활 경험인 것은 말할 필요도 없다.

운명의 장난이든지 역사의 귀결점이든지 모르겠다. 어쨌든 이만한 희생을 내고 이만한 곤란을 겪고 이만한 시련을 치르고서, 우리는 지금 모든 것을 상실한 적나라한 몸뚱이로써 초토화된 국토 위에 서 있다. 이것이 속일 수 없고, 앙탈하지 못할 현실이다.

눈물을 바다만큼 흘리고, 한숨을 태풍처럼 쉰다 하여도 냉혹한 이 현실이 털끝만큼이라도 가벼워지지 않을 것이다. 비탄과 통곡이 이 곤궁한 운명을 전환시키는 아무런 힘이 되지 못할 것이다.

다만 현실을 그대로 받아들이고 정신을 차려야 한다. 무엇이 우리를 이렇게 만들었는지를 현실에 기반해서 인식하고 사실로써 파악해야 한다. 그래서 병과 화근의 원인을 찾아내고 그것에서 벗어나고 넘어서야 한다. 나아가 그 반대편에 있는 갱생(更生)의 바른 길을 발견하고 힘써 매진해서 신생활(新生活)을 건설하지 아니하면 안 될 것이다.

무엇이 우리를 이렇게 만들었는가? 정당하고 건전한 국민 생활에서 언제든지 또 무엇보다 중요한 것이 이에 대한 반성과 자각이며 이에 기초한 생활 개선이다. 국민 전체가 여기서 출발해서 공통 목표를 확립하고 그것을 향해서 공동 노력해야 한다. 이것이 있기만 하면 그 국민의 역사에는 낙심이 없고 불가능이 없고, 희망이 있고 영광이 있는 것이다. 오늘날 한국민의 경우는 진실로 비참, 지나간 비참으로 인해 몰락한 초초비상시이다. 정치 · 경제 · 문화 · 도덕 모든 면을 보아도 딱함과 딱함의 연속 이외의 다른 아무 것도 없다.

그러나 이대로 그만둘 수 없음은 물론이다. 어찌 되었든지 꿋꿋하게 일어서서 씩씩하게 일해야 할 것만은 명백한 사실이다. 그런데 그 전제로서 반드시 필요한 것은 우리의 현실이 무엇에서 배태되고, 빚어졌고, 길러졌고, 형성되었는지를 바로 보고, 깨닫고, 붙잡아 가야 한다는 점이다.

해방이 어느덧 8년이다. 이 8년 동안에 우리가 당한 시련으로부터 과거 수천 년 동안의 생활에서보다도 더 큰 경험을 얻었다고 할 수 있다. 또 만 3년 동안의 비교할 수 없을 만큼 참혹한 전쟁의 피해도 우리에게 반성과 자각의 겨를을 주려는 듯 이제 잠시 쉴 수 있는 기간을 만들어 주었다. 이 기간에 우리가 해야 할 일은 무엇보다 먼저 "무엇이 우리를 이렇게 만들었는가?"를 발견함에 있다.

무엇이 국토의 허리를 잘라서 두 동강을 내었는가? 무엇이 하나의 핏줄·언어·문화·이해관계를 가지면서 동포상잔(同胞相殘)의 비극을 연출하지 아니하면 아니 되게 했는가? 무엇이 어리석고, 부질없고, 무리(無理)하며, 불의(不義)한 행동을 악을 쓰면서 하고 그칠 줄을 모르게 하는가? 그 진정한 원인과 객관적 실태를 바로 인식함이 필요하다. 그리하여 그 방향을 전환하며 가치를 바꾸어야 한다.

무엇이 우리를 이렇게 만들었는가? 한마디로 말하면 민족 분열이 모든 불화의 근본이다. 민족 통일이 모든 복의 원천이라는 자각을 얻는다면 이만한 불행도 오히려 비싼 대가를 지불했다고 볼 수 없다. 한국의 장래는 오로지 한국민이 이러한 자각을 얻고 얻지 못하느냐 하는 한 가지 일에 달려 있다. 그리고 비상시 상황을 극복하는 것도 이외에 다른 방도가 있을 리 없다.

한국 부흥의 열쇠*

　돌아보건대 3년 동안 피 흘린 비극은 크고 통렬하여서 그 참혹한 자취는 생각할수록 전율을 느낄 뿐이다. 그러나 이미 당한 일에 관해 단지 아프니 쓰리니 하고 있음은 무의미한 짓이다. 마음 있는 사람은 모름지기 그 성격을 꼼꼼히 살피고, 그 실체를 파악하고, 그 경험을 살리며, 가치를 전환하기에 힘써야 할 것이다. 무너진 하늘에서도 황소가 나갈 구멍을 찾는 노력이 있어야 하는 것이다.

　북한 도배(徒輩)더러 말을 하라 하면 계급 투쟁이니 세계 혁명이니 역사의 귀결점이니 하는 구실을 제기할지 모르겠다. 그러나 시종(始終)의 행동이 소련의 지휘·조종에 따르고 복종한 것이요, 거기에는 아무런 독자적인 계획이 없다. 이 점에서 결국은 하나의 괴뢰 역할에서 벗어나지 못했음은 아무리 저희들이라도 앙탈할 수 없는 사실일 것이다.

　그러면 남한 정권이 이에 대항한 점에서 얼마나 독자성을 인정할 수 있는가? 많은 장정을 전선에 내세우고 상당한 군사력을 결성하고, 그러는 동안에 인민과 국토가 받은 고통과 이바지한 희생은

---

* 이 글은 1953년 9월 6일 『자유신문(自由新聞)』에 실렸다.

진실로 헤아릴 수 없을 만큼 많았다. 그러나 이것이 모두 자주적 동기에서, 또 입장에서, 또 의식에서 수행되었는가? 돌아서 회고할 때 부끄러움을 금할 수 없다.

국토와 인민을 제공해서 세계 대립 세력 항쟁의 희생을 만들었다고 볼 이유가 과연 없을까? 또 이 나라의 지도층 정치 지배 구조가 이러한 국난에 임한 태도에 몹시 미워할 만한 일이 없을까? 남을 말하기 전에 우리를 살펴야 할 것이다.

치른 일은 치렀거니와 우리 당면의 과제는 그 뒤를 어떻게 수습하느냐, 그 결과를 어떻게 호전시키느냐에 있다. 내 아들딸을 황야(荒野)의 백골(白骨)로 버리고, 내 가재도구와 재산을 싹싹 쓸어 없애 버리고, 국토와 문화 일체가 하루아침에 소멸하게 된 것에 관한 보상을 어디 가서 찾겠느냐 하는 문제가 그것이다.

이것은 객기를 부리고, 목소리를 크게 하고, 소아병적·자기 도취적인 이불 속의 활개로써 해결될 것이 아니다. 곤궁함을 자기가 지닌 자본(資本)으로 알아서 모든 일을 외국의 원조와 구제에 의뢰하면 그만일 것 같이 생각하는 비렁뱅이 심리로써 처리될 것이 아니다. 도리어 그것을 그만두고, 그것을 초월한 고차원적인 곳에만 문제도 있고 문제의 해결 방도도 있음을 알아야 한다.

한국의 부흥과 전진은 어디 있는가? 휴전에 있는 것도 아니요, 정치 회담에 있는 것도 아니요, 원조액인 2억 불에 있는 것도 아니다. 더 나아가 생각하면 무슨 성명(聲明)이니 무슨 조약이니, 무슨 양해니 하는 것에 있는 것도 다 아니다. 하물며 어느 당이 잘되고 어느 국회 의원이 당선되어야 하는 데 있는 것도 아니다.

박헌영(朴憲永)이 숙청되고 김일성(金日成)이 실각하는 데 있는 것도 아니다. 더 엄숙하고 더 심각하고 더 구체적이요 더 근본적인 것에 있다. 한국 인민 전체가 양심을 찾느냐, 가지느냐, 또 양심에서 사느냐 아니 사느냐 하는 하나의 지점에 있을 따름이다. 한 서

생(書生)의 고루한 논리라고 할 테면 하고 도학자(道學者)가 항상 하는 말이라고 할 테면 하라. 고루한 논리와 늘 하는 말이라고 하더라도 사실은 분명 이러한 것이다.

생활의 양심, 도덕의 양심, 정치의 양심, 산업의 양심, 교육의 양심, 학문과 연구의 양심, 신앙의 양심, 언론의 양심, 집회의 양심, 직장의 양심, 교회의 양심, 자선 사업의 양심, 텅스텐을 외국에 수출하여 얻은 달러의 양심, 원조 자금의 양심 등 양심의 여러 항목들은 쇠털같이 많다.

양심의 빛을 새벽별보다 보기 어려운 이 세상이여! 부흥의 싹이 어디서 돋으며 어떻게 자란다는 말인가? 양심의 바닥이 있고서야 모든 것이 있을 것이요, 그렇지 아니하면 아무것도 없을 것이다. 이를 부인하고 싶은 사람이 있거든 나와서 함께 논쟁을 하고 싶다.

문제의 핵심과 목표는 이번 전란의 해소에 있는 것이 아니다. 그것을 물리치고, 제압하고, 파멸케 함이 문제 돌파의 첫걸음임은 물론이다. 그러나 첫걸음일 뿐이지 결코 전체가 아니다. 문제의 문제는 훨씬 먼저 앞에 있다. 왕양명(王陽明)의 논법을 빌어 말하면 외부의 적을 격파하는 것이 아니라 마음속의 적을 소멸함에 있다.

적색(赤色) 북괴가 나라를 이렇게 만들었다 함은 누구든지 알며 누구든지 말하고 있다. 또 북괴 세력만이 찌부러지면 천하가 태평하게 되리라고 꿈을 꾸는 사람이 혹시 있을지도 모르겠다. 그것들은 문제의 일부 극히 작은 부분임을 모든 사람이 환하게 인식해야 할 것이다.

그리고 남이 말하기 전에 자기 먼저 가슴에 손을 대고 자기는 양심이 있었는지 혹은 지금 있는지를 엄숙히 살펴보아야 한다. 거듭 뉘우칠 것은 뉘우치고, 고칠 것은 고치고, 시급하게 힘써야 할 것이다. 한 사람이 이렇게 하면 두 사람, 세 사람이 이렇게 하고 백 명, 천 명 내지 천만 명이 이렇게 한 결과가 누적되는 곳에 한국 부흥의 금자탑이 건립되는 것이다.

　진실로 그렇지 않고 그 이전과 같은 마음과 행동으로 일관되게 헤맨다면 휴전·정치 회담·2억 불·10억 불이 한국에 가져올 것은 광명이 아니라 암흑이며 소생이 아니라 파멸일 것이다. 우리의 앞에 수많은 보배로운 상자가 놓일 것인가 아니면 판도라의 벌통이 떨어질 것인가? 이 또한 양심의 거울에 비춰 봐서 알게 될 것이다.

한국과 세계*

    과거 반세기 동안에 기독교청년회가 무엇으로 한국과 한국 문화에 공헌을 했는가 할 것 같으면, 나는 세계와 한국을 항상 연락시켜서 한국으로 하여금 세계로 더불어 한가지 호흡을 하고 함께 접촉할 기회를 준 점에 있다고 생각합니다.

    특별히 오늘 아름다운 기회를 주셔서 말씀을 하라고 할 때 나는 그 생각을 하면서 한국과 세계라고 하는 문제를 말씀하겠습니다. 그러나 한국과 세계와의 접촉이 많은 가운데에도 내가 오늘 여러분과 말씀하고자 하는 것은 한국과 세계가 과거나 현재에 있어서 걸음을 같이 해 왔는가, 또 한국과 세계와의 사이에는 넘을 수 없는 어떠한 장벽이 있었는가 아니면 없었는가, 한국 사람은 스스로가 알지 못하는 가운데에 한국과 세계의 사이에는 어떠한 연락 관계가 있었는지를 잠깐 말씀해 보고자 하는 것입니다.

    우리가 아는 한도에서 과거 어느 때든지 한국은 세계와 함께 있었고 또 같은 방향을 향하고 있었습니다. 그러한 것은 우리가 알기 쉬운 부분부터 찾아볼 수 있습니다. 아시는 바와 같이 한국에 있어

---

* 이 글은 1954년 『웅변다이제스트』 제2호에 실렸다.

서 가장 오랜 역사책인 『삼국사기(三國史記)』가 그것입니다.

1. 사실(史實)의 기록

고구려 · 백제 · 신라의 역사를 기록한 『삼국사기』에 고구려 역사를 기록한 가장 오랜 부분에서 고구려의 건국자 동명왕의 아들은 유리왕이라고 합니다. 유리왕에 대해서 이러한 기록이 있습니다.

동명왕이 부여(扶餘)라는 나라에 있을 때 부여의 왕자와 사이가 좋지 않았습니다. 그래서 부여를 등지고 남쪽으로 졸본(卒本)이라는 땅에 와서 새 나라를 개척했습니다. 그러하기 전에 부여에서 예씨(禮氏)라고 하는 색시에게 장가를 들어서 유리라는 아들을 낳았다고 합니다. 살아 있는 유복자(遺腹子)와 같아서 아버지도 모르고 자라 온 동안에 그는 나이를 먹고 나서 어머니한테 자기 아버지는 어떠한 사람인지를 물어보았다고 합니다.

어머니는 눈물을 흘리면서 대답했습니다. 너의 아버지는 나라에서 용납을 받지 못하고 남쪽으로 좋은 땅을 찾아서 새로운 나라를 세우려고 갔다. 가실 때 부탁하기를 일곱 모 진 돌 위에 있는 소나무 밑에 신물(神物)을 감추고 갈 테니 그 신물을 가지고 올 것 같으면 내 아들인 줄 인정해서 나와 함께 일을 같이 하겠노라 하는 말씀을 하셨다, 그런데 일곱 모 진 돌 위에 있는 소나무라고 하는 것을 나도 알지 못하거니와 넌들 알 수가 있겠느냐, 무슨 방법으로든지 일곱 모 진 돌 위의 소나무 밑에 있는 신물을 찾으면 너의 아버지를 만날 수 있는 다만 한 가지 기회다, 이렇게 말했습니다.

그러나 유리는 근처에 있는 산과 들을 두루 찾았으나 일곱 모 진 돌 위에 선 소나무라고 하는 것은 찾지 못했습니다. 하도 지쳐서 마루 위에 드러눕자니까 갑자기 대청 기둥 밑에서 이상한 소리가 났습니다. 그 기둥을 들고 보니 과연 주춧돌이 일곱 모가 지고 그 밑에 부러진 칼자루가 있었습니다.

그래 그것을 가지고 좋아서 졸본 땅으로 찾아가서 동명왕을 만나보고 칼을 내놓았더니 당신이 간직해 두었던 나머지 반 토막을 내서 보니까 두 칼이 만나기가 무섭게 절로 들어붙어서 물건 스스로의 증명으로 "옳다 네가 내 아들이다."하고서 태자로 만들었습니다. 그래서 동명왕이 세상을 떠난 뒤 고구려의 둘째 임금이 되었다고 합니다. 이러한 고구려 역사 첫 페이지에 있는 유리의 이야기는 우리가 한평생 동안 여러 수백 번 보았습니다.

2. 그리스 신화의 모험담

나는 지난 여름 어떤 필요가 있어서 그리스 신화를 들추어 읽어가는 가운데 테세우스의 모험담이라고 하는 이야기가 있었습니다. 테세우스라고 하는 이는 그리스 역사에서도 유명한 사람입니다. 또 모험으로써 그리스의 운명을 광명(光明)하게 했다고 하는 이런 분이었습니다.

그의 아버지인 아이게우스라고 하는 분이 동명왕과 마찬가지로 고국에서 용납되지 못하고 어쩔 수 없이 코린트 해협을 건너서 아테네 지방에 갈 때에 동명왕과 똑같은 방법으로 떠나갔고 후에 똑같은 방법으로 그 아들을 만나게 되었다는 이야기가 있었습니다.

세상에는 이곳과 저곳에 있는 이야기 가운데 우연히 부합하는 것도 있습니다. 또 사람의 정신 작용이 비슷하기 때문에 서로 일치하는 현상도 있습니다. 하지만 지금 말씀한 유리왕과 테세우스의 이야기와 같이 공교롭게 이러한 일치를 보이는 수가 있겠느냐 하면 우연하게 될 수 없는 일입니다.

여기에는 우리가 고구려와 그리스가 산으로 물로 수만 리 떨어져 있으되, 이 두 이야기 사이에는 필연적으로 부합하지 않으면 안될 무슨 이유가 있다는 것을 생각하지 않을 수 없습니다. 이와 같은 현상은 동양과 서양의 고대 문화 가운데에서 찾아볼 수 있다고 지적할 수 있습니다.

3. 신라의 경문왕

신라에 경문왕이라고 하는 임금이 있었습니다. 그이는 머리에 쓰는 '감투'를 만드는 사람을 특별히 정해 놓고 다른 사람이 만드는 감투는 쓰지 않는 이상스러운 버릇이 있었습니다. 민중 사이에는 그 까닭을 몰라서 궁금하게 여겼다고 합니다.

경문왕 자신으로 말하면 귀가 당나귀와 같이 커다랗게 뻗쳤기 때문입니다. 이발을 하는 사람에게는 어쩔 수 없이 알렸지만 다른 많은 사람이 자신의 귀가 당나귀와 같은 것을 알게 되면 대단히 거북하다고 생각했습니다. 그래서 임금의 감투를 만드는 사람은 비밀을 지키는 동안까지는 목숨을 유지했습니다.

혹시 그렇지 못하면 생명을 지킬 수 없음을 염려해서 임금의 감투를 만들어 바치는 사람은 임금의 귀가 당나귀와 같다고 하는 말을 한번 시원하게 해 보고 싶으나 그렇게 하지 못했습니다. 사람에게 말을 하면 비밀이 새나가서 벌을 받겠으니까 깊은 산속에 들어가서 땅을 깊이 파고 거기다 대고 시원하게 임금 귀는 당나귀 귀다 하는 소리를 질렀다고 합니다. 그 뒤 이상하게도 바람이 불 때면 누가 하는지 모르게 산속에서 "우리 임금님 귀는 당나귀 귀다."하는 소리가 나왔더랍니다.

이러한 이야기가 『삼국유사』라고 하는 책 가운데에 기록되어 있습니다. 그러나 그리스 신화를 읽어 보시면 아시겠지만 거기에도 마이다스 왕에 대한 이와 똑같은 이야기가 있습니다. 그러면 여러 분이 들으시기에 신라의 경문왕 이야기와 그리스 신화에 있는 마이다스 왕의 이야기 사이에는 어떠한 필연적 연락이 있을까를 한번 판단해 보십시오.

시인의 머리에서 구상(構想)으로 만든다 할 것 같으면, 혹은 문자(文字)의 붓끝에서 손으로 꾸민다고 할 것 같으면 별다르겠지만, 이렇게도 신기하게 일치하리라고 하는 것은 어렵다고 나는 생각합니다. 암만해도 여기 것이 저기를 갔는지 저기 것이 여기를 왔는지는 모르지만, 양자 사이에 연락 교섭이라고 하는 것이 없었다고 인정하지 않으실 것이라고 생각합니다. 그러면 임금 일에 있어서만 이러한 일이 있었느냐 하면 그렇지 않습니다.

우리나라의 유명한 흥부·놀부 이야기는 한국 사람이 가장 듣기 좋아하는 이야기인데, 이와 똑같은 이야기를 세계 여러 나라에서 볼 수 있습니다. 특히 몽고에서도 발견할 수 있는 것입니다.

4. 별주부 이야기

그 다음 우리나라 옛이야기 가운데 별주부 이야기가 있습니다. 이 이야기는 결단코 신라의 이야기도 아니고 조선의 이야기도 아닙니다. 이것은 인도의 남방 불교의 550가지 비유담 가운데에 있는 이야기입니다. 다만 우리나라 '별주부' 이야기에서는 토끼로 되어 있으나 인도 본토에서는 '원숭이'로 되어 있을 뿐입니다.

그러면 지금으로부터 이천 수삼백 년 전부터 조선 사람들의 어머니가 어린 자식에게 젖꼭지를 물리고 들려주는 이야기…… 흥부·놀부나 별주부의 이야기가 하나는 몽고에 있고 하나는 인도에 있습니다.

또한 여우가 갑자기 호랑이를 만나서 죽게 되었을 때, 여우는 "호랑이 아저씨 잘 만났소. 내가 마침 하느님께서 땅 위에 있는 짐승을 모두 다스리라는 책임을 맡아 가지고 오는 길이오, 그러니 아저씨, 한번 위엄을 보여 주리다." 호랑이가 들으니 이상한 소리지만 혹시 그런 일도 있을까 하는 생각에서 어디 보자하고 어슬렁 어슬렁 뒤로 따라 가니까 아닌 게 아니라 보는 짐승마다 모두 놀라서 도망갑니다. 이것을 본 호랑이가 별안간에 "여우 아저씨 나 살려 주시오."하고 도망갔다는 이야기……. 힘없는 사람이 힘 있는 사람의 힘을 빌어서 남을 위해(危害)하는 이야기는 동양에서도 오랜 옛날부터 있던 이야기올시다.

5. 춘추 시대의 『사기』

또 아시는 바와 같이 춘추 시절이라 할 것 같으면 지금으로부터 2천 2, 3백 년 전 중국 옛날입니다. 춘추의 사실(史實)을 기록한 『사기(史記)』에 있는 이야기 가운데 이런 것이 있습니다.

'도요새'라고 하는 새가 물가로 가면서 먹을 것을 찾으니 돌연 아가리를 벌리고 있는 커다란 조개를 만났습니다. 새는 웬 떡이냐 하고 조개 속을 쪼아 먹으려고 덤벼드니 조개가 깜짝 놀라서 꽉 다물었습니다. 이래서 도요새는 조개에게 물리고 조개도 살을 새에 물리어 가지고 있을 때, 고기 잡는 사람이 지나다가 그것 참 그야말로 웬 떡이냐 하고서 조개와 도요새 둘을 한꺼번에 얻어 가지고 갔습니다.

아까 이야기한 여우와 호랑이의 이야기, 그리고 또 지금 말씀한 조개와 도요새 이야기는 실상 우리 동양에만 있는 것이 아닙니다.

누구든지 잘 아시는 '이솝'이라는 사람의 얘기 가운데에 있는 것입니다.

6. 여러 민족 사이의 밀접성

이와 같은 여러 가지 이야기를 들으시면 이 세계의 나라와 나라 사이에는 또 민족과 민족 사이에는 매우 친밀한 어떠한 연락 관계가 있었던 것이 아닌가를 조금이라도 생각하실 것입니다. 동방 세계와 서방 세계 사이에는 세계의 지붕이라고 하는 파미르 고원이 가로막혔습니다.

이러한 높은 장벽이 있는 동방과 서방 사이에 교통이 있었다고 하는 것은 얼른 생각하기 어렵습니다. 그러나 두 세계에는 사람 스스로가 생각하지 못하는 동안, 이렇게 이와 같이 밀접한 교섭과 연락이 생기고 있었습니다. 아시는 바와 같이 서양 사람은 누에를 쳐서 고치를 놓아 가지고 비단을 만드는 재주를 오랫동안 몰랐습니다.

7. 양잠의 기록

동양에서는 황제(黃帝) 시절, 그의 마나님이 비로소 양잠을 했다고 하는 기록이 있습니다. 그런 것처럼 아주 오랜 옛날부터 양잠하고 비단 짜는 것을 알았습니다. 중국 사람이 짜는 비단은 중국 사람만이 입고 말 것은 아닙니다. 중국에서 짜는 명주실과 비단이 저 중앙아시아의 대사막을 통하고 파미르 고원을 넘고 바닷물을 지나가서 서양 사람이 사치하는 물건이 되었습니다. 그러므로 중국과

로마와의 사이를 이어주는 중앙아시아 대사막에 대해서는 그리스
나 로마의 옛 기록에 비단 다니는 길이라는 기록이 있습니다.

그러면 비단이 다니는 길에는 비단만이 다녔냐 하면 그런 일은
없겠지요. 사람이 비단을 가지고 감으로 해서 동방에서 가는 사람
은 동방의 문화를 가지고 갈 것입니다. 서방에서 오는 사람은 서방
에서 지식을 가지고 올 것입니다.

이와 같은 교섭과 연락이 행하는 사이에 문화라고 하는 것이 서
로 접촉하고 연락되지 않을 수는 없습니다. 그러니 비단실을 영어
의 실크(Silk)라고 하는 것이 본래는 라틴 말에 '셀'이라는 말이올시
다. C자(字)니까 결국 마찬가지여요.

또 몽고 말에 실을 '실젝', 여진 말에 실을 '실게'라고 합니다. 본
래는 라틴 말의 '셀'에서 나온 것입니다. 그리고 이 '셀'을 또 그 근
본을 캐어 보면 몽고 말의 '실젝', 여진 말의 '실게'와 연관이 있고
더 나아가서는 조선 말의 '실'과 어형과 어휘가 똑같은 것을 알게
되었습니다.

그러면 양잠과 실이란 말을 통해서 서양 문화와 동양 문화……,
특히 동북아시아의 몽고·만주 또 조선이 긴밀한 연락을 가졌던
것이 거의 분명한 사실입니다.

8. 유사한 어휘

지금 우리가 조선말로 알고 쓰는 것 가운데는 실상 먼 외국으로
부터 들어온 것이 많습니다. 밥 해 먹는 '쌀'은 인도 말입니다. 배자
(褙子)(조끼)라고 하는 것은 유태 말입니다. 집에 관한 말에도 가장
중요한 부분인 사랑(舍廊)이라고 하는 것도 남방의 말입니다. 집 짓
는 재료의 시멘트와 함석(부리키)이라는 것은 아라비아 말이요, 음

식에도 '술'은 터키 말이요, 술에서도 '소주'를 '아라기'라고 하는 것은 역시 아라비아에서 온 것입니다.

풍속에 있어서도 상투를 짜는 것은 남방에서 온 것이고, 머리를 땋는 것은 북방과 연락을 가지는 것이요, 새색시가 '족두리'를 쓰고 '도투락' 댕기를 드리는 것, 사나이가 저고리에 긴 칼을 차는 것은 다 몽고의 풍속이 전해 온 것입니다. 또 고기 삶은 맹물을 '설렁탕'이라고 하는 것은 역시 몽고 말 '술래'라는 말이 들어온 것입니다.

9. 한국과 세계의 고찰

이러한 관계를 각 방면으로 샅샅이 찾아보면 조선 안에서 세계를 다 볼 수 있고, 세계의 어디서도 조선의 무엇을 발견할 수 있을 것입니다. 이와 같이 조선과 세계는 아득한 옛날로부터 항상 한가지로 있고 또 발을 맞추어서 함께 인류 문화라는 것을 만들어 나온 것이요, 결코 조선이 세계에서 떨어져 있었거나 또 세계가 조선을 모른 체하고 지냈던 것은 아닙니다.

지금으로부터 70~80년 전 미국의 어떤 저술가는 조선을 '헐미트 내이슌(hermit nation)', '두문동'(숨어 사는 백성)이라고 일렀고, 독일의 어떤 사람은 조선을 '포비든 랜드((금단(禁斷)된 나라)'라고 이름 붙여 마치 아시아의 히말라야 산속이나 아프리카의 정글 속에 있는 비밀의 나라와 같이 말했습니다. 그러나 한국과 세계가 이미 태고 시절, 역사도 아무것도 없는 먼 옛날로부터 언제든지 친밀한 관계를 가지고 나왔던 사실을 이상에서 약간 고찰해 보았다고 생각합니다.

그러면 현재와 아울러 이후의 문제는 무의식하던 세계와의 연락을 의식적으로 하여 수동적으로 교섭되던 관계를 능동적으로 하는

데 있습니다. 그리고 이것을 같이 알고 영광스럽게 추진하는 여부가 한국 이후의 운명을 결정하는 큰 조건이 됩니다. 이에 관한 말씀을 해야 하겠지마는 오늘은 우선 이것으로 끝을 맺기로 하겠습니다.

한국의 역사와 문화*

    한국은 아시아 대륙의 최동단에 있는 한 반도국으로서 근세의 서양인으로 말미암아 신선국(神仙國) 혹은 먼 신비의 나라라는 말을 듣고 있다. 그러나 역사와 문화의 내용을 살펴보면 조선은 언제든지 세계와 함께 있었고 결코 떨어지지 않았다. 세계는 언제든지 조선과 한집안으로 지냈고 결코 내버려두지 않았다. 조선과 세계는 하나였다.

    인류가 문화적으로 남겨 놓은 고고학적 유물 가운데 가장 위대한 것이 거석 구조(巨石構造·Megalithic Structure)요, 그중 세계적으로 보편하게 분포해 있는 것이 돌멘(Dolmen)이다. 돌멘은 커다란 돌로 책상 모양을 만들고 그 속에 무기 등을 넣었던 것이니, 이것은 유럽의 스칸디나비아 반도로부터 대서양과 북아프리카의 연안 제국과 인도양·태평양을 거쳐 남미의 페루까지 널리 분포하고 있다.

    여러 학자들이 비교 연구의 결과를 통해 석기 시대 어느 기간 동안 인류에게 공통되는 문화 표상으로 단정하고 있다. 그런데 한국에는 동방의 해상 여러 섬으로부터 전 반도를 통과하여 만주·몽

---

* 이 글은 1955년 7월 『청사(靑史)』 창간호에 실렸다.

고 지대에까지 골고루 돌멘이 분포해 있다. 돌멘 많기로 유럽의 프랑스와 아시아의 한국이 아마 세계상의 양대 대표가 될 만하다.

그리고 돌멘에는 두 가지 양식이 있어 동방의 것은 더 자연적이요 북방의 것은 더 가공적인데, 한반도의 허리 지대를 분계선으로 하여 이남의 것은 남방형에 일치하고 이북의 것은 북방형에 일치함을 본다.

평양 부근의 낙랑 시대 고분에서 출토한 고물 가운데 순금으로 만든 대구(帶鉤)[1]의 면에 가느다란 금세사(金細糸)와 겨자씨 같은 금세립(金細粒)을 땜으로 붙여서 어미용 하나와 새끼용 여섯을 뒤틀어서 표현하여 정교하기 비할 데 없는 유물이 있다.

이러한 금세사 세공은 금은선 세공(Filigree)이라 하여 기원 3, 4세기 경 그리스와 이탈리아 에트루리아(Etruria)와 흑해 연안에 있는 그리스 식민지에 성행하던 기술이다. 이것이 한나라에 전래되어 그 실물을 낙랑 고분에서 발견하게 된 것은 동서 교통사상에 있어서도 중대한 사실이다.

고대와 중세 시대에 널리 동양 제국에 유행한 현악기에 공후(箜篌)라는 것이 있으니 서양에서 하프(Harp)와 동일한 것이다. 중국의 한 옛 책에는 그 기원에 대하여 이런저런 하는 설이 있다. 그렇지만 실제상 증거와 유적으로 말하면 고대 조선의 악기로서 한나라에 들어간 것으로 보인다. 당나라의 국사에는 고구려의 악기로서 중국에 유입된 것으로 기록되어 있다. 즉 이 악기는 상고 및 중고 시대에 반도의 북부에 성행했던 것이다.

한편 일본 고대어에는 공후를 구다라고토(Kudara goto)라고 말한다. 구다라라는 명칭은 백제를 통하여 전해진 데서 비롯된다. 725년에 신라에서 주조한 동종에 공후를 연주하는 모양을 조각한 것

---

1 혁대를 합치거나 끼어 맞추어서 죄는 쇠붙이, 즉 버클을 말한다.

오늘날의 여당인 자유당이건, 야당인 민주당이건, 다른 당이건 모두 기대하지 않는다. 다만 모든 정당에 대한 기대가 있다면 그들 정당이 우선 도덕적으로 갱생하여 정당 구실을 제대로 했으면 하는 것뿐이다. 본디 야당이라는 것은 여당 되기를 목표로 하면서 아직 그것에 미급한 존재요, 여당이라는 것은 야당에서 성공하여 정권을 잡은 존재이다.

그런데 오늘날의 여야 정당은 정당 본래의 할 일에는 다 같이 무능력·무성의하고, 협잡하는 데만 능하니까 믿을 수 없을 뿐만 아니라, 무능한 국회와 함께 없어도 좋다는 것이다. 현재의 여당인 자유당에 대하여 그럴 뿐 아니라 오늘날의 여러 야당의 지도 인물도 대개는 전에 정부 고관을 지냈을 때에 역시 무능했거나 부패했던 사실을 국민이 다 알고 있기 때문에 믿지 않는다.

다만 개인적으로 비교적 야당에 친하게 지내는 사람이 많을 따름이다. 그러나 그것은 개인 관계이고, 야당이라고 해서 여당보다 낫다고 생각은 할 수 없다. 그들이 여당이 될 경우 과연 지금의 여당보다 좋은 정당 구실을 할 것이라는 증거를 아직은 가질 수 없기 때문이다.

그러므로 어떤 정당이건 여당으로서 정권을 잡았을 때에 무능하거나 권력을 남용하거나 협잡질하거나 하는 그 버릇을 고쳐야만 정당 구실도 할 것이다. 그렇지 않으면 무용할 뿐 아니라 전체 국민에게는 유해할 따름이다. 여당이라서 부패하고 야당이라서 공명정대한 것이 아니라, 그 정당의 인물들이 정말로 도덕적인지 여부는 정치적 책임을 느끼고 선공후사(先公後私)의 정사(政事)를 실제로 보여 주어야 함에 있다.

정당 사람도 사람인 이상 문자 그대로 멸사봉공(滅私奉公)하기를 국민은 바라지 않는다. 적어도 공적인 것을 빌미로 삼아 사적인 것을 경영하지 말고 공적인 것을 앞세우고 사적인 것을 뒤에 생각하는 정도의 염치라도 차려 달라는 것이다. 이것이 내가 바라는 정당인들의 도덕적 갱신(更新)이다.

자유당이 당으로서의 세평(世評)이 나쁘고 그러한 평가를 받을 만하다. 하지만 거기도 공평하게 보면 쓸 만한 사람이 개인적으로 있다. 다만 그 이상스러운 테두리가 그런 사람까지 사람 노릇을 못하게 만들고 있는 듯하다.

이러한 관점에서 본다면 정당이 열 개 생겨도 민중에게는 아무런 소용이 없다. 그런 무능하고 부패한 정당은 전부 없어도 좋다. 정당은 국회를 운영하기 위해서 필요한 집단인데, 오늘날 국회는 기능을 잃고 있지 않은가? 국회에서 결의한 안건도 행정부 담화로 거부하면 실행을 못하고 있는 형편이니, 그런 국회는 차라리 없는 것이 좋다.

그런데 기묘한 것은 국회 결의는 다수표를 가진 여당인 자유당의 의지로써만 되는 것인데, 그 여당의 결의가 정부의 거부를 당하는 일이 많다. 그러니 자유당은 자유당으로서의 상식적인 자기 구실조차 못하는 셈이라 우습기 짝이 없다.

그러면 정당도 국회도 필요 없고 야당도 여당도 기대하지 못한다면 어떻게 할 것인가? 나도 이런 자문을 하고 안타까운 자답(自答)을 하지 않을 수 없다. 우선 현재 정당인들이 도덕적으로 자각 갱신하여야 할 것인데 그것은 바라기 어렵다. 그러므로 우리 주권자인 민중이 그런 무능력자 협잡배를 모든 투표에서부터 제지하고 떨어뜨리는 방법이 가장 현명하다고 볼 수밖에 없다.

그러나 이 문제에 있어서도 우리는 후진 국민의 낮은 민도(民度)를 탄식하지 않을 수 없다. 서울과 대구만 해도 선거민(選擧民)의 자각은 어떤 권력이나 금력에 좌우되지 않으며, 부산만 하여도 그때 형편에 따라 좌지우지될 정도이다. 그러나 시골의 농민들은 대부분이 자기의 마음대로 표 한 장을 못 던지는 실정이다. 그 결과 그 자기 마음대로 못하는 투표수가 절대 다수를 차지하고 있으니 자 각적인 공명선거가 또한 막연한 이상이 아닐 수 없다.

이런 농민 사회에 대하여 우리는 단 한 가지의 기대를 가질 수 있는데, 그것은 그 농민 가정 출신인 대학생의 보급과 그들의 지방 적 영향력이다. 그들은 그래도 대학에서 괜찮은 말을 듣고 있다. 그 들이 전국 농촌에 골고루 분포돼서 순경 하나면 왕 노릇하는 원시 상태를 타파하여야 공명선거도 될 것이다. 따라서 정당도 제구실 하는 정당이 나타날 수 있을 것이다. 그러나 이것도 곧 될 일은 아 니다. 민주화는 까마득하다.

경험을 살리는 민족*

　세상에는 경험을 살려 가는 사람과 그렇지 못하는 사람, 이처럼 두 종류의 사람이 있다. 역사 생활의 과거를 가치화(價値化)할 줄을 아는 민족과 그렇지 못하는 민족, 두 종류의 국민이 있다. 조그만 지난 일에 대해서라도 이를 반성하고 의미를 찾아야 한다. 또 성질 (性質)을 분석하고 인과 관계를 구명해서 옳고 유익한 것을 조장하고 발전케 해야 한다.

　옳지 않은 것, 유해한 것을 제거하거나 없애기에 유능하고 근면한가 여부가 그 사람, 그 국민의 지위와 운명을 결정하는 절대적인 조건이 되는 것이다. 조그만 일에서도 그러하거늘 하물며 큰일, 중요한 일에서는 어떻겠는가.

　조선인은 역사의 다른 이름으로 '통감(通鑑)'이란 말을 흔히 쓴다. 어떠한 경우에는 역사보다 통감이라는 이름이 더 익숙하기도 하다. 통감은 중국의 역사학이 한창 고조(高潮)했던 송나라 시대에 생긴 말이다. 더 구체적으로 말하여 『자치통감(資治通鑑)』의 약어임은 누구나 아는 바와 같다.

────────
* 미발표;『육당최남선전집』10, 258~269쪽

'통감'은 대개 정치의 참고 자료로 고금의 사변(事變)을 한데 모아서 거울같이 보겠다는 목적으로 사학(史學) 이념을 온통으로 나타낸 이름이다. 조선에서도 처음으로 역대의 통사를 만들면서 또한 책 이름을 『동국통감(東國通鑑)』이라고 하기를 서슴지 않았다. 조선인이 참으로 과거의 생활 경험에 경계할 줄을 알았느냐 할 것 같으면 거기에 의심이 없을 수 없다.

사람 사는 곳에는 사상·감정의 대립과 이해·득실의 충돌을 면할 수 없다. 자기와 같은 사람이 서로 결합하고 자기와 다른 사람이 서로 반발한다. 여기서 당(黨)이 생기고 여기서 쟁(爭)이 일어남은 자연스러운 추세이다. 조선의 역사에 당쟁의 풍파가 있다 해서 그것이 기이할 것은 조금도 없다.

그런데 조선인의 악덕을 말하는 이가 먼저 당습(黨習)을 들고, 조선 역사의 암흑면을 들추는 이가 반드시 당화(黨禍)를 지적한다. 심하면 조선의 당폐(黨弊)는 특이하게 잘못했던 정치의 하나로 유전적 고질병으로 치부하려는 경향도 있다. 그렇게 할 이유가 없지도 아니할 듯하다.

조선의 당쟁이 온통 그런 것도 아니요, 다른 나라도 모두 다 그렇지 않다 할 수도 없다. 그러나 조선의 당쟁에는 몇 가지 특징이 없다고 할 수 없다. 이를테면 사사로운 분노와 공의(公義)를 혼동함, 당당한 정전(正戰)보다 은밀하고 비밀스러운 모략을 위주로 함이 그것이다. 그리고 투쟁의 주의(主義)가 분명치 아니하고 투쟁하기 위한 투쟁에 지나지 못함이 그것이다. 아울러 투쟁의 진행과 결과에서 승패가 무의미함이나 넘어지고 일어섬을 되풀이함에 그침이 그것이다.

그것이 국가 정치에서 벗어나 있는 것, 구실은 무엇이든지 실제는 단순한 정권 다툼, 지위 다툼에 지나지 않았다. 그럼으로써 일종의 취직의 싸움터, 경쟁적 의미로 반복 계속되어 마무리의 기한이 없음 등도 조선에서 보는 특색이다.

　더욱 내부의 갈등이 외부의 힘과 결탁하고 변형하여 자주 국가와 민족에게 화를 초래하되 이를 돌아보지 않았다. 또 이러한 결과가 번번이 쓰라린 경험으로 우리 국민 생활을 위협했지만, 이를 반성하고 경계 삼을 줄을 몰랐다. 뿐만 아니라 잊어버리고 무심하게 동일한 착오를 되풀이 또 되풀이함에 이르러서는 국민적 이상성격(異常性格)인 것임에 놀라지 않을 수 없다.

　인류는 사회적 동물이라고 하는 말에는 당을 만듦이 사람의 천성이라는 의미도 포함되어 있다. 문제는 당을 만드는 일에 있는 것이 아니라 어떠한 당을 만들었는가에 있다. 어떠한 대립을 나타내었느냐, 그 이해에 대한 감각이 얼마만큼 예민하고 판단이 정확했는가에 있다. 어떻게 그 당의 본능을 생활 가치화하며 민족 윤리에 일치시키느냐에 있을 것이다.

　만일 나라가 공의를 넓게 확장하는 정당이 없고 사사로운 욕심을 방자하게 드러내는 사악한 무리가 있어서 세상의 도리와 사람의 인심이 날로 멸망을 재촉할 뿐이라면 그 결과가 얼마나 무시무시할까? 그것이 한때 그러한 현상이 아니라 대대로 내려온 만성이 된 습관이라면 그 국민의 양심이 얼마나 둔하고 마비되었다고 할까? 이러한 나라, 이러한 투쟁의 장소는 진정한 의미의 당으로써 논평할 대상이 아니라 실제로 이욕에 눈먼 시정 무뢰배나 그보다도 더한 패악한 아수라 떼의 난투극이라고 할 것이다.

　우리는 조선인을 당을 선호하는 민족이라고 규정하고 싶지 않다. 또 조선인이 만드는 당이 모두 다 나쁘다고 폄하하고 싶지 않다. 일찍 신라 시대에 화랑도를 결성하여서 도의적(道義的) 협동으로써 반도 통일의 대업을 실현한 것도 우리의 선조이다. 그리고 고려시대에 '정방(政房)' 기구를 만들어서 한 치의 소홀함도 없는 통제력으로써 40년 동안 몽고의 침략에 반발한 것도 우리 민족이다.

시세에 말미암고 사회적 불안에 몰려서 악당(惡黨)과 악쟁(惡爭)의 나쁜 기록을 만든 것이 많다. 그렇다고 해서 나쁜 절반만 과장하고 좋은 부분을 무고함은 공정한 논리가 아님이 물론이다. 그러나 수양에 관해 성의 있는 사람은 반성의 입장에서 결점 발견에 날카롭다. 그런 것처럼 우리의 민족적 약점, 역사적 결함이 많이 잘못한 당에 있었다고 가정해보자. 그러면 그것이 어떠한 형태이었던가, 또 어떠한 이유에서 그러했던가를 샅샅이 살펴서 금후 개화(改化), 갱신(更新)에 도움이 되도록 해야 한다. 그것이야 말로 우리가 당면한 중요 과제 가운데 하나일 것이다.

무엇을 당이라 하는가? 하나의 목적 달성을 위하여 필요한 동지를 규합한 것이 당이다. 국가에 있어서 한두 사람 혹은 소수의 사람으로 타개할 수 없는 국면, 수행할 수 없는 사명을 타개하고 수행하기 위하여 필요한 인원을 결성한 것이 정당이다. 이러한 당이 국책 추진에서 의견을 달리하는 결과로 같은 편끼리 합하고 다른 편끼리 나뉘어서 하나의 혹은 몇 개의 집단으로서 대치하게 되는 곳에서 정당의 분립을 본다.

요약하건대 정당이라 함은 국책의 실현을 위한 세력 결성체를 말한다. 그리고 이를 위한 정당 사이에서 어느 편이 나라와 국민을 위한 장기적 계획이며 지름길인지를 사실적으로 증명하는 것을 정쟁(政爭)이라고 한다. 진실로 국가 전체의 이익을 위한다 하는 대전제에서 결함이 있다면 어떠한 사람으로 구성되었어도 그것이 공당(公黨)일 수 없다. 그렇다고 하면, 어떠한 미명을 표방했을지라도 그 행동을 정쟁이라고 인정할 수밖에 없음이 물론이다.

조정에 불을 지르고 벼슬자리가 차례 오기를 기다리면 이는 도박꾼의 노름이지 정쟁이 아니다. 이욕(利慾)을 목표로 무리를 모아서 서로 지위를 빼앗고 서로 권세를 붙잡으려고 하면 이는 도적 무리의 행태이지 정쟁이 아니다.

이런 짓이 국내의 파란과 조정 내의 갈등에만 그치지 아니하고 번져서 적극적으로 외세와 결탁하면 나라와 국민에게 나쁜 독이 된다. 소극적으로 외적에게 빈틈을 보이고 침략의 편의를 제공해 준다. 이는 곧 매국(賣國)과 적에게 이로운 행동이며 이미 단순히 정쟁이라고 할 수 없다.

역사를 읽다가 이러한 상황을 볼 때 책을 덮고 길게 탄식하며 책상을 치면서 큰 울음을 안 하려고 해도 그칠 수 없다. 불행히 조선의 역사에는 이러한 추악하고 더러운 행적과 자취가 끊이지 않았다. 그리고 참으로 당이라 할 만한 당과 정쟁이라 할 만한 정쟁은 드물었다. 이렇게 희소했음을 괴이하다고 할 지경이다.

세계에서 고대 그리스만큼 정쟁이 치열했던 역사가 없다. 귀족과 평민의 상극, 지주와 소작인의 마찰, 독재 정치와 민주주의의 충돌, 온갖 형태의 정당 대립과 정쟁의 풍파를 두루두루 나타냈다고 할 만하다. 이로 말미암아 그리스 안의 도시는 서로 대립이 끊이지 않고 국가의 운명을 걸 정도의 대외 전쟁이 발꿈치를 이어 계속 일어났다.

그리스의 전체 역사는 언제고 가혹한 당쟁이란 커다란 파도 속에서 흔들렸다. 하지만 한번 국가적 어려움을 겪을 때마다 그리스의 국가 운명은 그대로 융성하게 발전했다. 무수한 국난의 연속은 그대로 민족적 양심, 정치적 예지, 국민적 기개를 잘 단련시키고 심화시켰다. 그 총괄적 결과로서 이른바 헬레니즘 문화의 영광을 세계 역사에 드높였다.

이 사이에 솔론[1]의 명철함, 클레이스테네스[2]의 과감함, 페리클레

---

1 솔론(Solon; 기원전 630?~기원전 560?)은 그리스 아테네의 시인이자 정치가로, 빈부의 차이를 없애기 위한 경제적 개혁을 행하고, 참정권과 병역 의무를 규정하여 입헌 민주 정치의 기초를 세웠다.

2 클레이스테네스(Cleisthenes; 기원전 570?~기원전 508?)는 그리스 아테네의

스[3]의 고매함, 에파미논다스[4]의 맹렬함 등이 각각 인격의 광휘를 자랑했다. 아테네 · 스파르타 · 테베 · 마케도니아의 여러 국민이 서로 이어 불후의 위업을 세웠다. 그래서 사람으로 하여금 인류의 정수 (精髓)가 여기 몰렸다는 느낌을 가지게 한다. 충분히 이러할진대 나라에 당 있음과 역사에 당쟁 많음을 걱정할 까닭이 무엇이겠는가.

유럽의 근세사를 펴 보는 이는 그 주류를 이루는 나라를 뒤흔드는 커다란 풍운(風雲)치고 어떤 것이나 당 중심으로 움직이지 않은 것이 거의 없음이 명백하다 할 것이다. 저 프랑스 대혁명도 실상 보수파, 지롱드,[5] 자코뱅[6] 세 당의 성쇠에 따랐다. 아침에 입법 의회가 일어났다가 저녁에 국민공회(國民公會)로 고쳐졌다. 오늘은 로베스피에르[7]의 칼끝이 시퍼렇다가 이튿날 나폴레옹의 깃발이 번득거렸다. 이러한 무수한 변화 모두가 당을 중심으로 한 행동의 한 모습 외에 다른 것이 아니었다.

그 하나하나가 프랑스 국민의 열렬한 애국심의 발로 아닌 것이 없었다. 자유와 평등이라는 인권적 자각을 구체화하려 하는 고귀한 개혁 정신의 격양 아닌 것이 없었다. 이 당 저 당이 그때그때의

정치인으로, 모든 시민에게 평등한 참정권을 부여하고, 참주의 출현을 막기 위해 도편 추방제를 도입하는 등 민주 정치의 기초를 마련했다.

3 페리클레스(Pericles; 기원전 495?~기원전 429)는 그리스 아테네의 정치가이자 군인으로, 아테네 민주 정치의 기반을 마련했으며, 아테네를 그리스의 정치적, 문화적 중심지로 만들었다. 파르테논 신전을 건립하기도 했다.

4 에파미논다스(Epaminondas; 기원전 410?~기원전 362)는 그리스 테베의 정치가이자 군사 지도자로, 펠로폰네소스 전쟁 때 스파르타를 패배시켰으나 마지막 원정에서 전사했다.

5 프랑스 혁명기의 온건 공화파로, 왕정의 폐지와 공화정의 실현을 주장하는 점에서는 자코뱅 파와 동일하지만, 민중 봉기에 관해 반대했다.

6 프랑스 혁명기 부르주아와 소생산자층을 기반으로 중앙 집권적 공화정을 주장한 급진파를 말한다.

7 로베스피에르(Robespierre; 1758~1794)는 프랑스의 정치가이자 혁명가이다. 변호사 출신으로 1789년 3부회의 의원에 선출되었고, 자코뱅 당에서 활동했다. '공포 정치'를 주도하다가 반대파에 의해 처형당했다.

한 부분을 분담하여서 정치 이상 실현의 바턴을 주고받았다. 이런 가운데 불꽃처럼 빛나는 근대 세계가 탄생했던 것이다. 정당과 정쟁이란 인간 활동의 이러한 부분을 가리키는 것이다.

보라! 프랑스 혁명의 대정신이 점점 퍼져가는 중에 그의 아들 손자에 해당하는 당과 정쟁이 여러 나라에서 일어나게 되었다. 그것이 각 나라의 사회를 개조하고 민생을 풍요롭게 대강령 · 대주장으로 일치했고 조금도 차이가 없었다.

이탈리아에 마치니[8]를 영도자로 한 '청년 이태리 당'이 일어나서, '신(神)과 인민'이 하나로 함께하는 세계를 실현함으로써 조국을 광복하고 민족을 통일하려 했다. 국내외 반대 세력에 대항해서 피 흘리는 의전(義戰)을 전개한 것은 얼마나 당당한 정치 투쟁이었던가? 이 뒤를 따른 '청년 독일당' 내지 '청년 터키 당' 등 이러한 당과 투쟁이 아니라면 그 나라들의 신천지, 새로운 해와 달이 어떻게 나타났을 것인가?

진실로 정당은 정당한 정치의식과 절실한 투쟁 목표로써 하는 것이다. 그렇다면 당이 나라에 무슨 해가 되며 정쟁이 국민 생활에 무슨 화가 될 것인가? 도리어 국가의 새로운 운명 타개는 유력한 당과 그 견고하고 확고한 추진력을 필수로 함이 통례임을 역사상 존재에서 볼 수 있다.

우리나라의 정당 의식과 정쟁 형태는 어떻게 발현되었는가? 우선 예로부터 문헌에 전하는 대로 이른바 조선 시대 당론(黨論)의 기원을 들어 보기로 하자.

조선 시대 붕당(朋黨) 대립은 선조 1575년 동서(東西)의 두 논의에서 시작되었다고 한다. 발단은 임금의 외척인 심의겸(沈義謙)이 사

---

8 주세페 마치니(Mazzini; 1805~1872)는 이탈리아의 정치 지도자이다. 공화주의자로 이탈리아의 통일 공화국을 추구했다. 그의 활동은 이후 다른 나라 청년들의 국가 건설 운동에 많은 영향을 미쳤다.

인(士人) 김효원(金孝元)과 더불어 서로 형식 윤리의 허물을 꼬집어 냄에 있었다. 당시 법제(法制)에 이조랑(吏曹郎)은 직위가 비록 낮으나 백관(百官)의 정례적 인명과 면직, 직위를 올리고 낮춤을 관장하는 자리였다. 이 때문에 그 직위를 중하게 여겨서 이조낭관(지금 내무부 서기관 또 서기에 해당함)의 선임에는 인격과 재능 모든 것으로 결점이 없는 사람을 적극 선택했다. 또 전임자가 사퇴할 때 그가 후임자를 천거해서 권세가의 압박을 받지 않게 하는 사례가 있었다.

심의겸은 왕후의 오빠로서 선행(善行)으로 인해 명성이 한 때 높았다. 또한 김효원은 가난한 가운데도 즐거움을 찾는 유생으로서 세상에서 존경받았다. 김효원이 전임 이조랑의 추천을 받았을 때 심의겸이 김효원의 어린 시절의 어떤 사행(私行)을 가지고 위선자로 몰아서 이를 저지한 일이 있었다. 후에 이조랑을 천거하는 마당에 심의겸의 동생이 물망에 올랐다. 이때 김효원이 이전 일을 빌미 삼아 이 벼슬은 외척 가문의 자제가 할 것이 아니라 하여 이를 배척했다. 이에 두 사람 사이에 화해하기 어려운 틈새가 생겼다.

조정과 민간에 혹 심의겸이 옳다 하고 혹은 김효원을 역성드는 두 개의 입장이 나뉘게 되었다. 김효원의 거처가 서울 동부의 건천(乾川)에 있었으므로 그를 돕는 사람을 동인(東人)이라고 말한다. 심의겸의 거처는 서부의 정릉동(貞陵洞)에 있으므로 그를 돕는 사람은 서인(西人)이라고 말한다.

세월과 함께 점점 지나 조정을 반분할 만한 심각한 대립 관계를 형성하기에 이르렀다. 사실의 진상은 이렇게 단순히 말할 수 없을 것이다. 뒷날에 전하는 바는 조선 왕조 3백 년 간의 깊은 고질(痼疾)로 마침내 나라에 치명적인 원인이 된 동서 분당은 몇몇 개인의 시비로부터 생겨났던 것이다. 그래서 이 당이 정당이며, 이 다툼이 정쟁(政爭)이라 할 이유는 어디에서도 찾아낼 수가 없다. 사실의 전체 모습에서 털끝만치도 국가 정치적 요소가 있다고 강변하거나 지적

할 수가 없다.

　동서 양당의 자기 분열 작용은 각각 당 가운데 당을 만들어서 나갔다. 처음으로 두드러진 것이 동인이 갈려서 둘로 된 것인데 그 이유는 무엇이던가? 동일한 동인에 속하는 이산해(李山海)·유성룡(柳成龍)이 둘 다 시대의 명망성에 의하여 지위가 정승에 이르렀다. 유성룡의 제자인 정경세(鄭經世)가 이조랑으로서 후임을 천거할 때 후보될 이산해의 아들 이경전(李慶全)을 적임자가 아니라는 이유로 거부했다. 유성룡과 이산해 두 사람 사이에 틈이 생기고 말았다.

　마침내 이산해가 가깝게 지내던 대간(臺諫) 남이공(南以恭)으로 하여금 유성룡을 탄핵하기 시작했다. 이에 유성룡을 지지하던 이원익(李元翼)·이덕형(李德馨)·이수광(李睟光)·윤승훈(尹承勳)·한준겸(韓浚謙) 등을 유성룡이 영남인(嶺南人)이기 때문에 남인이라 일컬었다. 이산해를 지지하던 유영경(柳永慶)·기자헌(奇自獻)·백승종(朴承宗)·유몽인(柳夢寅)·이이첨(李爾瞻) 등을 이산해가 서울에 있음으로 인해 북인이라고 불렀다.

　이렇게 보면 남인과 북인의 분열은 동서 분론(分論)의 재판에 지나지 않는다. 국가성, 정치 요소가 없음이 두 경우가 마찬가지이다. 그뿐인가? 동서, 남북의 명목이 생긴 뒤에 정치적 정세는 크게 한 번 변해서 또 한차례의 분열이 일어났다.

　말하기를 대북(大北), 소북(小北), 유당(柳黨), 남당(南黨)이라고 한다. 말하기를 골북(骨北), 육북(肉北), 청남(淸南), 탁남(濁南)이라고 한다. 말하기를 훈서(勳西) 청서(淸西), 노서(老西), 소서(少西)라고 한다. 말하기를 윤서(尹西), 신서(申西), 원당(原黨), 낙당(洛黨)이라고 한다. 그리고 산당(山黨), 한당(漢黨)이라고 하는 등 나누어진 이름을 이루 다 열거할 수 없을 정도이다. 분열의 근본 원인이 정책의 차이에 있어 본 적이 한 번도 없다.

　동인과 그 분기(分枝)인 남인과 북인이 그러했다. 또 다른 한편인 서인들은 어떠했는가? 선조 때 분당한 이후에 매번 동인 계통에 눌려서 서인의 분열 작용은 비교적 완만했다.

하지만 숙종 때인 1680년에 서인이 남인을 대신하여 정권을 잡고 10년 동안 권력을 독점했다. 정권의 중심에 접근하는 사람과 그렇지 못하는 사람 사이에 이해와 감정의 차이가 없을 수 없었다. 특히 송시열을 중심으로 하는 장로(長老) 그룹의 권력 편중이 소장파에게 억울함을 쌓이게 한 결과로 그 내부 분열의 계기가 크게 촉진되었다.

원류(源流)의 변환에는 여러 가지 곡절이 있었다. 그렇지만 마지막 결렬의 직접적 원인이 된 사건은 송시열이 제자인 윤증(尹拯)을 위해 그의 아버지인 윤선거(尹宣擧)의 묘비문을 지어주는 데서 생겨났다. 윤증과 그 아버지 윤선거가 송시열의 학문상 라이벌인 윤휴(尹鑴)와 좋은 관계임에 감정을 품고서 좋게 쓰지 않았다고 한다. 곧 송시열과 함께 하는 일파를 노론(老論)이라 하며, 윤증과 함께 하는 일파를 소론(少論)이라 하게 되었다. 이것이 또한 국가 정치를 전제로 하는 것이 아님은 다시 말할 필요가 없는 일이다.

적게 말하여 사색(四色)이요, 잘게 패면 수십의 붕당 이름을 들 수 있다. 어느 때 어느 도당(徒黨)을 살펴보아도 정치적 동기 또 국가적 의도를 가지고 세력을 결성한 존재는 거의 발견할 수 없다. 이미 정치를 위해 당을 만든 것이 아니면 이를 정당이라 할 이유가 없다. 정치를 목적으로 하는 투쟁이 아니면 이를 정쟁이라고 할 수 없음은 논리적으로 당연한 일이 아닌가?

정치에 함께 하는 사람만의 당이요, 또 그 행동이 영향을 정치에 준다는 정도뿐이다. 그러니 그를 관리의 무리 또 정변(政變)이라고 할지언정 정당 또 정쟁이라 함은 가당치 아니한 말이 아닌가? 이러한 의미에서 조선 시대 역사상 진정한 정당 또는 정쟁이 존재하지 않았다고 해도 부당(不當)함이 없을 것이다.

한국 정쟁의 성격은 투쟁하는 방식에서 가장 명백하게 드러났다. 대체로 궁궐 안의 갈등을 이용하며 군주의 심리를 격동해서 국면의 혼란을 일으켜 이 틈에 정권의 교체를 꾀했다. 또한 한번 벼슬자리에 올라 간 뒤에는 군주를 영합하며 종용 내지 협박해서 얻은 지위를 유지하기에 급급할 뿐이었다. 다시 헤아려 생각하는 것이 없었다. 말하자면 군주를 농락하는 기술이 그 유일한 정권 유지책이었다. 이것이 파탄되는 때에 다음의 정변이 일어나는 것이다. 군주를 농락하는 기술에는 아래에서 말하는 몇 가지 상투적인 방법이 있었다.

첫 번째는 고변(告變)이다. 한 편이 다른 편의 세력을 배제하는 방법으로서 반역의 옥사(獄事)를 만들어서 반대파의 인물을 일망타진하는 흉계이다. 즉 사소한 빌미를 과장 확대하기도 하며 혹 풍우마불상급(風馬牛不相及)[9]의 사건을 끌어다가 어울리지 않는 대나무와 일반 나무를 서로 붙이려고 한다. 혹은 공중 누각을 만들어서 단근질하거나 감옥에 가두기도 한다. 마음 씀씀이 패악(悖惡)하고 계획의 흉악함 때문에 자주 말과 생각에 끊어지는 바가 있다.

그 한 사례로써 동서로 분당된 뒤 얼마 안 돼 일어난 '기축역옥(己丑逆獄)'이라는 사건이 있다. 동인의 융성한 세력을 샘내면서 서인이 무슨 기틀을 잡으려 할 때의 일이다. 때마침 동인 사이에 명망이 높았던 정여립(鄭汝立)이 전주로 물러가서 수상한 행동이 있음을 보고 서인측에서 교묘한 방법으로 역모를 도모한다는 의심을 받게 해서 다른 사람으로 하여금 이 일을 조정에 고발케 했다.

정여립은 변명할 길 없음을 보고 스스로 목숨을 끊어서 일을 끝내려 했다. 그러나 서인은 그것을 간단히 마무리하지 않고 정철(鄭

---

9 바람난 말과 소라고 할지라도 서로 미치지 못한다는 뜻으로, 서로 멀리 떨어져 있어 전혀 무관한 일을 비유하는 말이다.

澈)을 심문하는 관리로 선발해서 계속해서 고통 주기를 늦추지 아니했다. 그리고 이 기회에 동인 가운데 후일에 유력한 인물될 사람을 제거할 것을 생각했다.

선비였던 나주 훈도 정개청(鄭介淸)은 중국 역사에 나타난 절의(節義)의 폐단을 논한 것이 곧 절의를 배척한 것이라 하여 곤장을 때려 유배를 보냈다. 그는 유배 가는 길에 죽임을 당했다. 진주 처사 최영경(崔永慶)은 나이와 외모가 역도(逆徒)를 신문하는 과정에서 나온 길삼봉(吉三峰)이란 사람과 비슷하다 하여 국문을 당하고 옥에서 죽었다.

무릇 서인의 눈에 들어 온 동인 가운데 삐딱한 인물은 다양한 방법으로 죽임을 당하게 되었다. 1589년부터 1591년까지 3년 동안에 반역으로 밀고(密告)되는 옥사가 계속해서 일어났다. 세상 형편이 하도 시끄러워서 다른 정신을 차릴 수 없었다.

이때는 어느 때냐 하면 남쪽 일본에서는 오랫동안 나뉘어져 있던 국내 여러 세력을 효웅(梟雄) 도요토미 히데요시가 나서서 이를 통합했다. 그런 후에 잉여 전투력의 탈출구를 호시탐탐 노렸다. 한편 북쪽의 야인(野人)도 틈새를 노려 국경을 넘어와서 6진의 경보가 빗발같이 올라오는 중이었다.

정여립 '역모 사건'의 여파가 아직 주저앉지 아니한 1592년 4월에 일본군 30만 명이 부산에 상륙하여 질풍과 같은 속도로 진격했는데, 그 속도가 날카로운 칼로 대나무를 자르듯 했다. 영남과 호남의 여러 지역이 차례로 무너져서 불과 10~15일 만에 경기도 지역까지 긴급하다는 급보가 이르렀다. 같은 달 그믐에 왕 이하 궁녀와 신하가 황급히 수도를 버리고 몽진(蒙塵)[10]했다. 마침내 압록강 근

---

10 머리에 티끌을 뒤집어 쓴다는 뜻으로, 난리를 만나 임금이 거처를 옮김을 의미한다.

처에서 국가의 운명이 끊어질 지경까지 이르렀다.

전쟁 전후를 통하여서 숱한 괴로움을 겪으면서 겨우 죽음을 면해 사는 때이었다. 그런데도 중요한 국책에 관한 조정의 의견이 서로 어그러져서 동인과 서인의 지향하는 바가 혼미했다. 그러니 어리석은 선조도 하도 기가 막히던지 "의주 하늘 달을 보고 통곡하고, 압록강 바람 곁에 마음 서글퍼라. 조선의 오늘 이 꼴 보고서도, 그래도 또 서이니 동이니 할까."라면서 탄식했다. 1593년 10월에 뉘 덕인지 모르게 겨우 한양으로 돌아 온 뒤에도 궁정과 정부의 서로 얼크러진 암투와 다툼이 갈수록 더 한심했음은 여기에 부연할 필요가 없다.

둘째는 예송(禮訟)이다. 유교적 윤리관에 의하여 궁중 상복(喪服)의 경중(輕重)을 마련할 때 미묘하게 군주의 심리를 포착해서 한편으로 충(忠)하고 다른 한편으로 불충(不忠)하다는 인식을 주려 하는 투쟁술이다. 이것은 금일 새로운 관념을 가진 사람으로서 생각하면 그리 대단할 것 같지 아니하지마는 형식 윤리 제일주의의 옛날에는 교묘하게 꾸미는 이 트릭은 종종 예상 이상의 효과를 거두었다.

유명한 '을해예송(己亥禮訟)'이 그 한 사례이다. 곧 효종 10년인 1659년에 그가 사망하고 아버지 인조의 계비 자의대비(慈懿大妃: 장열왕후(莊烈王后) 조씨(趙氏))가 세상을 떠났다.

이러한 경우에 생존한 효종의 왕비가 먼저 사망한 효종을 위하여 얼마 동안 복제(服制)를 입으라 한 예문(禮文)이 분명치 않았다. 또 효종은 인조의 둘째 아들로서 장남인 소현세자가 사망한 뒤를 이어 세자가 되었다. 그러므로 더욱 옛 예문의 해석에 다양한 입장이 생길 여지가 있었다.

그래서 당시 서인의 대표적인 유신(儒臣)인 송시열과 윤휴 사이에 입장이 나뉘었다. 송시열은 1년 동안 상복을 입는 것이 옳다 하고, 윤휴는 자최(齊衰) 3년의 상복이 옳다고 했다. 그런데 송시열과 윤휴의 입장 차이는 본래부터 입장을 달리하겠다는 고의적인 의도에서 나온 것이다. 따라서 이론 투쟁의 진행과 함께 범위가 점점 확대되고 내용이 더욱 복잡해져서, 마침내 한쪽이 충(忠)이면 다른 쪽은 반역이라는 판결의 혈투가 생겨났다. 조선 시대 당쟁의 역사에서 최고봉인 숙종 시대에 계속 이어진 당론에는 혹 숨겨지거나 드러난 형태로 예송의 그림자가 얼씬거리지 아니한 적이 없었다.

예(禮)는 인간 세상일의 규범이다. 말하자면 글과 그림에 관한 축(軸)과 액(額)[11]에 비교할 만한 것이다. 그렇지만 한국에서는 가로로 걸어 놓는 것이나 세로로 걸어 놓는 것이 글과 그림을 제쳐 놓고 집과 방 장식의 임자 노릇을 하는 경우가 많았다. 더욱 조선 시대의 예송이라 하는 것은 즉 궁중 내부의 작은 사소한 물음에 지나지 않는다. 또한 옳고 그름을 아주 꼼꼼하게 분석하고 그 영향이 하늘과 땅을 놀라게 할 만큼 큰 사건 아님은 물론이다. 그러나 전제 군주의 감정을 격동하기에 효과적인 틈새를 잘 아는 당인(黨人)은 의례 문제를 당쟁의 재료로 이용하기에 자못 총명하고 민첩했다.

셋째는 괘서(掛書)이다. 상대편의 은밀하고 비밀스러운 일 또 위조된 사실을 기록하여서 익명으로 된 글을 큰 거리에 걸어 놓는 전술이다. 곧 금일의 벽보 선전이다. 이러한 방법은 꽤 일찍부터 당인의 무리가 애용하던 것이다. 이쪽의 내용 폭로를 위하여 참말로 저쪽에서 이 방법을 쓰기도 한다. 그렇지만 어떤 때에는 저쪽을 모함하기 위하여 이쪽에서 저쪽을 가장해서 고의로 하는 일도 있었다.

이를테면 숙종, 경종, 영조의 때에 후비(后妃)를 폐하거나 세우기를 거듭한 것과 세자를 선택해서 세우는 것과 왕의 혈통의 판별 등에 관한 알 듯 모를 듯한 의문이 많았다. 특히 경종과 영조가 교체

---

11 축(軸)과 액(額)의 뜻을 보면, 그림을 위에서 아래로 세워 놓는 것을 축이라고 하고, 옆으로 늘려서 걸어놓는 것을 액이라고 한다.

되던 때에 노론과 소론이 각각 자신의 성패를 걸었다. 따라서 목적을 위해서는 수단을 가리지 않고 비교할 수 없을 정도의 추한 행동과 극한 전쟁을 벌였다. 괘서를 통한 전쟁이 서울과 지방을 통하여 가장 활발하게 이루어졌다.

대개 당시의 실세(實勢)로 말하면, 경종은 고질병으로 인해 후계자가 없었기 때문에 그의 동생 가운데 한 사람, 후일의 영조가 왕세자로서 다음의 왕이 될 것임이 거의 기정사실로 여겨졌다. 숙종 때와 경종 초반의 치열한 당쟁은 왕세자를 추대해서 자기 편에서 조종할 수 있는 존재로 만들어야 이후의 행보를 유리하게 약속하느냐 하는 문제에 부딪쳐 있었다.

그런데 노론 편에서는 잔뜩 경종의 시대가 되기를 기다리고 있다가, 즉위 원년에 왕의 나이가 30여 세요, 왕비의 나이도 20살이 못됐지만 전후좌우를 살펴보지 않고, 다짜고짜 빨리 왕세제(王世弟)를 책봉하여서 나라의 근본을 정하자는 의견을 내고자 했다. 이를 위해 궁내의 유력한 신하와 왕의 첩(妾)과 연락하여 하룻밤 사이에 은밀하게 약조한 가운데 이를 실현시켜 버렸다.

소론 편에서는 손안의 고깃덩어리를 솔개에게 채이고 긴급하게 당의 모든 힘을 총동원해서 이미 내려진 왕명을 회수케 하기 위해 밑도 끝도 없이 갖은 수단을 다하여 겨우 한참 동안 이 일의 진행을 저지하기에 성공했다.

궁극의 사실은 마찬가지 왕의 아우를 왕세자로 하는 것이다. 하지만 노론의 손으로 이를 실현하느냐 소론의 손으로 하느냐를 다투느라고 이론을 꾸미고 죄목을 만들어서, 서로 번갈아 한편이 다른 한편을 망라해서 제거하고 수년에 걸친 당화(黨禍)를 양성했다. 이것이 이른바 '신임사화(辛壬士禍)',[12] 또는 '무신(戊申)의 변(變)'이

---

12 1721(경종 1년)부터 다음해에 걸쳐 일어났는데, 왕위 계승 문제를 둘러싼

다. 이때에 소론의 입장에서 왕세자 옹립파가 숨겼던 내막을 폭로하여 노론의 죄상을 선전하려 한 괘서전(掛書戰)이 하나의 역할을 맡았던 것이다.

넷째는 매흉(埋凶)이다. 궁궐 안에서 후비와 빈어(嬪御)가 임금의 총애를 다투거나 여러 왕자들 사이에 왕위를 겨누는 일이 있을 때, 한편이 다른 한편에 대하여 고독(蠱毒), 저주(詛呪)를 했다. 이때 상대방을 표상(表象)하는 흉예물(凶穢物)을 만들어서 상대방이 거처하는 방이나 건물에 묻어 두는 것이 한 방법이었으니, 이것을 문헌에서 매흉이라고 했다.

이러한 무고(巫蠱)의 변은 조선 역사에 가끔 기재되어 있다. 숙종 때에 왕의 이상 성격으로 인해 한때 정궁(正宮) 민씨(閔氏)를 폐출하고 총애하던 희빈 장씨의 지위를 올려 책봉했다. 이때 괴기스럽고 복잡한 궁궐 안의 소동이 계속 전개되었다. 서인과 남인의 정권 다툼이 이를 당략적으로 이용하고 거기 매흉의 사안이 가끔 일어났다. 그 진행은 소설적이요 그 귀결은 비극적이었다. 이러한 매흉도 혐의를 받는 편에서 스스로 한 것도 있지마는 빈번하게 다른 한편을 모함할 모양으로 반대편에서 꾸며서 고의로 시행하는 것도 있었다. 따라서 당쟁에 관련된 무고 사변의 진상은 이를 명백히 밝히기 어려운 경우가 있다.

다섯째는 문자(文字) 단련(鍛鍊)이다. 당론이 진행됨에 따라서 반대편의 모든 것을 증오하고 미워하지 아니한 것 없고, 그 기쁨과 슬픔, 재채기까지를 다 죄목으로 억지로 사용하려 했다. 털끝처럼 작더라도 비판할 빌미를 찾는 데 가장 편리한 문자 언론이 그 투쟁 재료로 주목되지 아니할 이유가 없었다.

노론과 소론의 당파 싸움에서 소론이 노론을 역모로 몰아내고 실권을 잡은 사건이다.

숙종 때에 윤휴는 총명함과 지혜가 다른 사람보다 뛰어나고 문학이 우월하여 한때 함께 하는 사람들이 그와 경쟁하기를 생각치 못했다. 심지어 그 학설이 우리나라의 이황과 율곡, 중국의 정주(程朱) 여러 사람과 더불어 서로 일치하지 않고 종종 특별한 이론을 세우니, 이것이 송나라 유학자의 조박(糟粕)을 핥는 이외에 다른 능력이 없는 당시 유학자에게 용납될 리 없음은 물론이었다.

송시열·윤증의 스승과 제자 사이에 싫어함이 깊어지매, 송시열 일파는 윤증의 아버지 윤선거가 이러한 이단자인 윤휴와 더불어 교제했음을 지적했다. 그리고 윤증의 입장을 거북하게 만드는 하나의 수단으로서 윤휴를 '사문난적(斯文亂賊)'[13]으로 몰고 마침내 생명을 보전할 수 없을 지경에 빠뜨렸다. 이로부터 '사문난적'은 상대방 적의 사상적 배경을 공격하는 절대한 명제로 바뀌었다. 그 잘못된 위력이 유럽 중세 시대의 '출교(黜敎)' 처벌보다 심했다.

그리고 그 여파가 여러 가지 광란으로 거듭 일어나던 끝에 윤증의 문장 가운데 효종을 기만했다고 인정되는 구절이 있다는 이유로써 그 문집이 훼손되고 서원이 폐쇄되는 등의 탄압을 당했다. 이러한 억압이 사람의 구설(口舌)에 재갈을 물리고 문필을 붙잡아 매고 그리하여 적을 정신적으로 위축시키는 데 유효하다고 생각했다.

지난 날 당인이 사용하던 갖가지 투쟁 방법을 더 서술(絮述)하기를 피하겠다. 암만 기록해 본대야 정강 정책으로써 당당히 진두에 섰다거나, 주의 주장을 관철하기 위하여 깃발과 북을 울리며 적의 진지로 달려들었다는 사실은 하나도 제시할 것이 없다. 그리고 다만 무고하고 공교(工巧)하게 임금의 마음을 농락하고, 간악하고 참담하게 벗과 동료를 박해했다.

---

13 유교 특히 성리학에서 교리(敎理)를 어지럽히고 그 사상에 어긋나는 말이나 행동을 하는 사람을 이르는 말이다.

또한 인면수심(人面獸心)하고 몰염치하게 조정과 국가를 혼란시
켰으니, 좀벌레가 많은 묵은 책장을 들추는 불쾌함이 거듭되었을
뿐이다. 이만하고 그만둘지라도 우리 지난날의 정치적 투쟁이란
것이 나라와 시대를 상징할 만한 공(公)을 위해서가 아니라 사적
이익을 한가지로 하는 한 무리의 그때그때 충동적 행위에 불과했
음을 넉넉히 인식할 것이다.

목적을 위하여 수단을 가리지 않는다 함에도 국민 생활의 윤리
로 볼 때 저절로 한계가 있어야 함이 물론이다. 집안끼리는 어떠한
수단 방법을 써서 동인과 서인이, 노론과 소론이 무너지길 거듭한
다 할지라도 오히려 형제끼리의 싸움으로 이를 참을 수 있다.

작은 싸움이 국내에서 끝나지 않고 여진이 나라 밖으로 튀어나
갈 때에는 그 일 자체가 이미 국가와 민족이 양심적으로 참을 수
없는 일이 될 뿐 아니라 왕왕 예상하지 못한 근심과 재난을 초래하
여 국가 생활에 중대한 지장을 주었다. 그런데 앞선 사례가 분명히
보여주고 있지만 앞의 잘못을 반복하는 어리석음이 계속해서 되풀
이 되었다.

바야흐로 고구려가 동북(東北)의 산모퉁이를 짊어지고 천하를 호
시(虎視)할 때에 그가 눈으로 흘겨봄에, 화이(華夷) 만국(萬國)이 몹
시 두려워하며 기세가 위축되지 않은 존재가 없었다. 수나라의 양
제가 백만 대군을 여러 번 움직였으되 고구려의 성 하나를 뽑지 못
하고, 당나라의 이세민(李世民)이 국력을 기울여 요동을 압박하기
한 두 번이 아니었으되 결과는 번번이 저희의 무력함을 나타내는
것 이외에 다른 것이 없었다.

이후 고구려의 영도자 연개소문(淵蓋蘇文)이 죽고 그 여러 아들
사이에 세력 분열이 생겼다. 아들 남생(男生)이 적인 당나라에 투항
하여 그 괴뢰가 됨에 미쳐 고구려 지난날의 면모는 찾을 길 없고,
한 가문의 사사로운 다툼이 한 나라를 멸망하게 하는 추한 싸움 끄

덩이가 그 자리에 뒹굴고 있을 뿐이었다. 그리하여 천하 어떠한 세력도 흔들지 못하던 고구려라는 사자(獅子)도 몸 가운데 있는 벌레의 행동으로 말미암아 허무하게 거꾸러지고 말았다. 이것이 내쟁(內爭)에 외력(外力)을 빌려 온 무서운 결과의 한 형태이다.

고려 말년 바다에서는 왜구를 제압하고 육지에서는 홍건적을 몰아내서 나라의 위세가 차차 널리 펼쳐지려 하는데, 때마침 대륙에는 세력 교체의 풍운이 일어나서 중원(中原)의 사슴[14]이 누구의 손에 들어갈지 쉽게 판정할 수 없었다.

구 세력인 몽고는 북원(北元)으로서 숨을 연명하며 한북(漢北)에서 겨우 나라를 유지하고, 새롭게 일어난 명나라는 깃털이 아직 자라지 않아서 연산(燕山)[15] 회원(淮原)에 군대의 세력을 뻗을 여지가 컸다. 이런 판에 백전백승의 능력 있는 장군이요, 비할 수 없는 충신인 최영(崔瑩)이 10만 대군으로써 요동의 벌판을 직접 경영하려 하니, 그의 가슴속에 충분하게 승산이 있었음은 물론이요, 진실로 민족 천년의 분출된 뛰어난 기상을 한번 대륙 중원에 마땅히 펼치려고 한 계획이었다.

진작부터 당을 만들어 가지고 최영을 눈 속의 못처럼 성가시게 알아오던 이성계(李成桂) 일파는 민족 웅비의 좋은 기회를 야망 성취를 위해 역이용해서 도리어 명나라와 친분 관계를 맺고 군대를 돌려 최영을 제거하고 압록강 이남의 작은 기업(基業)을 구차하게 도모했다.

중국 주위의 민족으로서 중국 중원에 주인 노릇하지 아니한 자가 홀로 조선 민족이라는 희롱하는 평가가 있다. 이를 씻을 뻔했던 명나라를 정벌하는 거사조차 이욕적(利慾的) 당쟁의 희생이 되고

---

14 중원의 사슴(中原之鹿)은 중국 천자의 자리 또는 천자를 비유하는 말이다.
15 하북성(河北省) 지역으로 북경 주위를 말한다.

만 것이다. 이것이 내쟁(內爭)에 외력을 끌어 쓰는 슬픈 결과의 또 다른 한 형태이다.

조선 시대 중기에 당론이 일어남으로부터 국내의 분열 혼란이 국외에 반응하여 국가에 기묘한 환난을 지은 사례는 더욱 많아지고 또한 점점 심각했다. 1590년(선조 23)에 도요토미 히데요시의 으름장을 만나고 국난의 조짐을 알아보러 갔던 사절단이 돌아와서 왕에게 알리는 마당에 정사(正使) 황윤길(黃允吉)이 큰 난리가 반드시 올 것이라 말함에 대하여, 부사(副使) 김성일(金誠一)은 걱정할 것이 없거늘 황윤길이 어지러운 말로 인심을 동요시킨다고 반대했다.

서인인 황윤길이 말하는 바를 동인인 김성일은 반드시 반대해야 하는 당인 심리의 강박 관념적 표현이었다. 1592년 4월에 광란이 온 반도를 휩쓸어서 망할 위험에 하루를 보장할 수 없었다. 그리고 겨우 이순신(李舜臣)의 한쪽 손으로 무너지는 하늘을 지탱하고 있었다. 그런데 이순신을 천거한 유성룡을 넘어뜨리려 하는 반대 당 사람의 음모가 마침내 이순신까지를 넘어뜨려서 국면이 거의 무너질 지경에 이르렀다. 당인이 나라를 모름이 이러하며 내쟁이 외적을 이롭게 함이 잠깐 보더라도 이러했다.

7년의 왜란이 미친 영향은 애통함이 깊고 크니 온 나라 상하 사람이 마땅히 커다란 재난을 후회하고, 착한 마음을 되돌려 화합하고, 잘못을 경계함에 모든 힘을 기울여야 했다. 그렇지만 당쟁의 고질적인 폐단이 허파에 가득차고 뼈에 사무친 사람에게는 앞차가 전복되어도 뒤차의 경계로 삼지 않았다. 도리어 명청 교체의 미묘한 시기에 당인이 가다듬고 단단하게 준비할 틈이 있음을 다행으로 여긴 경향도 없지 아니했다.

1642년(인조 20)¹⁶에 남인인 선천부사 이계¹⁷는 오래된 적인 김상

16 본문에는 인조(仁祖) 임자년(壬子年)이라고 나오는데, 왕과 간지가 서로 일치

헌(金尙憲)과 서인들을 모함하기 위해 국내의 비밀을 청나라에 밀고한 일이 있더니 일이 뒤집혀서 이계가 나라에 반역한 죄로 죽임을 당했다. 그는 문학(文學)에 넉넉하고 의론(議論)을 잘하기로 남인 가운데 쟁쟁한 사람이었다.

인조 때에 김자점(金自點)은 고위 관리로서, 송시열은 유신(儒臣)으로서 서로 도와서 서인의 영수 노릇을 했는데 어떤 일로 인하여 서로 사이가 벌어졌다. 김자점이 자리에서 쫓겨나매, 김자점이 역관(譯官)으로 하여금 청나라 사람에게 말하되, 조선이 민간의 명사(名士)를 집결하여 장차 청나라를 공격하려 한다고 했다. 그래서 국가의 입장이 매우 어려운 지경에 빠진 일이 있었다. 청나라가 조선을 대하기 관대했기에 망정이지 그렇지 아니했던들 조선 당인이 청나라를 이용하는 잘못된 행위가 어느 지경까지 이를지 모르겠다.

조선 당인이 외국에 의지해서 나라에 해로움을 주는 행위를 들추어내려 함이 우리의 목적이 아니다. 사슴을 좇는 이는 산을 보지 못하는 것처럼, 당을 위하는 이는 나라를 생각하지 아니하고서 필요에 따라서는 나라를 등지고 민족에 배반하는 것도 꺼리지 않았다. 올바름을 잊고 나쁜 행동을 하는 것을 어려워하지 아니했음을 약간의 예를 통해 보여주는 것으로 충분할 따름이다.

원래 모습의 정당 또 정쟁이란 것은 어떠한 것일까? 정당 정치를 처음 열었다는 영국을 통해서 그 한두 가지 전형을 찾아보기로 하자.

영국 헌정의 발달 과정에도 수많은 어려움이 있었다. 때로는 창

하지 않는다. 이 사건의 경우 1642년(인조 20년) 간지로는 임오(壬午)에 해당한다.

17 이계(李烓; 1603~1642)는 조선 후기 문신으로 청나라와의 관계에서 주화파로서 척화파 김상헌 등을 공격하는 데 앞장섰다. 1641년 선천 부사로 있을 때 청나라에 조선의 기밀을 알렸고 그 죄로 1642년 처형당했다. 본문에 이주(李炷)로 나오는데 이계가 맞다.

과 칼이 서로 부딪치고, 때로는 형벌과 죽음으로 모든 것을 처리했다. 우리 효종 때와 같은 시기에 올리버 크롬웰[18]은 주먹다짐 정쟁의 좋은 한 사례가 된다.

엘리자베스 여왕의 뒤를 이은 제임스 1세는 홀연 '제왕신권설(帝王神權說)'을 내세워 말하기를 "군주의 권력은 신이 준 것이니 절대적인 것이요, 군주는 신의 의사를 대표하여 정치를 행하는 것이므로 신에 대하여서만 책임을 지며 인민은 군주의 행동을 억제 또 바꿀 수 없다."라고 했다. 그 아들 찰스 1세도 이를 계승하여 마음대로 전제(專制), 불법(不法)을 하며 가혹한 세금과 과세로써 인민을 못살게 굴었다.

이에 의회는 떨쳐 일어나 적극적으로 싸워서 과세는 의회와 협의해서 결정할 것, 자유민은 법률로만 구속할 것, 재판은 배심원 제도로 할 것, 군대의 주둔과 숙박을 강요치 못할 것 등 악정(惡政) 4개조의 개정에 성공하고, 이른바 '권리의 청원' 권리를 확보했다. 그런데 스코틀랜드의 영국 국교 반대파가 잉글랜드로 침입한 사건이 있어 왕이 많은 액수의 군비를 요구했다. 그러나 의회가 이에 응하지 않았다. 왕은 군대로써 반대파를 억압했다.

이에 시민이 의회당을 조직하여 왕당(王黨)을 상대했다. 투쟁 상태가 8년 간 계속된 즈음에 의회당 영수 크롬웰이 궐기했다. 그는 준비된 무력으로써 의회 안의 왕정파를 몰아내고 인민이 권력의 중심이라는 이론 아래 공화제를 주창하는 극단파(極端派)의 세력으로써 의회를 추진했다. 마침내 특별 법정을 열고 찰스 1세를 폭군, 반역자, 살인범, 국민의 공적(公敵)으로 판정하여 사형을 시행하고,

---

18 올리버 크롬웰(Oliver Cromwell; 1599~1658)은 영국의 정치가이자 군인이다. 청교도 혁명이 일어나자 혁명군을 지휘하여 왕당파를 격파했다. 찰스 1세를 처형하고 공화제를 수행했으나, 엄격한 청교도주의에 의한 독재 정치를 실시했다.

영국이 공화 자유국으로 통치될 것을 선언했다. 그 뒤 행정권이 41명으로 구성되는 국무원(國務院)에 부여되고 크롬웰이 주석(主席)에 취임했다.

크롬웰은 이로부터 공화제 신정부를 위하여 안으로 아일랜드 · 스코틀랜드의 근왕군(勤王軍)을 격파하고, 밖으로 네덜란드 · 스페인의 해상 세력을 제압했다. 또 의회가 무능, 무력(無力)에 빠지면 매번 이를 개편 격앙하여 마침내 종신 통감직(統監職)에 나가서 주도면밀하게 제도를 개혁하며 기강을 바로잡고 민심을 진흥하며 경비를 절약했다. 즉 청교도주의에 허용되지 않는 모든 상태를 철저히 혁신하기에 전력을 다했다.

이 뒤에도 영국의 정치는 여러 차례의 파란과 곡절을 치르되 그 지조는 더욱 굳고 의기(意氣)는 더욱 씩씩하여, 정치적 다툼이 모두 민권(民權) 확장에 필요한 단계를 밟았다. 그 결과 영국의 정계는 자유주의를 대표하는 휘그당과 보수주의를 대표하는 토리당이 대립해서 여러 영웅이 함께 일어나 진퇴를 거듭하는 사이에 18~19세기 영국의 번영이 숙성된 것은 진실로 인류 정치사에서 하나의 커다란 위업이었다. 그리고 19세기 하반(우리 철종 · 고종의 때)에 글래드스톤[19]과 디즈레일리[20] 두 사람이 용호상박했던 커다란 정쟁은 영국 역사의 가장 이채를 띤 장면으로, 사람으로 하여금 주목하지 않을 수 없게 한다.

1852년 12월 재상 디즈레일리는 큰 정책인 농업이분보호(農業利盆保護)를 위주로 하는 새로운 예산안을 의회에 제출했다. 대립하던

사론 · 종교론

---

19 글래드스톤(William Gladstone; 1809~1898)은 영국의 정치가이다. 자유당 당수로서 1868년 이후 4차례 수상을 지냈다. 아일랜드 자치법 통과와 선거법 개정에 공헌했다.

20 디즈레일리(Benjamin Disraeli; 1804~1881)는 영국의 정치가이다. 보수당의 당수를 지냈으며 수에즈 운하를 매수하고, 인도를 경영하는 등 대영 제국 정책을 전개했다.

양당의 논전(論戰)이 크게 일어나 그칠 바를 몰랐다.

디즈레일리의 설명 연설이 새벽 2시에 이르러 겨우 끝났는데 지혜가 샘솟듯 하고 정열이 불타오르는 듯했다. 신랄한 논평은 춘철살인의 기개가 있고 기질의 뛰어남이 큰 무지개가 하늘에 걸린 것과 같았다. 박학다식한 웅변으로 그리고 열정과 냉정이 겸비된 발언으로 인해 의회장의 청중이 완전히 매혹되었다. 이에 디즈레일리가 자기의 성공을 확신하고 유유히 자기 자리에 앉으면서, 누가 상대방 진영에서 나와 나에게 화살을 쏠 인물이 있겠는가 하는 듯이 의회장 사방을 둘러보았다.

문득 보니 체구가 당당하고 빼어난 한 인물이 연단에 올라섰다. 큰 종이 울리고 커다란 우레가 아래로 떨어지듯이 기발하고 뛰어난 언설로 기문팔진(奇門八陣)[21]을 재빨리 크게 펼쳤다. 어느 틈에 앞선 연설자의 화려한 깃발이 색이 바래지고 높게 울린 북소리가 소리를 잃은 것처럼 되었다. 견고했던 논리적 기반이 차례로 무너져서, 그렇게도 시퍼렇던 새로운 예산안이 한 조각의 흔적도 남지 않게 되고, 의회의 결정을 기다릴 것 없이 이미 패배해 버렸다는 느낌마저 일으켰다.

검은 구름과 흰 태양이 재빨리 허울을 바꾸어서 투표 결과로 정부안이 깨지고 내각이 거꾸러졌다. 이 용사가 누구냐 하면, 반대당 당수 글래드스턴이었다. 일찍 폭스와 피트의 대전장(對戰場)으로 천하의 이목이 집중되던 웨스트민스터의 대의사당은 이제 다시 글래드스턴과 디즈레일리라는 두 영웅의 정쟁의 링으로 바뀌었다. 서로 이기고 지는 것이 교차되면서 천하를 진동했다.

우리가 영국의 정당사를 읽을 때 생기는 흥미는 그것이 인류

---

21 전쟁에 군사를 배치하는 기묘한 병법으로, 상대방이 빠져나갈 수 없을 정도로 잘 갖추어진 전술을 의미한다.

의 생활 원리를 반영하는 생생한 사실인 만큼 동양의 『열국지(列國志)』, 『삼국지(三國志)』 등 소설 이상의 것이 있다.

천하 국가를 어느 방향으로 가게 할 것인지를 표방하는 것이 정당이며, 국가 경제를 중농적(重農的)으로 세우느냐 중상적(重商的)으로 세우느냐 하는 것이 정당이다. 왕권이냐 민주냐, 자유 무역이냐 보호 무역이냐를 제정하기 위하여 정정당당한 정책과 논쟁으로 승패를 공의(公議)로 결정하는 정쟁이다.

생활과 직결된 구체적 사실이 투쟁 목표로 엄연히 존재하며 이론과 실력의 우열 하나로써 정쟁을 번듯하고 환하게 결말을 지었다. 사사로운 이익을 꾀하는 당과 음모와 무고로써 유일한 수단을 삼는 투쟁을 볼 수 없다.

조선의 당쟁, 정쟁을 서양의 그것에 비교하건대 거기 확연하게 커다란 차이가 있다. 우리의 것은 관념적, 형식적, 명분적, 의리적(義理的)임에 대하여 서양의 것은 구체적, 실질적, 생활 가치적이다. 우리는 군주의 감정을 격동시킬 만한 어떠한 제목을 내걸고 그 그늘에서 음모 비책(秘策)을 다함이 능한 일이거늘, 저기서는 인민의 생활 환경을 혁정(革正)하는 기치 아래 군주와 대립하고 정부에 몸소 나서서 실력으로써 효과를 실제로 입증하는 전통이 있었다. 어느 것이 정당 정쟁으로서 진정성이 있는지는 다른 덧붙여 할 말이 필요치 아니할 바이다.

조선의 당쟁과 정쟁이 정치적 계획성을 가지지 않고 다만 겉치레 아래 이욕(利慾), 쟁탈(爭奪)로 변한 것은 본래부터 그랬던 것이 아니었다. 역사를 살펴보건대, 고구려 제5대 모본왕은 천성이 폭악해서 앉거나 누울 때 사람을 깔고, 사람이 맘에 안 들면 이를 죽이며, 신하 가운데 간하는 사람이 있으면 활을 당겨 쏘았다. 백성의 원망이 하늘을 찌를 듯하여 말하기를, "나를 위로하면 임금이며, 나를 괴롭히면 원수이다. 그러니 지금의 왕은 백성의 원수라."하더니, 그 가까운 신하인 두로(杜魯)가 백성의 원성을 대표하여 왕을 한 칼로 죽여서 인민의 공적(公敵)을 없앴다.

고구려 제14대 봉상왕은 천재(天災)와 기근으로 백성의 불만이 높아졌을 때에 나라 안의 남녀를 크게 징발해서 궁실(宮室)의 사업을 일으키니 백성이 많이 도망쳤다. 국상(國相) 창조리(倉助利)가 여러 번 간언을 했으나 왕이 이를 듣지 않았다. 도리어 책망하여 말하되, "국상이 과인을 비방해서 백성의 명예를 구하려 하느냐."고 했다. 그래도 다시금 간언을 하니까 말하기를 "국상이 백성을 위하여 죽으려 하느냐."고 했다.

창조리가 왕이 깨닫지 못함을 알고는 여러 신하와 더불어 왕을 자리에서 물러나게 하기를 논의했다. 왕이 자리에서 물러나기를 종용하면서 여러 사람들에게 일러 말하길, 창조리는 "나와 더불어 뜻을 같이 하는 사람은 나를 따라 해라."하고서 갈대 잎을 따서 관(冠)에 꽂으니 뭇사람이 또한 이를 꽂았다. 창조리가 뭇사람의 생각이 똑같음을 보고 왕을 폐하여 스스로 죽게 하고, 명망이 높은 새로운 왕을 옹립했다 한다. 인민의 공적이 인민의 손에 숙청됨은 고구려에서는 일상적인 일이었다.

고려 시대에 내려와서 역대의 군주가 힘에 넘치는 사치와 도에 지나친 중국 모방으로써 국력을 낭비하고, 국가 환경에 배치되는 숭문천무정책(崇文賤武政策)으로써 당면한 역사적 사명을 포기하고 돌아보지 않기에 이르렀다. 앞서 인종 때에 이상주의자의 대위국(大爲國) 운동이 있었고 이어서 의종 때에 실력 제일의 무사(武士) 계급의 대반동이 일어났다.

중국적 문화생활에 깊게 심취해 있던 의종이 문신과 더불어 화평재(和平齋)에 나가서 시를 읊고 술을 마셨는데, 당시 상장군 정중부(鄭仲夫)가 호위로 갔던 군병을 이끌고 쿠데타를 일으켰다. 국왕이하 문신 등을 한꺼번에 몰아내고 천하를 완전히 무인의 손안에 거두어 가졌다. 청신(淸新)하고 명쾌한 새로운 정치 제도를 수립해 고려 독자의 정치 충동에 순응하려 한 것은 진실로 역사상 드물게 보는 장기적인 정변이었다.

문사(文士)가 기록한 역사책에는 이 뒤에 여러 다툼이 계속 이어지고 도의가 없어진 것에 관해 매우 심하게 비난했다. 아닌 게 아니라 정중부, 이의방(李義方), 이의민(李義旼), 경대승(慶大升) 등의 두꺼비씨름이 엎치락뒤치락했다. 그러다가 최충헌(崔忠獻)의 세력 체계가 성립함에 이르러서 겨우 정국의 안정을 보았다.

최씨 정권이야말로 실로 전 세계를 호령했던 몽고의 대세력을 동쪽 반도 한 곳에서만 좌절시킨 민족적 큰 반발력의 원천이었다, 고려 중기의 무인 전권기(專權期)는 보통의 당쟁과는 성질이 다른 것이지마는, 이를 일종의 정변 현상으로 볼 때 특별한 흥취(興趣)를 깨닫게 함이 있다.

고려 시대까지의 정변 형태에는 오히려 동기, 진행의 과정, 결과 등에서 볼 만한 점이 있으되, 다시 조선 시대로 들어와서는 정변의 면목이 완전히 옛 모습 그대로 바뀌었다. 수양대군 계유정난(癸酉靖難)은 그 목적에 당당한 것이 있다 할 만하건마는 또한 그 설계는 음모적이요, 그 방법은 가식적이요, 외수외미(畏首畏尾)[22]하여 오직 명분에 위반될까를 염려하는 조심이 있었다.

조선 국가의 윤곽이 겨우 성립하고 국민 문화의 틀과 모범이 건설되려 하는 중요한 시기였다. 또 안에는 여덟 대군(大君)의 세력 집단이 각각 칼끝을 노출하고, 밖으로는 북쪽과 동족의 이민족의 손톱과 어금니가 점점 뾰쪽함을 드러내 가는 몹시 어려운 상황이었다. 이를 담당하고 처리할 중심 지주가 겨우 열 몇 살의 약한 군

---

22 머리와 꼬리가 어찌될까 두려워한다는 뜻으로, 남이 알까 봐서 두려워하며 위축됨을 말한다.

주라 함은 진실로 세상을 걱정하고 애국하는 인사(人士)가 지나치지 못할 일이었다.

수양대군, 곧 후의 세조는 신숙주(申叔舟), 정인지(鄭麟趾) 등 당시 일류 인물을 망라하여 세종의 위업을 더욱 위대하게 할 것을 생각하고 이를 자신의 책임으로 여겼다. 그러나 세상의 일을 담당한다고 나서는 사람의 행색이 어찌 그리 공손하고 몹시 두려워하며 조심스러웠는지, 사람으로 하여금 도리어 의외의 생각을 멈추지 못하게 했다.

삼촌이 조카를 쫓아내고 들어앉는다, 선왕인 세종의 유언을 받은 이가 신주(新主)인 단종을 배반한다 하는 평상시 윤리관에 꼭지를 잡혀서 부들부들 떨었던 것이다. 그리고 5백 년 뒤 금일까지도 이 좁은 마음과 시야를 지닌 견해가 계속해서 일반인의 상식으로 되어 있을 만큼 국민의 정치의식이 이렇게 낮은지 놀라지 않을 수 없다.

세조가 왕위를 대신한 것이 그러한 형태로 수행된 뒤로부터 정치의 투쟁, 특히 왕위의 교체에는 정정당당과 정면충돌이 아주 금물(禁物)이 되었다. 또한 주의와 이론을 떠나서 숨어서 하는 모의와 계략이 유일한 정쟁 수단처럼 생각되었다. 그래서 다만 궁궐과 군대와 연결하기만 하면 군주의 폐립, 정부의 교체 등 모든 것이 결행되었다.

성공한 뒤에는 한 당(黨) 일파가 입신출세의 길로 올랐다. 한편 타당(他黨), 타파(他派)는 작으면 직장을 잃고, 크면 생명을 잃는 것이 마침내 당쟁의 상식을 이루었다. 조선 시대 5백 년 동안 당론과 정쟁은 이러한 형태의 직업 쟁탈전이요, 국가 정치의 주의(主義)와 커다란 정책에 어떤 관계를 가진 것이 아니었다.[23]

---

23 편집주 - 이 사이에 약 10매 가량 누락된 듯하다.

여러 각도에서 우리는 조선인의 정치의식과 표현 형태를 살펴보았다. 이를 통해 볼 때 조선의 역사에서 당화(黨禍)라는 것이 대체로 정치적 투쟁이라 할 것 아니라, 실상 관계(官界) 세력의 교체를 의미했다. 이와 동시에 정변에 지나지 않음을 알았다.

크게 보아도 한양 40리 이내에서, 작게 말하면 궁궐 중심의 약간 관직에서 정권을 탈취하기 위한 즉 아귀들이 직업을 싸워 얻기 위해 도당(徒黨)을 결성하고 그 목적 달성의 수단으로써 임금을 농락하며, 의리를 빙자하여 목소리만 크게 지르며, 광분해서 난동을 하는 하나의 움직임이던 것이다.

세상을 경영하고 백성을 구제한다는 정책을 다투는 것 아니요, 어지러움을 다스리고 올바르게 만든다는 공로를 경쟁하는 것도 아니다. 다만 삼정승, 6판서 이하로 양전(兩銓),[24] 삼사(三司),[25] 오위(五衛),[26] 백관(百官)을 어느 도당 본위로 구성, 배치해서 이익과 녹봉을 마음대로 하며 권력을 독자적으로 누리는 지위를 유지하겠는가 하는 아수라장이었던 것이다.

동인이 등장했다 하여 나라를 흥하게 하는 새로운 방책이 나오는 것 아니요, 서인이 벼슬자리에 올라갔다고 하더라도 백성을 보호하는 대책이 세워지는 것 아니었다. 노론이 득세하여서 만세 태평할 것이라는 희망을 가지는 것 아니요, 소론이 집권해서 천하가 평안하고 구제되는 기쁨을 얻는 것 아니다.

한 무리의 관직 도둑이 물러간 자리에 또 다른 무리의 벼슬하는 불한당이 들어설 뿐이다. 이 무리의 이러한 씨름 가운데 민생은 날로 곤궁하고 국운은 날로 위축되고 말았다. 나중에는 겨우 국제 평

24 조선 시대 이조와 병조를 아울러 이르는 말이다.
25 조선 시대 사헌부, 사간원, 홍문관을 합쳐서 부른 명칭이다.
26 조선 시대 문종 때 개편을 시작하여 세조 때에 완성된 중앙 군사 조직으로 전국의 군사를 모두 이에 속하게 했다.

형 관계에 의지하여서 거의 끊어질 듯 끊어지지 않을 것처럼 국가의 운명이 희미하게 존속했다.

준비된 노비처럼 비굴한 모습으로 아침에는 청나라 사람에게 붙어서는 사대당이노라 하고 저녁에는 왜인을 맞이해서는 독립당이라고 했다. 또한 한번 바꿔 미국인을 껴안고는 친미당이라 이르고 또 한 번 변해서 러시아인을 업어 가지고는 친러당이라고 불렀다. 이러한 추태의 경쟁이 한말의 망측한 당습(黨習)이었다. 이러한 무리가 환득환실(患得患失)[27]하여 홀연 나가고 물러가는 것을 정당 또 정쟁이라 함은 아무리 관대한 필법(筆法)에서도 결코 허용되지 않을 것이다.

우리는 앞에서 조선 시대의 당론(黨論)이 송나라 시대의 유학과 더불어 그 기원이 있음을 언급했다. 다시 한번 조선의 동서 분당이 바로 명나라 신종 중기 동림당론(東林黨論)[28]으로 더불어 앞서거니 뒤서거니 발생했다. 궁궐 중심 또 산림(山林) 배경으로 음모와 비밀, 속임수로 진행된 모습이 둘 사이에 원판을 함께 인쇄한 것처럼 같았다. 당론하기 위한 당론으로 상호 배제를 일삼는 가운데 어떻게 망하는지 모르게 나라가 망하게 된 비운에 울게 된 점까지 꼭 들어맞는다. 이를 볼 때마다 나쁜 당의 존재가 나라에 화가 된다는 사실을 어디서나 발견할 수 있다. 이러한 용서 없는 철칙에 경탄하지 아니치 못한다.

처음 해방이 실현되었을 때에 여러 사람에게서 과거의 국사처럼 당쟁의 폐해를 되풀이하지 않겠느냐는 질문을 받았다. 그때마다 우리는 그럴 리 없을 것을 단언하기에 거리낌이 없었다. 왜냐하

---

27 물건이나 지위를 얻기 전에는 그것을 얻으려고 걱정하고, 얻은 후에는 그것을 잃지 아니하려고 근심함을 말한다.

28 동림당(東林黨)은 중국 명나라시대 정계와 학계에서 활동한 당파로, 사대부들이 동림서원을 중심으로 여론을 형성하여 정치 운동을 전개했다.

면 조선의 역사만큼 당쟁의 폐해의 무서움을 무수히 또한 명백하고 투철하게 증명한 것이 없다.

또 조선 인민이 경험을 살려서 나쁜 피해를 피하고 좋은 이익을 얻기에 총명하지 아니할 리가 없을 것이다. 더욱 최근 수십 년 동안의 비통함을 생각한들 설마 망국(亡國)의 악업(惡業)을 다시 저지를 수 있으랴 함이었다. 그런데 그 뒤의 현실이 어떠했음을 볼 때 마음이 참담해서 차라리 할 말이 없을 따름이다.

해외로부터 무수한 혁명 투사가 돌아왔다. 국내 숨은 곳에서도 애국지사가 쏟아져 나왔다. 정당의 간판이 백 수십 개에 달한 때도 있었다. 건국을 담당했다 하는 각종의 인물이 연이어 나와서 길거리에 가득 찼다. 그런데 그중의 어떤 사람이나 당이 일찍이 정치적 견해와 정책을 밝힌 일이 있는가? 입법 의원이라 하고 가능한 지역에서 선거를 해서 이른바 국회 의원이 방방곡곡에서 선출되었다. 그러나 그들로 말미암아 어떠한 국가의 정책이 구체적으로 표시 또는 실행되었는가?

국민이, 지방이, 또 시대가 어떠한 혜택을 입었으며 무슨 희망을 가지게 되었는가? 정당이 사당화되고, 국법(國法)이 장남감이 되고, 거짓된 논리가 헌장(憲章)을 대신한 일은 없으며 관리와 모리배의 구별이 분명치 아니한 일은 없는가? 이러한 사상과 행동의 소유자가 정객(政客)이란 이름을 가장하고, 이러한 무리가 정당의 문패를 높게 걸었으며, 이러한 개인 혹 집단의 이권 경쟁이 정쟁을 가장한 일이 없는가?

우리 역사의 경험은 거짓된 당, 거짓된 정쟁, 거짓된 정책이 얼마나 국가적 해독이 되었는지를 가르쳐 주었다. 그것을 뒤집어 말하면 진정한 당, 진정한 정쟁, 진정한 정책이 없음이 얼마나 국가의 불행인지를 증명했다.

그런데 해방 이래의 정치적 상황은 애달프기만 하다. 작년 이래로 거짓된 결함만 나타내고 조금도 진정성 있는 개화(改化)된 자취를 볼 수 없다. 이렇게 해서 국가의 앞길은 어떻게 될 것인가? 국민 모두가 맹렬히 반성하고 후회할 시간조차 바쁘다 하겠다.

정당, 정쟁의 참과 거짓이란 무엇을 가리키는가? 공(公)을 위하면 참이요, 공을 위하지 아니하면 거짓이다. 나라를 위하는 당이요 국정(國政)을 위하는 정쟁이면 참이요, 당만을 위하는 당이요 당리를 위하는 정쟁이면 거짓일 따름이다.

민주주의 나라의 정치 운영일수록 당은 필요하다. 그러나 필요한 것은 진정한 당이지 거짓 당이 아니며, 좋은 당이지 나쁜 당이 아니다. 나라를 흥하게 하는 기초가 되는 진당(眞黨)의 발전을 보장하며, 망국의 노선(路線)인 거짓 당의 존립을 허용하지 않는 것이 중요하다. 우리는 경험을 살리는 국민이 되기를 맹세하자.

대한민국*

    한국은 아시아 대륙의 동방에서 서태평양을 향하여 돌출한 반도이다. 남북의 길이가 약 800Km, 동서는 가장 넓은 부분이 약 360Km, 전체 면적이 약 220,000Km²이다. 지형과 풍토가 이탈리아와 많이 비슷하고 면적은 영국 본토보다 약간 작은 셈이다.

    해안선은 반도만 8,693Km, 부속 도서를 합해서는 17,266Km, 면적에 비해서 해안선이 길기로 세계 제일의 명성이 있다. 서와 남쪽 해안에는 지절적(肢節的)으로 발달한 갑각(岬角)이 어수선하여 지리적으로 '한국식 해안'이라는 말이 만들어져 있다.

    지형은 만주와의 경계선인 장백산맥의 횡선(橫線)과 그와 직각이 되는 반도 척량산맥(脊梁山脈)의 종선(縱線)이 T자형을 이룬 기초 조건에서, 북에서 높고 남에서 낮으며 동에서 높고 좁고 서에서 낮고 넓은 경향을 띠고 있다.

    척량산맥의 서쪽 경사면은 황해를 사이로 중국과 더불어 서로 호응한다. 양자강 · 황하가 흐르고 유역에는 평야가 열려서 교통, 산업과 내지 모든 문화가 대개 여기 발달되었다. 수도 서울이 또한

* 미발표; 『육당최남선전집』 9, 77~79쪽

이 경사면의 거의 중앙인 강과 바다 교통의 요충지에 있으니 위도 상으로 샌프란시스코, 워싱턴, 세비아(Sevilla), 아테네 등과 거의 나란히 있다.

기후는 대체로 대륙성이지마는 태평양의 계절풍에 조절되어서 추위와 더위가 다 비교적 격렬하지 않다. 지방에 따라서 최고 기온 39도, 최저 영하 43도를 보이는 일이 있지마는 이는 극히 한때 작은 부분의 현상에 그친다. 1년의 대부분이 일상 활동에 적당한 기온에 있다.

강우량은 북방의 가장 적은 지방에서 연 500mm, 남방의 가장 많은 지역에서 1,400mm로 적정한 양이다. 1년 강우량의 반 이상이 식물 성장 시기, 특히 쌀 농사하는 시기에 몰려 내리므로 이 덕에 한국은 농업국 또 쌀 생산국이 되고 있다. 산악국이면서 경지가 전체 면적의 20%에 달하고 농민이 전체 인구의 80%를 점하고 있다.

물산(物産)은 포너(Fauna), 플로라(Flora)에 걸쳐 종류와 변화가 많다. 조사된 것만 동물이 약 2,000종, 식물이 약 3,600종, 광물이 약 300종에 달한다. 삼면의 바다에는 한류와 난류가 교차하면서 어족이 많고 유용한 어류가 많이 잡혀서 세계 유수의 어장이다. 지하자원에는 금 · 흑연 · 텅스텐 등이 다량으로 산출되어, 흑연 같은 것은 세계 최대의 생산지로 일컬어지며, 헬륨(Helium) 등 몇 가지 희귀한 원소의 산지로 알려져 있다.

한국에는 화산 폭발 · 지진 · 해일 · 홍수 · 태풍 등 지리적 큰 재해가 거의 없으며 혹시 있어도 미약하다.

한국인은 인종학상 북방 아시아 계통에 속하는 퉁구스(Tunguses)인의 남방 지파(支派)로 간주되어 있다. 다만 한국인이라는 독립한 한 지파를 이룬 것은 퍽 오랜 옛날의 일로, 현재의 퉁구스인과의 사이에는 아무 연관이 없다. 한국어는 우랄 알타이(Ural-Altaic) 어족에 속하는 줄로 생각되는 교착어(Agglutinative Languages)의 하나로, 그중에는 인류의 원시 문화를 고찰하는 중요한 요소가 포함되어 있다.

한국의 역사는 예로부터 전하는 바를 근거하건대 지금부터 약 43세기 이전에 시작되었다고 한다. 그 절반은 신화 전설 시대에 속하고, 이후의 약 2천 년은 차차 진정한 역사 시대로 들어왔다. 전설 시대 2천여 년은 학문적으로 문제지마는 한국인뿐 아니라 북방 통구스인의 간에도 그 동방 이주가 4천 년 전에 있음을 말하는 전승(傳承)이 있다. 그러니 이 4천년설은 무시할 수 없는 근거를 가진 것으로 만일 역사 연대라고 하기 거북하다 하면 편의상 민족 연대(年代)로 생각해도 좋을 것이다.

역사 시대는 대략 서기 전 1세기쯤에 시작하여 고구려 · 백제 · 신라의 삼국 병립 시대가 7세기 후반까지 계속되었다. 서기 668년에 신라의 손에 반도가 통일되어서 약 2세기 반 동안 동방의 성국(盛國) 노릇을 했다. 신라의 부강하고 번영한 상태는 아라비아 상인의 저술에 황금국 실라(Sila)로서 기록되어서 서양인에게도 알려졌다.

10세기 초에 신라가 넘어지고 고려 왕조가 대신하여 14세기 말까지 존속하니 이 고려의 이름이 몽고 제국에 의해 서방으로 전해져서 서양에서 쓰는 Corea · Korea라는 말이 생겼다.

1392년에 조선이 일어나서 압록강과 두만강을 경계로 하는 현재의 국토가 성립하고, 한편 국문(國文) 창제와 제정, 활자 보급, 국전(國典) 편찬, 학술 진흥 등 국민 문화가 차례로 정비되고 이후 한국의 모습이 이 기간에 결정되었다.

19세기 제국주의 고조기에 후진국으로서의 갖가지 고난을 치르다가 러일 전쟁의 결과로 국제 평형 관계 파괴의 희생양이 되어서 1910년 이후 한참 동안 일본의 예속 밑에 두어졌다. 태평양 전쟁 뒤에 대한민국으로 새로 출발하여 바야흐로 민족 부활의 씩씩한 걸음을 걷고 있다.

한국은 아시아 대륙 동부에 있는 민족 세력 교체가 격심한 지역에 해당하고 또 대륙과 해상의 이른바 육교(Land bridge) 역할을 하고 있다. 그래서 주위에 신흥 세력이 출현하는 족족 그 압력이 파급해 와서 항상 국난의 시련에 직면했다. 그러나 외래 세력을 반발하는 능력으로는 거의 세계에 비교할 수 없을 만큼 탁월했다.

중국인이 만든 가장 강대한 제국이라 할 수나라와 당나라 시대에 수십만 혹은 백여 만의 대군이 여러 번 침입했지마는 이것을 번번이 어렵지 않게 격퇴했다. 몽고인이 아시아와 유럽 양 대륙을 석권한 위력으로 맹렬히 공략을 더해 왔으되 전후 40년 동안 이에 저항하여 굽히지 아니한 것은 거의 기적에 가까운 일이었다.

또 16세기 말의 도요토미 히데요시로 말미암은 일본 침입은 7년에 걸친 수륙 대작전이었다. 그렇지만 오직 해상의 방어만으로써 이 흉악한 공격을 좌절시키고 천여 년래 일본인의 반도에 대한 야심을 수백 년 동안 봉쇄해 버렸다. 최근 일본 예속기(隸屬期)에 있었던 거족적 반발 운동의 강인함도 물론 그 한 사례에 속하는 것이다.

한국인의 민족성에 독창 능력이 있음은 많은 사실에서 증명되었다. 서양에 있는 금속 활자보다 220년이나 앞서서 이미 금속 활자로써 국가의 기록을 인쇄 간행한 확실한 증거가 있음에서 커다란 명예를 널리 얻은 것이 그 하나의 사례이다.

또 이민족에 말미암는 수난기에는 반드시 신무기(新武器)를 창작하여 방어의 효과를 유리하게 함이 거의 통례(通例)였다. 11세기에 여진인의 해적이 발호할 때에 병선(兵船)에 철로 만든 충각(衝角)을 붙여 적선(敵船)에 부딪쳐서 파괴하는 데 쓴 것은 동양에 있는 충각 시설의 선구였다. 도요토미 히데요시의 해군을 격멸할 적에 철갑을 덮은 전선(戰船)을 중심으로 한 무적함대를 만들었던 것은 실로 세계에 있는 장갑선(裝甲船)의 원조가 되는 것이다.

반공열전(反共熱戰)의 무대로 되기 이전에는 구미인의 한국에 대한 인식이 매우 부족하여서, 그들 저술가 중에는 은자의 나라(Hermit nation), 금단의 나라(Forbidden land)라는 이름을 쓴 이들이 있다. 하지만 한국의 역사 또 전승에는 이를 부인하는 사실이 많다. 이를테면 그리스 신화의 테세우스(Theseus) 모험담은 1세기 초에 해당하는 북방 한 왕(王)의 사실로 전해 있고, 마이다스(Midas) 왕의 당나귀 귀 전설은 9세기 말 남방 왕의 일로 기록되어 있다.

또 서방 아시아에 기원하는 하프(Harp) 계통의 현악기는 맨 처음 이 나라로 전래하여 차차 동방 여러 나라로 유포되었다. 당나라에서는 이것을 고구려 악기라 이르고, 일본에서는 백제금(百濟琴) (クダラコト구다라고토)이라고 부르고 있다. 한국과 세계는 인류 문화사에 있어서 항상 친밀한 교통을 지녔던 것이다.

한국의 지금 공식 칭호는 '대한(大韓)'이라 이르니, 한은 고대에 있는 반도 남방의 허다한 부족 국가들의 공통 이름으로, 본디 광대(廣大)를 의미하는 말로부터 군왕(君王)의 명칭이 되고 다시 나라 이름으로 전용(轉用)된 것이다. '대한'이라 함은 옛날 여러 한국의 통일 확대된 나라임을 나타낸 이름이니 마치 영국의 '대(大) 브리튼'이라는 명칭이 있음과 같다.

한국의 국기(國旗)는 이원철학(二元哲學)을 표상화한 '태극'을 기본으로 하니, 태극의 홍반구(紅半鉤)는 광명, 청반구(靑半鉤)는 암흑을 나타낸 것이다. 옛날부터 한국의 건축물에는 일종의 종교적 의미로 통용되어 오는 것이요, 태극의 바깥 부분에 배치한 것은 중국 고대 철학에서 방위를 표시하는 기하학적 기호를 가져온 것이다.

또 태극의 연원을 소급해서 살펴볼 때 인류의 원시 시대로부터 어떠한 의미의 기호로 즐겨 사용한 것에 범어(梵語)로 스바스티카(Svastika)라는 것이 있어 여러 가지 형태로 세계에 전파되니, 인도의 卍, 서양의 십자(十字), 한국의 태극이 다 여기서 변형되어 나온 것이다. 한국 고대에는 이것을 무엇이라 일컬었는지 알 수 없지만, 지금 '태극'이라는 말은 후대 한문으로부터 빌어다 쓰는 것이다.

제2부

종교론

참지 못할 일가(一呵)*
- 거익비위(去益非違)의 불교

1

지금까지 조선의 문화가 불교에 신세진 것이 많음은 명백한 사실이다. 외래 사상으로 진정한 의미에서 우리에게 문화적 약진을 고동치게 한 것은 누가 뭐라고 해도 불교로써 제일로 삼지 아니치 못할 것이다. 불교는 인류가 바라는 궁극적 의미를 추구함으로써 영원한 생명의 원천이 되고자 했다. 따라서 진실로 정직한 실행과 순수하고 정성된 노력만 가지면 불교는 언제 누구에게나 발휘될 수 있는 신묘한 작용이며 올바른 방법이라고 할 수 있다.

참으로 불교를 통해 부처의 가르침에 맞는 수행의 결실을 맺을 수 있다면 현재 및 장래의 조선 문화가 그에게 기대하거나 또는 영향을 많이 받을 것이다. 심지어 현재 받을 기대와 영향이 과거의 그것에 지나침이 있을지언정 조금도 모자랄 리가 없을 것이다.

그러나 금일 조선의 불교와 불교도에게 과연 얼마나 이러한 종

---

* 이 글은 1925년 10월 25일부터 31일까지 『동아일보』에 실렸다. 제목의 뜻을 풀면 "참지 못할 꾸짖음 - 비위(非違)가 점점 심해지는 불교계"이다.

류의 부탁을 받아서 지킬 수 있을까? 그들의 축 처진 어깨와 나른한 팔뚝이 과연 얼마만큼 책임을 담당하고 우리의 신문화 행정을 분담할 수 있을까?

오늘날 세계가 온통 불교화할 기회가 왔다고도 할 만하다. 그런데 불교를 침체와 막힘으로 끌고 들어가는 자가 다른 사람 아닌 불교도 자신임은 대체 어떠한 원인과 결과 때문인가? 망측하게도 이들이 오늘날 조선 불교도인 점이 우리를 더욱 슬프게 한다.

2

교리적으로 조선 불교는 전불교(全佛教) 가운데서도 특수한 지위와 탁월한 가치를 향유한다. 문화적으로도 불교 유입 이후 조선의 문화가 모두 불교적이라고 할 수 있다. 이는 우연히 그렇게 된 것이 아니다. 불법을 위하여 자신과 몸과 가족을 잊어버린 수많은 대보살이 있기 때문이다. 이들은 말할 수 없을 만큼 대단한 고심과 노력으로써 진실을 널리 퍼뜨리고 정법을 지켰다. 이들이 어떤 것도 아끼지 않고 아무 일도 마다하지 않고 고통을 겪어낸 성과이다.

지금까지도 불교와 국토의 장엄함의 상징이 되는 위풍당당한 많은 건물과 탑, 가람[1]이 그 사례이다. 지금까지도 그들이 소유한 토지와 산림 즉 수많은 대중을 먹여 살릴 만할 논과 밭, 재산은 어느 것 하나가 불법(佛法)을 지키기 위했던 그들의 피와 땀과 눈물의 결정 아닌 것이 없다. 이런 것을 조성했던 그들의 마음은 대법(大法)을 영원히 지키겠다는 열렬한 축원(祝願)을 바탕으로 무서운 불길을 일으켰던 것이다.

그런데 이것을 물려받아 가진 금일의 불교도들은 어떠한가? 깎은 머리와 승복조차 그들의 몸에서 벗겨지고 없어져 버렸다. 뿐만

---

1 승려가 살면서 불도를 닦는 곳으로 사원, 절과 같은 말이다.

아니라 이들은 옛날의 덕이 높은 스님과 딴판으로 혼미하고, 어지럽고, 더럽고, 추함의 극단을 보이고 있다. 왜냐하면 이들은 깨달음을 얻지 않고 중생을 교화하려는 마음이 없기 때문이다. 아! '사자(獅子)의 몸 가운데 벌레'란 오늘날의 불교도를 위한 특별히 적절한 준비어가 아닌가?

3

범(梵)이란 청정(清淨)의 뜻이라 한다. 그러나 청정의 뜻에 합하는 범궁(梵宮)²과 범행(梵行)³이 얼마나 조선에 남아 있는지를 생각하면 기가 차지 않을 수 없다. 청정이 본질적으로 깨끗해야 하기 때문에 그 더러움이 더욱 눈에 띄는 점도 있다. 하지만 어떠한 의미로 말하면 세상의 온통 추한 해골 구덩이 가운데 가장 냄새나는 무더기가 불교계라고 해도 지나친 말이 아닐 것이다.

3독(毒)⁴의 두려움을 가장 모르는 이가 그들이다. 5욕(慾)⁵의 더러움을 아주 잊어버린 이가 그들이다. 그들을 보면 이러한 평가가 저절로 입 밖에 나옴을 금할 수 없다. 바로 말하면 불교라 할 불교가 없어진 지 오래된 오늘날, 불교도다운 불교도를 찾음이 본디부터 어리석은 일이라고 할지도 모르겠다.

그래도 나는 불교를 믿으며 스스로 불교도라고 생각한다. 그래서 불교의 이름 아래 행해지는 여러 가지 그릇된 행위로 인해 불법에 허물됨을 볼 때, 마침내 "사악함을 없애야 한다."라는 한 마디를 참기 어렵다고 깨달았다. 불교가 바로 서고 바로 서지 못함은 다

2 절이나 불당을 통틀어 이르는 말이다.
3 청정한 행위로 승려가 계율을 지키고 수행하는 것을 말한다.
4 사람의 착한 마음을 해치는 욕심·성냄·어리석음 등 세 가지 번뇌를 독에 비유한 말이다.
5 불도를 닦는 데 장애가 되는 다섯 가지 욕심으로, 재물, 색사(色事), 음식, 명예, 수면을 말한다.

만 불교 자신에만 그치는 문제가 아니다. 사실상 전체 문화의 진행 상에서 중요한 한 국면을 결정하는 것이다. 그 만큼 바르게 되어야 한다는 것 때문에 염려를 놓을 수 없음이 우리의 진심이다.

4

조선 불교의 위축은 실로 최근의 일이 아니다. 그것이 발랄한 생명력을 잃고 동방 문화의 주축을 사퇴하기는 줄잡아도 고려 중엽 이전까지 올라간다. 조선 시대의 불교 억압 때문에 불교의 기운이 쇠약해진 원인이라 하는 논리는 진실로 전후의 사정을 매우 잘못 이해하는 것이다.

근대 조선에서의 불교의 타락은 다음과 같은 원인 때문이다. 무엇보다 먼저, 기도(祈禱)의 기관으로 국가의 기생충을 만들어 냄에서 비롯되었다. 나아가 권력에 의지하는 단계가 되자 그릇된 명예와 이윤을 심하게 추구했다. 그래서 불교는 세상을 구제하겠다는 실제 기능을 잃게 되었다. 그러다 보니 보기 싫은 몸과 뼈만을 싸늘한 전당(殿堂) 안에 누이게 된 것은 당연한 운명이 아닐 수 없다. 이 조짐은 실로 고려 시대 중반부터 싹트기 시작한 것이다. 조선 시대의 '억불책'은 진실로 심대한 폐해에 대한 좀 우악스러운 하나의 치료일 따름이었다.

조선의 창업자는 궁중과 민간에 만연하여 있는 불교적 미신을 통해 겉과 안 양 방면으로 불교의 부정적인 측면을 통찰했다. 그는 국면을 새롭게 바꾸기 위한 최대 방략으로 유교를 세우고 불교를 억압하는 방도를 취했다. 저 묘청, 신돈과 같은 자가 기도의 중매(中媒)로 정권과 결탁해서 불교가 얼마나 무서운 장난을 할 수 있었는지를 조선 건설자에게 가장 분명하게 알려준 실제적 교훈이었다.

이를 불교의 입장에서 볼 것 같으면, 권력과 이익으로의 접근이 얼마나 불교 자신에게 화근이 되며 마침내 그 생명을 빼앗고 마는 독약인지 가장 명백하게 증거가 되는 사실이다. 대체 불법이 뼈만 남게 될 정도가 된 것은 궁정 특히 그 내정(內庭)의 미신적 외호(外護)에 힘입었다 할 수 있다. 그리고 이 때문에 진정한 정신과 생명력의 멸망은 그만큼 앞당겨지고 진행 정도가 지독해진 것을 부인하지는 못할 것이다.

5

불교가 권력과 이익에 의뢰(依賴)하려 하는 것처럼 불교의 자살적 행동은 없다고 할 수 있다. 원래 불교는 교조(敎祖)가 헛된 권력과 명예를 부인하고 내재적 생명의 각성만을 가장 중요한 일로 삼음으로써 출발했다. 그런데 어딘지도 모르지만 국왕과 대신에게 의뢰했다고 언급한 구절을 넉가래[6]로 하여 꼼짝함에도 권리라 하고 꿈쩍함에도 권리라 한다. 이렇게 되면 불교 본래의 생명과 가치는 아주 없어졌다고 할 수 있다.

불교의 교의가 말은 둥글 법하여도 그 뜻은 그렇지 않다. 실상 십만삼세(十萬三世)라는 턱없이 넓은 세계 속에서 도리적이지 않은 모든 것에 대해 털끝만한 타협을 허용치 않았다. 그리고 그 원인이 되는 원천에 대해서도 가장 투철하고 격렬한 선전 포고를 했다. 만일 조금이라도 권리 그것에 애착이 있었을 것 같으면 부처 스스로 왕위를 포기하고 평범한 수도자로 몸을 마쳤을 리 없을 것이다.

초권리·초국가, 아니 초일체적 존재인 점이야말로 진실로 그로하여금 초일체적 권위의 소유자이게 한 까닭이다. 강자를 쉽게 숭상하지 않는 점이 언제든지 강자를 굴복하게 만드는 속셈이던 것이다. 누구도 경험하지 못한 핍박과 시련 가운데 성장하고 강대해진 것이 불교이다. 불교에 대하여 이렇게 혼쭐나는 탄발력을 준 원

---

6 곡식이나 눈 따위를 한 곳에 밀어 모으는 데 사용하는 연장이다.

천은 실로 교조 이래로 초권리적이며 권력에 의뢰하지 않는 주지(主旨)로 인해 나타난 것이다.

만일 권리라든지 세력이란 것에 의뢰하지 않고서는 지탱하지 못할 만큼 가녀린 것이면 세상에 하잘 것 없는 것이 불교라고 할 것이다. 도리어 세속적 권위를 멀리하는 곳에만 불교의 진정한 생명이 약동할 수 있다. 때문에 난야(蘭若)[7]라는 처소와 두타(頭陀)[8]라는 수행이 불교 신앙의 첫걸음이 된 것이다. 불교가 비사회적 · 비인간적이라는 비방을 받게까지 된 것은 속세에서 떨어진 곳에서 거처하면서 수행하기 때문이다.

이는 세상의 권력으로부터 오염될까 하는 걱정 때문에 비롯되었다. 그래서 근본적으로 "속세를 떠나자."란 깊은 의도에서 나온 것이다. 벼슬을 구하는 사람은 집만 시골에 두고 살림은 서울에서 한다. 이렇듯 이른바 승려배가 궁정 또는 권력자에게 구차한 신분 상승과 이익 추구를 해서는 안 된다. 이러한 것은 무엇보다도 부처의 원래 뜻과 어그러진 일일 것이다.

6

가만히 살펴보면 근대 불교가 가진 병의 원인은 사실상 그 세속적 조급함에서 비롯되었다. 이른바 병을 치료하겠다는 사람이 환자가 죽게 된 상황에서 살려내겠다는 상황으로 잘못 진단한 까닭에, 그가 밤낮으로 쓴 처방약이 도리어 병독(病毒)을 더욱 악화시킴에 지나지 못했다.

---

7 원래는 산중, 들판이라는 뜻으로 고요하여 수행하거나 거주하기에 적당한 곳을 말한다.
8 번뇌를 떨쳐 내고 의식주에 집착하지 않으며, 청정하게 부처의 가르침을 수행하는 것을 말한다.

조선 시대로 말하여도 보우[9]와 같은 불세출의 중흥적(中興的) 인물이 없지 않았다. 그러나 모처럼의 역량과 기회가 불교에 거름이 되기는 불구하고 도리어 좋지 않은 흔적만을 남기게 되었다. 보우의 노력은 내적 생명의 각성으로 향하지 않았다. 다만 외적 배경을 빌어서 한때 인심에 마춰적 효과 보기에 바빴기 때문에 잘못이었다. 보우의 구불책(救佛策)은 마치 식상(食傷)한 병자를 대식(大食)으로 의료하려 함과 같았다. 이로 인해 미세한 효과를 보기 전에 큰 해로움을 끼치게 됨은 진실로 당연했다.

이러한 잘못된 진단과 치료와 아울러 그로써 생기는 해독은 보우의 뒤에도 실패한 자취를 여전히 밟아서 그 정도를 더욱 심하게 했다. 그 끝이 마침내 불교의 탈을 쓰고 이욕(利慾)의 활개를 치려하는 무리의 좋은 방패막이가 되었다. 마침내 조선 불교의 만종(晩鐘)이 울리게 되었다. 이것이 실로 숨이 끊어지기 직전과 같은 위기에 처한 현재 조선 불교의 병태(病態)이다.

7

보리심(菩提心)[10]은 어디로 갔는가. 권리 욕심만 여러 재주를 부리게 된 불교계는 마침내 불교가 망하게 되는 복멸운동(覆滅運動)을 만들어 내었다. 어떻게 해야 판을 흔들어 버릴까 하는 악마의 저주가 권리적 아귀(餓鬼)인 이놈 저놈의 마음을 장(場)으로 하여 화독(禍毒)의 바퀴를 두드리고 있다. 이때는 수단과 방법을 가리지 않는다.

꺼져가는 촛불에도 무슨 남은 열이 있을까 하여 나라를 판 사람

9 보우(普雨; 1301~1382)는 조선 시대 명종 때의 승려로 문정 왕후의 신임을 받아 봉은사의 주지가 되었다. 승과(僧科)를 설치하는 등 불교 부흥을 꾀하였다. 문정 왕후가 사망한 후 유교 관료층에 의해 제주도로 유배되었다가 살해되었다.
10 불교의 진리에 이르는 깨달음을 얻으며 널리 중생을 교화하는 마음을 말한다.

의 검은 손을 붙잡고, 불법을 팔아 없애는 악업을 동반하고 있다. 첫째는 관리서(管理署)란 것이요, 둘째는 원흥사(元興寺)란 것이다. 이리나 하면 될까, 저리나 하면 좋을까, 어디를 가면 권리의 달콤한 미끼를 얻어 볼까 하여 종무원도 만들어 보고 연합회도 일으켜 보았다.

　일제가 나라를 쓰레질하여 내보내는 조약을 한장 두장씩 체결할 때에 법문(法門)에서는 1,500년 당당한 정법(正法)을 짊어지고 가서 제발 당신의 더부살이가 되겠다고 애걸했다. 불조(佛祖)의 정맥(正脈)이요, 임제종(臨濟宗)[11]을 이어받은 조선의 불교를 일본의 조동종(曹洞宗)[12]에 의지해서 살아가려고 한 추태는 언제 생각하여도 치가 떨릴 일이다. 그러나 권리란 썩은 고기를 위해서는 이보다 더한 무서운 미끼라도 찾아다니며 물기를 사양치 않았다.

8

　급기야 나라도 아무것도 없어진 뒤에도 천추의 극악이요 일대(一代)의 원성을 받는 취육혼(醜肉魂)[13]들을 돌려가며 모셨다. 이들을 통해 불교계의 진흥이니 바람막이니 하는 흑막 안에서 그래도 있을까 하는 권리의 남겨진 이익을 다투었다. 고르고 골라서 이완용(李完用)·권중현[14]의 무리를, 지난 5백 년간의 침체를 회복시켜 줄 수 있다고 믿고 떠받들고 방패막이로 삼았다.

---

11 선가오종(禪家五宗)의 하나이다. 중국 당나라의 고승 임제의 종지(宗旨)를 근본으로 하여 일어난 종파를 말한다.
12 중국의 선종 계통의 한 종파였는데, 도겐(道元; 1200~1253)에 의해 일본에 전파되었다. 묵묵히 앉아 있는 곳에 스스로 깨달음이 나타난다는 묵조선(默照禪)을 수행 방법으로 한다.
13 추악한 육체와 영혼을 말하며, 일제에게 매국(賣國)한 존재를 의미한다.
14 권중현(權重顯; 1854~1934)은 한말 친일파 관료로, '을사조약' 체결에 찬성한 '을사오적'의 한 사람이다. 강점 후 조선총독부 중추원과 조선사편수회 고문 등을 지냈다.

부르는 놈도 부르는 놈이려니와 덤비는 놈도 마찬가지였다. 불교 진흥이란 것을 여의주로 안 이완용 · 송병준[15]의 각축은 그중에도 우스운 하나의 추한 행동이었다. 전체를 팔아먹으려는 큰 도적놈의 한편에는 한 귀퉁이라도 따로 팔겠다는 재빠른 작은 도적놈도 생겼다.

5백 년 불교에서 최고 상징처럼 여겨진 서산 대사(西山大師)의 근거지인 묘향산 보현사(普賢寺)에 일본인을 모셔옴 같은 것은 그중에도 철저한 사례였다. 이렇게 난장법석(亂場法席)을 하는 통에, 이차돈(異次頓)의 피와 진표(眞表)의 눈물과 자장(慈藏)의 땀과 원효(元曉)의 골과 대각(大覺)의 손과 태고(太古)의 마음과 함허[16]의 글과 사명(四溟)의 주먹으로 애써 쌓았던 1,500층 보탑은 산산조각으로 무너져 버렸다. 권리 얻은 놈은 하나도 없으면서 불교 그것만 쇠퇴하게 되었다.

9

바로 이때에 저들의 손에 만들어진 '사찰령(寺刹令)'[17]이란 것이 나왔다. 발령(發令)의 동기가 선인지 악인지는 물을 것 없다. 하지만 중대한 의미를 지닌 법령이 지극히 모호한 과정을 통해 성립되었고 엽권마(獵權魔)[18] 중에도 비중 있는 자들의 의견이 충분히 반영되었다. 그 결과 갈구 열망하면서 기회조차 얻어 보지 못했던 권력과

---

15 송병준(宋秉畯; 1858~1925)은 조선 고종 때의 친일 정치가로 일진회를 조직했고, 농상공부 대신 · 내무 대신을 지내면서 조선과 일본의 '병합'을 주장했다.

16 함허(涵虛; 1376~1433)는 조선 초기 배불 정책 속에서 불교를 지켜낸 승려이다. 저서에는 『원각경소(圓覺經疏)』, 『함허화상어록』 등이 전해진다.

17 1911년 일제가 한국 불교를 억압하기 위해 제정 공포한 법령이다. 이로써 한국 불교는 조선총독부의 감독 아래 예속되었으며, 한국 불교 교단은 30본산(1924년에 31본산)으로 나뉘게 되었다.

18 권력과 이익을 좇아 다니는 나쁜 무리를 말한다.

이익이란 고깃덩이를 그 무리의 입에 가져다 넣게 되었다.

불교는 지금까지 원만하게 융합된 살림이기 때문에 그런대로 공적 기관인 생명을 유지했다. 하지만 새로운 법령에 의한 주지의 특권제로 인하여 마지막의 괴멸을 보게 되었다. 주지에게 독재할 만한 권능을 부여한 새로운 법령은 권리의 '상갓집 개'였던 악독한 승려들의 소원을 이루게 해주었다. 그래서 불교와 불교 교단이 어떤 지경에 이르더라도 대중은 참견할 수 있는 말 한마디를 붙일 수 없게 되었다.

오랜 세월 수련을 위해 모였던 승려들의 공동적 노력으로 성립되었던 불교란 큰 건축물이 30인 아귀의 피 묻은 입으로 씹혀버리고 만 것은 아깝고도 아까운 일이었다. 때를 만난 불법을 팔아넘긴 승려들이 권력을 좇아가는 대로 시들고 좀이 슬어 죽는 것은 불법이었다. 이 무리의 소굴이 점차 늘어가는 것과 비례해서 불교계의 재산과 승려와 신도들은 그대로 분산되고 소실되었다.

관권의 비호에서 나쁜 기회를 얻게 된 추한 무리들은 당국의 몇몇 관리들과 결탁하면서 어떠한 비행도 마음 놓고 자행할 수 있게 되었다. 이런 의미로 보아 소위 사찰령이란 것은 마치 추락하는 물건에다가 걷어차는 힘을 더한 것처럼 조선 불교의 종말을 재촉하는 것이 되었다.

만일 이 법령을 제정하던 처음 의도가 조선 불교의 보호에 있다고 하더라도 입법한 후의 실제는 너무도 참혹한 실패를 보았다고 할 것이다. 미친놈에게 칼을 맡긴 상황에서 현재 실시되고 있는 사찰령은 아무리 생각하여도 감복하기 어려운 악법이다.

10

악법이 낳은 추악한 권한이 지주의 지위를 얻은 자에게는 일시적으로 배부름을 주었다. 그러나 먹이를 찾는 아귀는 단지 30명의 늙은 중에 그치는 것이 아니다. 이에 다툼과 야합이 생겼다. 서로 거짓을 꾸며 남을 어려움에 빠지게 했다. 그리고 밤마다 뇌물을 보내면서 다니게까지 되었다. 이른바 교제와 운동은 그 비용을 요구하게 된 것이다. 따라서 불교 재산의 부정(不淨)한 낭비와 불교 유물의 불법적인 매매가 공공연한 비밀이 되었다.

조작한 이력서 한 장이면 무자격자라도 지주나 무엇이 될 수 있다. 그 실제 사례가 전등사(傳燈寺)로부터 시작되었다. 이제는 이를 당연한 일로 여기고 있다. 나쁜 관리의 지시 아래 여러 가지 비위가 기탄없이 행해지고 있다. 부처의 사리, 선종의 6조(六祖),[19] 모든 경전, 역대 사조(祖師)보다 신성한 것은 당국의 한두 관리의 환심이었다. 이를 얻는 것이 중요했다. 이러한 방법이 통하면 이른바 권리의 획득과 유지가 정말로 마음먹은 대로 되지 않는 것도 없었다.

천 년 동안 상승했던 불교가 이렇게 기울어지고 있다. 수많은 승려의 치열한 논의가 물 끓 듯해도 관리와 줄을 대고 있으면 전혀 문제될 게 없다. 그들의 지위와 이를 근거로 한 나쁜 행동에도 불구하고 편안하기가 단단한 바위와 같았다. 유신 운동이 일어나거나 가사 대신 자신의 의견을 주장하기 위해 북을 짊어지더라도, 이 모든 것에 관해 그들은 다만 코웃음 치고 말았다.

법(法)을 위한 진정한 우려 때문에 애가 끊기는 많은 신도들이 있다. 그리고 이들 신도들이 참혹하게 잘라지고 끊어진 창자를 잇듯이 불교의 회복을 위해 수많은 고심과 노력을 시도하고 있다. 하지만 악법과 나쁜 무리가 함께 동반하기 때문에 우바리[20]의 계율을 지키는 힘과 부루나[21]의 설교의 힘도 분명 헛된 일일 수밖에 없었다.

---

19 중국의 혜능(慧能)을 시조로 삼아 그의 선법(禪法)을 계승한 덕이 높은 승려를 말한다.

20 우바리(優婆離)는 석가모니의 십대 제자 가운데 한 사람인 '우팔리'를 말한다.

21 부루나(富樓那)는 부처의 10대 제자 가운데 한 사람으로 설법을 통해 9만

이래 보아도 아니 되고 저래 보아도 쓸데없는 상황이다. 맑고 깨끗한 승려가 점차 종문(宗門)의 수호함에서 손을 떼고 산문(山門)으로 물러났다. 불조(佛祖)의 공간은 더욱 살쾡이의 소굴이 되어 버렸다. 더럽고 추한 다툼이 날로 심해지고 계속되는 귀축도(鬼畜道)[22]의 모습을 드러내었다.

11

대악(大惡)은 언제든지 소악(小惡)을 감추어 버린다. 일산(一山), 일문(一門)의 기강을 잡겠다는 사람의 수행이 그다지 큰 효과를 거두지 못했다. 그러는 동안에 산문 내부에서 꼼지락하는 적은 숫자의 승려는 계율을 파괴하고 정욕(情欲)을 좇아간다. 그리고 이러한 방면으로 타락과 경쟁을 감행하고 있다. 수도를 하는 건물이 축첩(蓄妾)의 공간이 되고 경행(經行)의 장(場)이 닭과 돼지를 키우는 공간으로 변했는데도 오히려 일상적인 일로 여겨졌다.

참된 승려와 그 제자가 그림자를 감추고 관리들이 활개치고 있다. 그 바람에 불교계의 귀중한 보물이 바람처럼 흩어지게 되었다. 조주다(趙州茶)[23]의 찻그릇이 쓰레기통으로 들어가는 때에 반야탕(般若湯)[24]의 술잔이 불탁 밑을 차지하게 되었다. 절의 현판과 술집의 간판이 함께 하는 동안에 경궤(經櫃)는 돈궤가 되고 선장(禪杖)은 부지깽이가 되었다.

해동(海東)의 불종전(佛種田)[25]이라는 지리산 여러 절에도 아기를

9000명을 열반에 들도록 해서 설법 제일이라 불린다.
22 아귀와 축생(畜生)을 아울러 이르는 말로, 야만적이고 잔인한 상황을 말한다.
23 국 선종을 이끈 조주(趙州)의 일화에서 나온 말이다. 도를 묻고자 온 승려에 마주해서 조주는, 처음 온 스님에게도 전에 왔던 승려에게도 왜 그렇게 답했냐고 묻는 승려에게도 모두 "차 한잔하게"라고 했던 일화에서 나왔다.
24 절에서 술을 이르는 말이다.
25 부처가 되기 위한 소질을 기를 수 있는 곳 즉 도량을 말한다.

덮는 이불이 널리지 아니한 곳이 도리어 이상하다고 여겨질 지경이다. 경정을 외우는 소리와 죽비 소리가 사라져 진리를 추구하는 빛은 찾아 볼 수 없게 되었다. 그러니 다른 상황은 충분히 미루어 짐작할 수 있다. 역사로나 주변 경관으로나 도저히 없어질 수 없는 유명한 사찰이 재정이 부족해서 집과 터를 아울러 없어지게 만들었다. 그리고 소중한 탑과 경전과 건물이 사라지고 말았다. 그래서 다시 돌아볼 수 없음을 볼 때, 아닌 게 아니라 그 철저한 타락을 애석하게 여기지 않을 수 없다.

진실로 뇌물과 술자리와 마등가(摩登伽)[26]에게 들어가는 작은 비용만 가져도 불교계를 위해 넉넉한 일이 있다. 하지만 이를 위해 마음을 기울이거나 노력할 생각조차 않는다. 그러니 괘씸히 여기지 않을 수가 없지 않은가? 긴요하지 않은 응접실 치레와 급하지 않은 사무소 치장만 거의 경쟁적으로 행하고 있다. 그것이 또한 허영심의 발로임을 알고 나서는 연민뿐만 아니라 증오의 정조차 생김이 당연치 않은가? 이리하여 승려다운 승려와 절다운 절이 구름 속으로 사라져 버리고 말았다.

12

저 해인사(海印寺)를 중심으로 한 수 년 동안의 풍파와 위봉사(威鳳寺)를 중심으로 한 최근의 갈등을 보자. 그들의 추악한 행위가 아직도 우리의 망막에 남아 있다. 특히 위봉사 문제로 말하면 마지막 남은 불상까지를 팔아 버렸다. 불교가 들어온 이래 처음 있는 변괴요, 변호할 여지가 없는 일이다.

관할하는 곳으로부터 어떤 조처가 없을지라도 진실로 회의의 기

---

26 고대 인도의 사성(四姓) 가운데 가장 낮은 계급인 수타라(首陀羅) 밑에 위치하는 최하위 천민을 말하며, 본문에서는 관리에 대한 대접을 말한다.

관이 있는 이상에는 규정에 따른 징계가 없어서는 안 된다. 이미 당국으로부터 마땅한 조치를 취하고자 했다. 그런데 이른바 절의 이사(理事)란 자들이 조치를 회수하거나 취소하라는 운동을 벌였다. 아무리 생계 문제와 겁을 내서 한 맹동이라 하여도 너무 몰염 치하고 정의롭지 못하며, 몰상식함에 놀라지 않을 수 없었다.

학무국장 내지 종교과장의 조선인 임용이 얼마나 특수한 성적을 보일지는 아직 의문이다. 불법(不法)한 지주의 임용을 취소하고 다른 불교계 정화의 수단을 시행하려 함은 좋은 일이라고 생각한 다. 더욱이 비록 악법이지만 이를 잘 활용하면 칭찬을 받을 수 있 는 사안이 된다. 진실로 작은 일까지 엄정하고 올바르게 진행되어 야 한다. 나아가 돕지는 못할지언정 뒤에서 삼가는 마음으로 그 결 과를 기대해야 한다.

그러나 저 나쁜 승려 무리의 어리석은 행동이 거듭되고 있다. 이 러한 문제 이후 그들의 행동이 바야흐로 전례없는 비위로 추한 모 습을 크게 드러내고 있다. 이러함은 진실로 딱하다 못하여 불쌍한 일이라 하겠다.

13

들출수록 냄새나는 상처를 건드릴 이유는 무엇 때문인가? 지금 까지도 그들의 미몽과 악업이 얼마나 거듭되고 있는지를 살피기 위해 최근 독하게 우리 코를 찌른 큰 냄새를 한두 가지 더 적어 보 겠다. 몹시도 무심하던 감독관청도 워낙 이들의 행동을 보다 못했 는지 요새 나쁜 승려 무리에 대한 조치를 상당히 엄정하게 하는 경 향이 있다.

드러난 잘못이 심한 사람은 결연하게 지주의 지위에서 파면되었 다. 믿음과 행동이 아름답지 못한 자에게는 신임(新任)의 청원을 받 지 않는다고 한다. 견고한 얼음이 그들 앞을 가로막고 있는지 모르겠지만 그들은 저절로 두려워하게 되었다.

십여 년간의 권리욕을 채워 줬던 절에 관련된 된 법이 이제 창끝을 돌려 도리어 그들의 허점을 공격하고 있다. 그러니 그들은 놀라고 쩔쩔매는 것이 극에 달할 수밖에 없었다. 이렇게 불교계를 정화하려는 법의 시행이 불교계를 제대로 돌리기 위한 것으로 천만 번 요긴한 일이라고 할 수 있다.

그들은 법을 통해 얻을 수 있는 공적 이로움을 사욕에 해가 된다고 여겼다. 그래서 그들은 법을 무시하고 그들의 사사로운 이익을 보존한 나쁜 통로를 찾기에 눈이 뻘게졌다. 어리석은 꾀는 우스운 꼴로 드러났다. 돈을 들여 경찰서의 주구가 되어서 지위를 보전하려는 자도, 대의사(代議士)를 뇌물로 회유해서 불법(不法)한 지위를 얻으려는 자도 생겼다. 물론 그 비용은 모두 다 사찰의 재산을 몰래 빼돌린 것이다.

14

개인 개인이 구멍도 뚫으려고 하고 있다. 그리고 전체로서 스스로 지켜야 하는 것이 필요하겠다고 생각했다. 그래서 그들은 다시 하나의 교묘한 술책을 생각해냈다. 그들은 잘 모르는 현장의 감독 관리를 견제하기 위해 좀 큰 세력에게 빌붙고자 한 것이다. 무엇보다 먼저 생각해 낸 일이 함께 해악을 행하는 것을 호조건으로 아는 이완용을 내세워서 자기의 후원을 삼는 동시에 감독관에게 대한 압력을 행하는 것이었다.

이 목적을 위해 우선 용주사(龍珠寺) 중심의 삼각 동맹이 성립되었고 여러 가지 교묘한 속임수로 바꿔치기가 나왔다. 그중에도 우습게 불쌍한 일은 최근 서울에서 소집했던 31본산(本山)의 회의이다. 이는 실로 그들의 학무당국 견제운동의 제일보로서 이완용 대보살의 보호 아래 철저하게 비불교적 간계를 수행하려 한 음모이다.

본산 회의에서 논의했던 사법 개정(寺法改正) 연구란 회의 안건은 사실상 대처 파계(帶妻破戒)한 승려를 지주의 직에 임명하지 못한다는 현행 법령을 고치고자 함이다. 그래서 비록 파계한 사람이라도 지주의 권리를 얻고자 함이 그 비밀스러운 내막이었다. 얼른 말하면 조선 불교가 법령으로써 그가 지켜야 할 계율을 떼어 버리자는 담대한 계획이다. 아! 실제로 조선 불교에서 삼학사제(三學四諦),[27] 칠각지(七覺支),[28] 팔성도(八聖道),[29] 36조도품(助道品)[30]이 없어진 지도 벌써 오래되었다고 할 수 있다. 따라서 이러한 부당한 사실을 하나쯤 제창하였다고 큰 괴변이 아닐는지도 모르겠다.

전불교·통불교의 근본 의지는 실로 계율을 지키겠다는 한 가지 점에 있다. 더욱이 무불세계(無佛世界)의 불(佛)은 실로 계율 그것이라 할 수 있다. 가장 존경받아야 할 계율은 출가(出家)를 가장 크게 표현하는 혈연으로부터의 초월이다. 그런데 그들은 이를 모두 파괴하고 사찰을 그들이 살림살이하는 곳으로 만들려고 하고 있다. 이것은 과연 불교 자체의 근본적 파멸이라 하겠다. 이러한 움직임이 불교도 자신이 계획했다고 하니 막혔던 기가 도리어 터질 지경이다.

설계자에게는 불행이라 할 만큼 이번의 회의는 법적 양심 있는 몇몇 본산의 불찬성으로 인하여 수포로 돌아갔다. 하지만 저들 무리의 은혜를 모르는 나쁜 궁리가 장차 어떤 추한 행태를 드러낼지 모르는 형편이니 참 기막힌 일이다.

우선 조만간 도쿄에서 열리는 동아 불교 대회를 위해 이른바 대

---

27 삼학(三學)은 불교 수행의 기본 덕목인 계율(戒律), 선정(禪定), 지혜를 말한다. 그리고 사제(四諦)는 네 가지 진리로 고제(苦諦), 집제(集諦), 멸제(滅諦), 도제(道諦)를 말한다.
28 깨달음을 얻기 위해 필요한 7가지 사항 혹은 7가지 수행을 말한다.
29 깨달음과 열반에 이르는 올바른 여덟 가지 방법을 말한다.
30 불교의 기본 수행 방법으로 깨달음을 얻기 위해 수행하는 방법을 말한다.

표란 것을 보내기로 해서 이미 출발까지 한 그것도 사실상 이러한 조직적 간계의 일부이다. 그 대표 선정의 이면과 대표 파견의 진상이 얼마나 기괴스러웠는지는 아는 사람이 못내 한심스러워 하는 바이다.

15

불교계의 혼탁함은 지금 와서 극에 달했다. 예전에는 한 옆으로 타락을 하여도 다른 한옆으로 불법을 지키는 힘도 있었기 때문에 그런 대로 정력적 존재를 지켜 이어 왔다. 하지만 엄격한 규율과 이를 지키는 승려의 씨도 없어진 요즈음의 형세는 자칫 한걸음만 잘못 디디면 그만 나락가(奈落迦)[31]일 위험에 처해있다.

그런데 이러한 형세를 만들고 조장하는 데 가장 큰 편의를 준 것은 이른바 사찰령 그것이었다. 사찰 살림을 깨뜨리고 주지의 독재권을 허락한 사찰령이 오랫동안 걸리적 거리던 권리마(權利魔)에게 큰 기쁨을 주었다. 1,500년 동안 이어져서 크게 발전했으며 계속 이어져 끊어지지 않던 법운(法運)과 법맥(法脈)은 엷어지고 끊어지게 되었다. 이러한 때를 만나 비탄과 통곡을 하지 않을 수 없다.

이익에 밝고 권력을 추구하는 것은 불법의 입장에서 보면 독이 발린 칼과 같다. 이것을 끼고 놓지 못하던 조선의 불교가 분명히 그 칼날에 엎어져 어찌 할 수 없는 지경에 빠지게 되었다. 속인의 눈이나 불교도의 눈으로 볼 때 이미 진정한 불법과 불교는 조선에서 없어진 지 상당히 오래되었다. 그리고 파순(波旬)[32]의 심사(心事)도 불조(佛祖)의 가면 아래 행해지고 있다. 따라서 모욕이 불교계에 돌아오고 있으니 이 점이 뼈가 저리게 아픈 일이다.

---

31 나락과 같은 말로, 악업을 지은 사람이 떨어져서 사는 곳을 말한다.
32 불교 수행을 방해하는 마왕을 말한다.

그보다도 불력(佛力)으로 닦아 놓은 터와 불법 때문에 모인 재물과 불사(佛事)라 하여 얻는 편익이 아무런 기여도 하지 않은 비불도(非佛徒)와 비불행(非佛行)에 의해 줄어들고 사라지게 됨에는 울어도 어떻게 울어야 옳을지 모르겠다. 아! 말 못하고 있는 불교, 그대로 두지 못할 불교를 장차 어찌하면 옳을까.

무엇보다도 불교도 자신의 내적 각성과 그로써 유출(流出)하는 바른 정진(精進)이 필요하다. 그러나 미친놈에게 바른 마음을 기대치 못하겠으니 이를 어찌할까. 그렇다고 우리 자신의 비위(非違)를 남의 법령으로써 교정할 수 있는 것도 아니다. 따라서 이를 다시 어찌할까.

불교여, 불교여! 세계는 불교를 찾거늘 어찌하여 불교, 아니 그 교도 특히 조선의 그이는 세계를 등지려고만 하는가.

대각심(大覺心)으로 돌아갑시다*
– 병인(1926년) 새해 초에 새로이 감성(感省)할 일

1

조선이 가진 많지 않은 세계적 자랑 가운데 저 해인사가 소유하고 있는 대장경판 13만 장이 가장 생색나는 것입니다. 줄잡아도 육천만 이상의 글자, 글자마다 주의하고 한획 한획 정성을 다했습니다. 처음부터 끝까지가 구슬을 꿴 듯, 물적(物的) 아름다움만 하더라도 이것은 인간이 만든 하나의 큰 경이로움이 아닐 수 없습니다.

하물며 그 내용과 그 꾸밈과 또 그 내력과 배경의 어느 것 하나가 사람의 심력(心力)의 가장 숭엄한 표현 아닌 것이 없습니다. 사실상 인류가 지닌 성성(聖性)이 특별히 조선인의 마음과 손을 빌어서 한번 번듯하게 발현된 것으로 볼 수 있습니다. 그래서 이것은 고려 한 왕조나 문종 혹은 고종이라는 하나의 왕대의 사업이 아니라, 실로 그 이전과 이후를 통해 드러난 멀고 오래된 조선심(朝鮮心)의 표상입니다. 따라서 우리가 가장 우러러 볼 수 있는 대상입니다.

---

* 이 글은 1926년 1월 『불교』 제19호에 실렸다. 대각심(大覺心)은 대각 국사(國師) 의천(義天)의 마음을 말한다.

2

이렇게 해인사의 경판은 조선인에게 마음의 전당으로 전민족적, 초시간적인 의의와 가치를 가지고 있습니다. 그만큼 불교 및 불교도에게 소중하고 매우 남다를 것임은 두 말이 필요하지 않습니다. 불교가 들어온 지 1,500년 동안 부처님에게 빌어 원하는 바를 이루려는 의지를 반영한 것이 전불교적 최고 경전 자료의 의의를 지닌 고려 대장경의 완전한 성립입니다. 이 점은 아마 누구든지 부정하지 못할 공론(公論)일 것입니다.

어찌 생각하면 조선, 조선인 및 조선 불교도에게서 불교 전체를 빼앗는 것은 참을 수 있을지도 모르겠습니다. 하지만 불교는 그대로 두고 거기서 이 고려 대장경 하나만을 빼앗는다 함은 무엇보다도 참고 견디지 못할 일입니다. 왜냐하면 조선 불교로 하여금 누구에게든지 또 언제든지 만만치 않다는 생각을 가지는 까닭이 오직 이것이 있을 따름입니다.

자장[1]이 불법을 세상에 널리 퍼트린 것, 원효(元曉)의 불교 교리에 관해 해석, 진표[2]의 불교 계율에 관한 설명, 지눌[3] 보조(普照)의 선정(禪定)[4]이 모두 다 갸륵한 것입니다. 하지만 대개 구체적인 실물을 볼 수 있는 것이 아니요, 또 약간 있는 것도 다 없어지다시피 했습니다. 하지만 고려 대장경 하나만은 그때 조성(造成)된 그대로, 멀

---

1 자장(慈藏; 590~658)은 신라의 승려로, 통도사(通度寺)를 창건하고 금강 계단(金剛戒壇)을 세우는 등 전국 각처에 10여 개의 사찰을 건립했다. 저서로는 『사분율갈마사기(四分律羯磨私記)』, 『십송률목차기(十誦律目次記)』 등이 있다.
2 진표(眞表; ?~?)는 신라 중기의 승려로, 금산사를 큰 절로 발전시켰고, 불교의 대중화에 기여했다.
3 지눌(知訥; 1158~1210)은 고려 중기의 승려로서 선종(禪宗)의 중흥조로, 선과 교에 집착하지 않고 깨달음의 본질을 모색했다. 본문에는 그의 호인 보조(普照)로 표현되었다.
4 불교의 수련 방식으로서 한마음으로 사물을 생각하여 마음이 하나의 경지에 이르러 흐트러짐이 없음을 말한다.

고 오래된 모습 그대로 조선 불교의 영광을 혼자 짊어지고 있지 않습니까.

3

해인사 대장경판의 가치를 상식적으로 살펴보면 다음과 같습니다. 첫째, 전불교적 최대 집성(集成)이란 실체를 가졌음이요 둘째, 세계적 최고 전칙(典則)이라는 이상을 나타내었음이라 할 것입니다. 그것이 가장 완전하고 가장 가치있다고 생각하여 그 소원을 이룬 것이 대장경판입니다. 조선인의 마음으로 생각하고 손으로 이룩해서 이 방면에 있어서 가장 최고의 존재 노릇을 하는 것이 이 대장경판입니다. 가장 겸손한 뜻으로 하더라도 누구나 서슴지 않고 세계 제일로 내세울 수 있는 것은 바로 이 대장경판이 있기 때문입니다.

요나라니, 송나라니, 일본이니, 어디니 무엇이니 하여 얼른 말하면 그때까지의 모든 것을 모아 완전한 의미에서의 대장경을 조성하고자 했습니다. 전세계, 전인간적 지력(智力)을 모두 모아 총람하고 탁월하게 초일체적, 독존적 대가치를 조성하리라고 마음을 먹었습니다. 이렇게 생각했을 뿐만 아니라 실행되기도 했습니다. 게다가 한 번 뿐이냐 하면 두 번이고 세 번이고 계속되었습니다. 게다가 뒤에 조성된 사업은 이전보다 더 큰 원력을 발휘했습니다. 그러니 고려 대장경을 조성한 일은 얼마나 경탄할 일대 사건이 아니겠습니까? 그래서 우리는 가끔 '조선의 불교는 대장경판의 불교'라고 말하고 싶습니다.

4

온갖 문화적 산물은 사회적이며 역사적인 것입니다. 그것이 위대한 내용 또는 실체를 가진 것일 때 더욱 그렇습니다. 대장경판의 조성은 모집으로, 교정으로, 편찬으로, 설비로, 서사(書寫)로, 조각으로, 장정(裝釘)으로, 보관으로, 거기 소요된 인원과 노력과 시한(時限)이 실로 예측할 수 없이 큰일입니다. 그런데 어떠한 문화적 생성(生成)이든지 그것의 특수한 존립을 완성함에는 반드시 그 토대를 만드는 중심인물이 있어야 합니다.

우리 대장경판 같은 것도 크게 말하면 구원(久遠)한 조선일심(一心)의 발현이라 할 수 있습니다. 작게 말해도 고려 일대(一代) 대중 신앙의 결정입니다. 그런데 이러한 심원이 완전한 발육을 마치고 본질과 현상을 모두 갖춤에는 그 구상자, 대표자로 뽑힌 일대(一大) 위인이 있었습니다. 그를 중심으로 모든 것이 엉기어 들고, 그를 기점으로 하여 모든 것이 펴져 나가게 한 핵심적인 인물이 있습니다.

역사적 마음과 사회적 힘을 끌어다가 대장경판이란 것으로 뭉쳐 내놓은 인물이 있었습니다. 일상적으로 말하면 이 사업을 이끌어 간 위인이 있었습니다. 이 사업이 위대할수록 그 공적이 더욱 빛나고, 그 가치가 구원할수록 이에 대한 존경과 경모가 더욱 대단할 위인이 분명히 있었습니다. 고려 시대 문종의 왕자인 우세승통대각국사(祐世僧統大覺國師) 의천(義天)이 바로 그 사람입니다.

5

의천은 진실로 일대(一代)의 위인이었습니다. 그가 왕가(王家)의 부귀를 헌 신발처럼 내어버리고 몸을 부처의 무리에 붙일 때 이미 조선 불교 속으로 잉태되어 나오던 일대(一大) 성스러운 경전 편찬을 기어코 그의 손끝에서 이루고자 작정했습니다. 애초부터 괴고 괸 조선 불교란 술을 만들기 위해 그 맑고 향기로운 맛을 걸러지기 위해 내세운 것이 의천이라는 용수[5]였습니다. 곧 그는 위대한 사명의 책임자인 동시에 또 어려움을 이겨낸 사람이었습니다. 오로지 이러한 성직(聖職)을 가졌다고 자각한 그는 그 밖의 모든 것을 돌아보지 않았습니다.

어떤 희생을 치루더라도 석가모니의 부탁을 저버릴 수 없다고 생각했습니다. 그래서 즐겨 큰 바다를 가로타는 도망꾼이 되었으며 이역에 떠도는 거렁뱅이가 되기도 했습니다. 어려움을 겪지 않은 적이 없었으며 시련을 치르지 않은 적이 없었습니다. 이렇게 10여 년의 고심과 노력으로써 성립시킨 것이 불교 초유(初有)의 세계적 결집이라 할 『의천속장(義天續藏)』까지 넣은 고려 대장경 그것입니다.

6

원래 고려 시대에 있어서의 장경 각판 사업은 현종대의 전각(前刻)부터 고종대의 후각(後刻)까지 무릇 240여 년의 계속적 노력과 연결된 것입니다. 여러 왕대를 거치면서 여러 번 고쳐졌고 병란도 여러 번 입었고 무서운 파란을 많이 겪었습니다. 흩어지면 모으고 타면 다시 만들어서, 오랜 기간에 걸쳐 전국적 불굴의 의지로 세계에서 상대할 수 없는 불교의 보물이 비로소 성립된 것입니다.

그런데 이 240년간 가장 중요한 순간의 전후(前後)를 총람한 이가 실로 의천 그 사람입니다. 또 고려 대장경 가운데서도 가장 아름답고 빛나는 것이 실로 『의천속장』 그것입니다. 어떠한 의미에 있어서는 아소카 왕 이상의 경전을 수집한 공적을 불교에 끼친 이가 우리 대각국사 의천이라고 할 수도 있습니다.

그의 뛰어남은 다만 고려 대장경 또는 고려 내지 전체 조선의 불교에서의 불후의 사업이 아닙니다. 실로 불교 그것과 함께 영원한 영광을 누릴 것입니다. 조선에서 고금을 초월하고 세계를 함께 아

5 싸리나 대나무로 만든 둥글고 긴 통으로 술이나 장을 거르는 데 쓰는 기구이다.

우른 큰일이 생겼습니다. 의천이 장경을 모아 집성한 것이 그것입니다.

7

고려 대장경의 결실자인 의천은 이렇게 조선의 불교를 전체적으로 대표할 위업을 남긴 위인입니다. 이는 실로 조선 불교의 정화이며, 조선 불교의 대표이며, 조선 불교의 보배로운 탑입니다. 조선의 불교도는 언제든지 마르지 않는 생명의 원천을 여기서 기를 것이며 시들지 아니하는 용기의 새싹을 여기서 접할 것입니다. 이것을 중심으로 하며, 이것을 표준으로 하며, 이것을 모범으로 하여 정신을 가다듬고 기력을 진작할 것입니다. 그리하여 앞 시대에서 덧붙일 것이 없으며 후대에도 넉넉할 불교 신도이기를 기약할 것입니다.

그런데 지금까지 조선 불교도의 고려 대장경 및 그 은인인 의천에 대해 행해야 할 존경의 마음과 행동은 과연 어떠했습니까? 교장도감(敎藏都監)이 앉았던 흥왕사(興王寺)는 없어졌으니까 그만두고, 없어지고 잃어버린 경판은 어찌할 수 없다고 할 수 있습니다. 하지만 의천의 길러주신 은혜와 넓게 세워주신 공로를 경모하는 무슨 표적이 있습니까? 그 영상(影像) 하나를 모신 데가 있습니까? 그 남겨진 자취 하나를 보존한 데가 있습니까? 지금까지 그 은혜를 입고 있으며 그 남겨진 사업으로 볼 만한 고종 대장경을 소장한 해인사에서 그를 추모하는 무슨 사업이 있습니까? 또 선암사(仙岩寺)의 대각암이 지금 황량한 꼴로 있지 않습니까?

의천 국사가 중국 유학을 했던 곳 가운데 유일한 성지로 중국 항저우(杭州)의 고려사가 약간 보존되고 있습니다. 이를 크게 드러내어 보호하겠다고 한 해외의 의뢰가 한두 번에 그치지 않았습니다. 하지만 여기 대하여 조그만 정성도 드러내어 보이지 않았습니다.

후세의 불교도가 큰 은인인 의천을 소홀히 대함이 크게 심하다 하겠습니다. 이 어른을 이렇게 대하는데도 불교가 잘될 턱이 있을 수 있으리까.

8

은혜를 알고 보답하는 것은 불교에 있어서 최대 최고의 논리적 덕목입니다. 삼보(三寶)의 은(恩)은 4가지 은혜 중에서도 가장 귀중한 것입니다. 부처가 이미 세상에 없으시고 스님이 반드시 선지식(善知識)을 제시하지 않을 때에도 항상 세상에 있으면서 변치 않은 큰 혜택을 주는 것은 법보(法寶)입니다.

불문(佛門)의 법보는 고려 대장경으로써 조종(朝宗)을 삼으며, 고려 대장경의 성립은 의천으로 인해 비롯되었습니다. 이는 불교계와 조선뿐만 아니라, 실로 전세계적, 전인류적 성과입니다. 의천은 다시없는 은인이자 위인입니다. 지상에 불법이 있기까지 이 은광(恩光)은 영원히 새로울 것입니다. 인류 특히 불자(佛者), 또 특히 조선 불교도가 양심이 있다면 그 큰 은혜와 지극한 덕에 대한 보답의 정성을 항상 피력해야 할 것입니다.

조선 불교가 쇠퇴하고 미약하게 된 원인에 관해 이렇다 저렇다 많은 말을 합니다. 하지만 우리는 의천을 잊어버리고 푸대접한 것이 그 주된 원인이라고 부르짖고 싶습니다. 의천 같으신 이와 그를 통해 이루어진 불교 경전의 집성이란 망극한 은덕까지를 잊어버릴 때, 이들에게 다시 무슨 보리심(깨달음을 얻겠다는 마음)이 남이 있겠습니까? 국사를 잊어버림이 직접적으로 불교를 쇠퇴하게 만들지는 않겠지만 국사까지를 잊어버리게 한 마음이 곧 불교를 거꾸러뜨린 마음인 것은 의심할 수 없는 일입니다.

9

이제 여러 스님들은 조선 불교의 진흥을 표방하고 나섰습니다. 그리한 지 십 수년 되었습니다. 떠들기도 꽤 떠들었고 돈도 퍽 내어 버렸습니다. 그래서 절 자체의 뿌리가 흔들리고, 스님 그들끼리 얻어먹고 지냈으며, 거처조차 이럭저럭 없어져 버렸습니다. 그런데 그렇게 하고 된 것, 남긴 것은 무엇입니까?

무엇이 불교의 명맥을 위해 보탬이 되었으며, 무엇이 불법의 권위를 위해 보탬이 되었습니까? 베지 못하게 금지된 천년된 나무를 팔아서 유리창이나 만들고, 주장자(拄杖子)[6] · 금강저(金剛杵)[7]를 내동댕이치고 자동차 궁둥이에 매달려 다니는 그것이 어떤 면에서 불교 진흥의 인연이 되었습니까?

오늘은 조선인 전체가 안으로 반성하고 스스로 구할 때입니다. 더욱 불교도는 피로써 참회하고 스스로 몸을 새롭게 하도록 애써야 할 때입니다. 시세의 변동에 말미암은 사회적 구속이 없어짐을 자만하고 오해해서는 안 됩니다. 스스로 돕고 나아가는 기연을 만들지는 않고 마치 방종하거나 조심하지 않을 시절이 온 줄로 아는 불교도가 있습니다. 어느 의미로든지 못내 한심스러운 일입니다.

지금 와서는 불교의 비불심(非佛心) · 비불행(非佛行)을 국법과 세론(世論)으로 제재하지는 않게 되었습니다. 그렇다고 하더라도 불(佛)의 위신과 불의 계율에 걸리는 사안은 근본적으로 막아서 못하게 할 방향조차 없어진 것은 아닙니다. 외부적 억제함이 없어진 것은 도리어 그만한 자력적 수행의 동기 유발이 됩니다.

바깥의 도움을 요즘처럼 찾는 때도 없으려니와 스스로 수행함을 요즘처럼 내버린 때도 없습니다. 이렇게 되면 양 극단으로부터 도

---

6 승려들이 좌선할 때나 설법할 때에 가지는 지팡이를 말한다.
7 불교 의식에 사용하는 불교 도구의 하나로, 마음의 번뇌를 없애주는 상징적 의미로 사용된다.

리에 맞지 않는 생각이 생겨납니다. 그렇게 되면 반드시 오늘날의 불교가 어찌할 수 없는 비운을 초래하게 될 따름입니다.

스님들이여, 그만 돌아서야 합니다. 돌아섭시다. 그만 미혹도 떼고 업(業)도 짓지 말고, 할 수 있는 대로 고통스러운 업보를 부르지 않게 해 봅시다. 큰일이 난 지도 오래되었지만 다시는 더 할 필요가 없게 만들도록 이제 힘좀 써 봅시다. 참으로 불교 진흥에 대한 새로운 각성이 필요할 때가 되었습니다.

10

어떻게 불교를 진흥할까? 큰 문제입니다. 그러나 단순한 문제입니다. 불자로서 당연히 가졌어야 할, 또 굳세어야 할 보리심의 진흥이 곧 불교의 진흥일 것입니다. 진실한 보리심·금강심만 있다면 온갖 불교 진흥의 세부적인 목표는 저절로 다 성취될 것입니다.

헤쳐 버리고, 쓸어 내고, 쫓고 또 쫓아도 가지 아니하던 어둠이 있습니다. 하지만 밝은 빛이 오기만 하면 어두운 것이 없어질 것입니다. 보리심의 촛불만 켜면 온갖 세속적 번뇌와 정념적(情念的) 미혹은 금방 다 사라질 것입니다. 이때까지 불법을 어지럽혔던 것이 어떠했는지도 깨닫게 될 것입니다. 이로부터 불법을 어떻게 수호할 것이며 널리 퍼트릴 것인가도 생각날 것입니다.

그러나 우매한 우리가 이 보리심을 스스로 진작한다는 것은 본래부터 쉬운 일이 아닙니다. 어떤 마음의 지주를 얻지 않고서는 쉽게 기대할 수 없는 일입니다. 이에 관해 우리는 조선 불교도의 회심(回心)을 위한 기연으로 의천에게 돌아가라는 소리를 부르짖고 싶습니다.

대각 국사 의천에게 돌아갑시다. 의천의 마음을 내 마음으로 하고 의천의 원해(願海)[8]에 몸을 던져야 합니다. 그래서 그가 이미 이룬, 세상 구한 일을 더욱 빛나게 하고 그가 마치지 못한 일을 기어

이 완성하겠다는 마음을 가다듬어야 합니다.

11

의천은 불법을 위해 왕자의 영화를 버렸습니다. 깊은 궁의 귀한 몸으로 불법을 위해 삶과 죽음을 거친 바다에 내어맡겼습니다. 불법을 통해 세계를 정복하고 세계를 밝게 하리라 마음먹었습니다. 마침내 그 원하는 대로 성취한 뒤에 그만두었습니다. 그러한 결과로 조선은 법계(法界) 최대의 보물인 대장경을 가지게 되었습니다.

불교가 불법 최고의 아름다운 성과물을 가지게 되었습니다. 세계가 경전으로 된 상적광토(常寂光土)[9]의 설계도를 가지게 되었습니다. 원효의 별당(別堂), 보조의 산정(山亭)이 모두 다 특수한 정취를 전불교(全佛敎)의 범위 내에 더하였음이 물론입니다. 하지만 넓고 넓은 천만 칸을 일대 성곽으로써 불교계 전체 경전을 모두 모아서 만든 대역량·대범위는 오직 우리 대각 국사 의천의 경전 편찬과 집성에서만 볼 수 있는 일입니다.

대강 헤아려 조선 불교만 말해도, 가장 큰 원력의 발휘, 가장 큰 윤곽의 작성자는 진실로 대각 국사입니다. 조선인 가운데서 이만큼 큰마음을 가지고, 가진 만큼을 실현까지 한 이는 오직 국사가 있을 뿐입니다. 진정한 의미에서 중생을 위해 마음을 크게 쓴 이는 의천 그 사람이라고 할 것입니다.

12

이제는 조선의 불교가 이미 사활의 벽두에 섰습니다. 부숴 버리거나 일으켜 세움이 참으로 지금 결판나게 되었습니다. 그런데 이

---

8 부처나 보살이 중생을 구제하고자 해서 세운 뜻을 넓고 깊은 바다에 비유한 말이다.
9 부처가 머무는 진리의 세계 또는 깨달음의 세계를 말한다.

를 일으켜 세우는 도리는 요약하건대 대각심으로 돌아감에 있습니다. 우리가 대각이 되느냐 아니 되느냐 - 적어도 되려하는가 그렇지 않은가 여부가 곧 조선 불교 성패의 갈림길입니다.

대각 국사와 그 보리심의 구현(具現)인 고려 대장경을 모범으로 하여 우리들이 대각성과 일대 분발을 일으키지 않으면 안 됩니다. 그렇지 않으면 조선의 불교는 과거의 영광을 짊어진 채로 영원한 소멸의 길로 돌아갈 것입니다.

작년은 실로 대각 국사가 일대 용맹심으로써 큰 인연을 위해 죽음을 무릅쓰고 국외로 나가기를 결행하던 고려 선종 을축년(1085)의 14갑자(甲子)[10]입니다. 금년은 바로 세계적인 범위로써 불교계의 큰 성과인 경전 성립에 착수하던 갑자입니다. 일상적으로 말해도 의천과 그가 남긴 업적을 위해 경축하고 찬탄하는 법회가 없을 수 없는 때입니다.

조선의 불교는 대각 국사가 돌아와서 다시 한번 부활을 성취해야 합니다. 또 이를 믿는 우리는 바로 이때 이러한 기념할 해가 온 것을 우연히 맞이한 기연으로 생각해서도 안 됩니다. 단순한 추모를 초월해서 조선 불교 진흥의 일대 신기원을 기획하자는 제의를 하고 싶습니다. 가장 의의 있고 가치 있는 기념 대전 - 물적(物的)·형적(形的)과 함께 심적(心的)·내적(內的)인 내실을 갖추어 의천의 덕을 높이고 신앙심을 크게 할 수 있는 법회를 거행하자고 제의하고 싶습니다.

13

조선의 불교를 갱생해야 합니다. 조선을 위해서 불교를 위해서 나아가 삼계(三界) 중생을 위해서 조선 불교는 다시 새로워짐에 힘

---

10 한 갑자가 60년이니까, 14갑자는 840년을 말한다. 따라서 1925년을 말한다.

써야 합니다. 그러기 위해서는 조선 불교의 사업적 절정을 나타낸
『의천속장』이 쓰였던 올해를 조선 불교의 새로운 출발점으로 삼도
록 합시다.

이날로써 모두 다 각각 새롭게 발의한 보살이 되어서 빛나고 아
름다운 불교의 정신이 우리 교계에 다시 돌아오도록 심력(心力)을
합치도록 합시다. 이를 위한 표적으로 그리고 이 마음을 사업에 나
타내는 의미로 적어도 아래 적은 여러 사항이 불교의 연합 기관 혹
은 대각국사가 인연을 맺은 곳에서 올해 안으로 기필코 실행되기
를 바랍니다.

첫째, 대장회(大藏會) 같은 것을 만들어서 매년 기념일을 제정하
고, 고려 대장경을 중심으로 하는 모든 경전의 연구 및 그 의의를
높이는 의식을 행할 일.

둘째, 대각 국사의 기념일(탄신, 기일, 송나라 간 때, 경전을 간행한 때 등
무슨 날이든지)을 국내 사원이 공통하는 기념일로 하여 반드시 기념
의 법회를 열 일.

셋째, 약간의 비용을 들여 천 년간의 계속 사업으로 현존 고려대
장경을 분배 인쇄하여 적어도 31본산, 국사와 인연을 맺은 곳, 기
타 중요한 곳에 보존하여 대법이 영원히 오래갈 수 있는 토대를 만
들 일.

넷째, 4월 8일(대각국사의 출생일이자 부처 탄신일), 혹 5월 29일(의천이
귀국한 날) 혹 고증할 수 있으면 속장경의 간행일 가운데 하루를 지
정해서 전국적으로 경축 법회를 성대히 거행할 일.

다섯째, 대각 국사가 남긴 글 등 곧 문집 이하『원종문류(圓宗文
類)』,『석원사림(釋苑詞林)』,『속장잔부(續經殘部)』 등을 수집하여 전집
을 편찬 간행할 일.

여섯째, 불교사에서 고려 대장경의 지위를 밝히고 또 알릴 만한

일체의 경장의 역사를 편찬 간행할 일.

- 이상은 일시에 행할 것

14

이는 물론 대각 국사의 위업을 존경하고 경탄하는 것으로 최소한 필요한 일입니다. 또 성심(誠心)만 있으면 현재 교계의 역량으로 넉넉히 할 수 있는 일입니다. 저 자신이 이 제안의 승인 또는 실행되는지를 통해 오늘날 불자들에게 불법에 관해 염려가 있는지 없는지 혹은 허실(虛實) 여부를 판단하려 합니다.

참으로 조선의 불교도가 자각을 통해 불교 진흥을 생각한다면 빈말과 속임수만으로 우물쭈물해서는 안 됩니다. 더러운 싸움과 사람답지 못한 의뢰심에서 떠나지 않으면 안 됩니다. 지금까지의 구정물, 진흙 밭에서 발을 빼고 몸을 솟구쳐 나아가야 합니다. 참으로 불심, 불행(佛行)을 향해 정념정진(正念精進)하지 않으면 안 됩니다.

하루바삐 부처님도 속이지 않고 제 마음도 속이지 않고, "일반 사람과 부처가 진리를 얻는 데 다르지 않다."라는 마음가짐으로 진심을 다하지 않으면 안 됩니다. 그렇게 하기 위해서는 무엇보다도 대각심으로 돌아가야(와야)합니다. 따라서 절묘한 기연으로 병인년의 주갑(週甲)이 온 것을 깊이 염두에 두시길 바라며 새해 벽두인 이날 스님들에게 진심으로 알려드립니다.

묘음관세음(妙音觀世音) *

신앙을 내용적으로 남에게 말할 수 없음에 관해서는 불교가 가장 그러합니다. 마음속으로 증명하느니 스스로 수양한다고 하여 유불(唯佛), 여불(與佛)¹의 경계를 말함이 그것입니다.

신앙처럼 개인적인 것이 없으며 또 찰나적인 것도 없습니다. 이른바 평등일미(平等一味)²라 하고 또 금강불괴라 하는 것도 아마도 개인적·찰나적 전제 아래서 말하는 것 아닌가 합니다. 신앙 자체야 아무래도 상적부동(常寂不動)³이라 해야 옳을 것이지만 그것은 분명히 저쪽의 일입니다. 일이 있으면 수시로 변하는 경우에 서서 있는 우리 도인행자(道人行者)는 좋은 의미로나 언짢은 의미로나 사람과 사람이 서로 다르며 시대에 따라 각기 다른 신앙이 있으리라고 생각합니다.

이렇게 신앙은 거친 물살과 같은 것입니다. 따라서 언제, 어느 것

---

* 이 글은 1928년 9월 『불교』 50 · 51합집에 실렸다.

1 유불여불(唯佛與佛)은 부처가 몸소 체득한 깨달음에 대하여 언어로써 전달할 수 없기 때문에 오직 부처만이 안다는 뜻이다.

2 차별이 없으며 부처의 가르침은 여러 가지인 듯하나 그 본래의 뜻은 하나라는 뜻이다.

3 변함없이 언제나 고요해서 움직이지 않는다는 뜻이다.

을 붙들고서 이것이 내 신앙이라고 말할 수 없음이 물론입니다. 그
러므로 신앙에 대하여 말할 것이 있다 하면 그것은 신앙을 구하는
과정이나, 종교를 알게 된 동기 내지 신앙을 믿게 된 계기쯤일까
합니다. 지극히 간단히 말할 수 있을 일이며, 설사 어수선히 말한다
하여도 남에게 꼭 재미있으리라고 생각되지 않는 바입니다.

우리는 어려서부터 얼마쯤 사색적 경향과 함께 속세에 초연한
성미(性味)를 가졌습니다. 우연히 『도정절집(陶靖節集)』[4]을 얻어 보고
까닭 없이 인간과 신의 경계가 합쳐진 듯해서 차차 세상을 어지럽
다고 보았습니다. 마침내 멀리 떠나 은거하는 것을 높은 이치로 삼
게 되었습니다.

그때는 내가 10세 미만의 어린아이이며 평범하게 살았지만 홀연
히 생각이 이리로 돌게 된 것은 말하자면 올바른 방도가 아니었습
니다. 좋게 보아야 숙명적 인연이라고나 할 것입니다. 여하간 『도
정절집(陶靖節集)』로 인하여 할아버지에게서 '호계삼소(虎溪三笑)'[5]의
이야기를 듣고, 이로 인하여 불교의 일을 들은 것이 부처의 은혜로
운 빛을 접하게 된 계기입니다.

우리 조부는 갑신 혁명 운동[6]의 흑막 지도자이던 유대치(劉大致)
선생을 깊이 숭상했습니다. 유대치 선생은 불교에 관해 깊은 이해
가 있다면서 일러주는 불교에 관련된 말에 매우 호의적으로 여겼
습니다. 어린 마음에 얼른 느끼는 바 있어 어떠한 것임을 모르는
채 불교에 관해 갸륵한 생각을 하게 되었습니다.

한편 우리 어머니는 독서를 좋아하여 책이라면 무엇이고 탐독하

---

4 도연명의 문집이다. 도연명(陶淵明; 365~427)은 동진 시대의 시인이다. 관리
  가 되었으나, 곧 『귀거래사(歸去來辭)』를 남기고 귀향했다. 그의 시에는 자연을
  노래한 것이 많다.
5 호계라는 시냇가에서 세 사람이 웃는다는 뜻으로, 이것은 유교, 불교, 도교의
  진리가 그 근본이 하나라는 것을 상징하는 의미이다.
6 갑신정변(1894년)을 의미한다.

고 애송했습니다. 『팔상록(八相錄)』[7]도 그 하나였습니다. 불교를 좋게 생각함을 보고는 팔상(八相)의 처음과 끝을 보는 듯이 들려주었습니다. 들으면서 신기한 것보다 과장된 것이 심한 듯하면서도, 왕자인 신분에서 평범한 사람이 되어서 고행하고 수도한 그 중심 내용에서 '도(道)'의 갸륵함을 생각하고, 부처와 불교의 교리에 좀 더 깊은 관심을 더했습니다. 그러나 한약을 파는 곳에서 아무 기회를 가지지 못한 그때의 나에게는 말로나 문자로나 이 이상 더 들을 길이 있지 않았습니다. 궁금한 채 몇 해를 지낼 뿐이었습니다.

12~13세의 일일 줄 생각됩니다. 우리 조부의 친구인 고씨 여러 형제가 여조(呂祖)가 주를 단『금강경』을 다시 출간해서 인쇄본 한 권을 조부에게로 보냈습니다. 이것을 들춰 본 것이 불교 문학을 대하던 시초였습니다. 그러나 물론 경전의 뜻을 알 까닭이 없고, 읽다가 심오하고 어려운 문구를 만나면 경이로움의 눈을 크게 뜨는 것이 그때의 느낌이었습니다. 이 뒤에도 경륜(經綸)의 책을 흥미로써 대하기를 게을리하지 아니했으니, 교리 이해와 믿음으로보다 문학적으로 그런 것입니다. 의미를 해석하거나 재미를 느낀다든지 하는 생각은 가지지 않았습니다.

성동(成童)[8]의 해에 일본에 갔을 때 차차 서양의 철학책을 접하고 한편 불교의 철학적인 것을 알게 되었습니다. 또 불교가 산간적(山間的)인 것으로만 여겼더니, 세간적(世間的) 활동과 문화적 교섭이 얼마나 대단한지 일본 불교계의 현황에서 보고서 느꼈습니다. 불교에 대한 흥미는 무척 높아졌습니다.

---

7 석가모니 부처의 일생을 8가지 주요 내용으로 나누어 기록한 책이다.
8 열다섯이 된 소년을 말한다. 1905년 최남선은 15세의 나이에 일본 도쿄부립 제일중학교를 입학했다. 하지만 그때는 3개월 만에 귀국했기 때문에 서양 철학과 불교에 관한 학습을 할 기회가 없었다. 따라서 위의 시기는 1907년 17세의 나이에 일본 와세다대 고등사범부 역사지리과에 입학한 때를 말한다.

그전에도 서양인의 철학적, 교상적(敎相的)[9] 저서를 상해 광학회(廣學會)에서 나온 한문 저술로써 얼마간 보았습니다. 하지만 그들이 기독교적 입장에서 보는 까닭에, 또 당시까지의 불교에 대한 서양인의 이해가 깊지 못한 까닭에, 거기서 보이는 불교는 이전 우리가 허무적멸(虛無寂滅)[10]이란 말로써 배격하던 범위를 벗어남이 그리 크지 못했습니다. 더욱 비세속적·비활동적 결함을 지적했기 때문에 섭섭하다는 생각을 금하지 못했습니다.

불교란 반드시 은퇴적(隱退的)이거나 아득하게 가라앉아 있는 것이 아님을 일본에서 실제로 본 것이 그때에는 퍽 든든했습니다. 더욱 당시에 활약하던 여러 학자들이 불교가 철학임을 고조함에 대해 은근히 큰 감격을 느꼈습니다.

불교의 본령이 이론적 승묘(勝妙)[11]에 있을 것은 물론 아닙니다. 그 때의 생각에는 철학적으로 서양의 그것에 떨어지지 아니한다는 것이 크게 든든한 생각을 주었음은 사실이었습니다. 그러나 이때까지의 우리가 불교에 대한 태도는 좋게 말하여도 사변적이고 지식적 만족이었지, 신앙심 그것은 아니었습니다.

일본 철학 중에 당시 시대적 상황에서 느끼는 바 있어 유학 생활을 팽개치고 우리나라의 정신 운동을 위하여 작은 힘을 다하려고 귀국했습니다. 그때 국민정신의 환기와 통일에 대한 이상적 교과서 특히 역사 및 지리의 그것을 조선적 정지위(正地位)에서 편찬함이 급선무라고 생각했습니다. 그래서 스스로 그 편찬에 책임을 맡았을 때 불교와의 교섭은 생각하던 것보다 크게 깊고 밀접한 것이어서 매우 깊이 불교적 교양을 가짐이 아니면 조선의 문화를 이

---

9 교상(敎相)은 부처의 가르침을 종파의 입장에 따라 분별하고 체계적으로 해석하는 것을 말한다.
10 생사의 경지를 초월한 상태를 말한다.
11 뛰어나게 기묘함을 말한다.

해치 못할 것을 알았습니다. 더욱 국조 단군에 관해 전해진 내용이 불교 중 저술에 있어서 종종의 문학상 의현(疑眩)¹²을 일으키기 때문에 정체를 알기 위해서는 무엇보다 먼저 불교 지식을 수양해야 할 필요성을 크게 느꼈습니다.

그리하여 단군기(檀君記) 중심으로 불교의 명상적(名相的)¹³ 고찰을 시험하기 시작했습니다. 차차 들어가면서 저절로 의리적(義理的) 부분으로 먼저 나가지 아니치도 못해서 얼마 지난 뒤에는 스스로 알지 못하는 사이에 불교란 바다 위에 제 몸이 둥둥 뜬 것을 스스로 발견하게 되었습니다. 그러나 엄밀히 말하면 이때까지도 지식 중심, 취미 본위라 할 것이었지, 믿음 그것이라고는 말씀하지 못할 것이었습니다.

이럭저럭 하는 동안에 기미년 삼월에 복당(福堂)¹⁴ 철창에서 정수(靜修)¹⁵할 세월을 얻게 되었습니다. 처음 체포되어 구금이 되었을 때 나에게는 밥보다도 더 긴급한 서책(書冊)이란 것이 별안간 끊겨서 한참 동안 문자에 대한 갈증이 매우 급했습니다. 이때 어느 외인(外人) 친지가 『관음경(觀音經)』¹⁶ 일부를 들어 주었습니다. 무엇보다도 책이라는 것으로, 더욱 좋아하는 불교의 책이라는 것만으로도 한없는 감격하면서 그것을 받아들여 가까이했습니다. 과연 마른 장작에 불이 피어오르는 것처럼, 그런 줄 모르게 그것에 몰입되었습니다.

---

12 의심스러워 마음이 어지러움을 말한다.
13 명상(名相)은 모든 사물의 이름과 형상을 말한다. 귀에 들리는 것은 명(名), 눈에 보이는 것을 상(相)이라 한다. 이름이나 형상은 그 자체가 본래부터 있는 것이 아니라 허망한 생각이 만들어 낸 거짓 이름이며, 임시로 인연에 따라 생겨난 거짓 형상이라는 뜻이다.
14 감옥을 말한다.
15 고요한 마음으로 학문과 덕행을 닦음을 말한다.
16 『법화경』 가운데 『보문품』만 별도로 만든 경전으로 관세음보살이 32상으로 나타나서 중생을 제도하는 내용을 담고 있다.

『법화경(法華經)』[17]도 보았고, 관음보살에 관해 생각도 하고, 보문대위신(普門大威神)[18]을 느꺼워도 했습니다. 이때의 내 눈에는 보문품(普門品)[19]의 처음 글자부터 끝 글자까지가 이전과는 온통 다른 것으로 보이고 이상한 광명이 그곳에서부터 나오고 있음을 고마워하지 아니치 못했습니다. 여러 말은 아니하겠습니다마는 불교에 대한 믿음이란 것이 진정으로 생긴 때를 말한다면 이때가 첫걸음이라야 옳을 것입니다.

읽고 또 읽고, 외우고 또 외우고, 보고 또 보고, 들어가고 또 들어가서 갈수록 관음의 감로(甘露)에 한쪽으로 꼬여 있던 생명이 풍요롭고 윤택해졌습니다. 특히 불교의 명상(名相)에 대한 이전부터의 생각과 편견이 나날이 사라져버렸습니다. 보문품 문자대로의 관음을 믿게 되었습니다. 그리고 관음을 통하여 비로소 여러 부처와 보살에 관한 경전과 주해서를 진심으로 대하는 힘이 생기고 늘어갔습니다.

말하자면 일종의 법열이 넘치고 출렁거림을 금하지 못했습니다. 얼른 말하면 몰랐던 공기를 인식하게 된 것처럼 관세음보살의 법력(法力) 중에 항상 유통하는 자기의 생명에 관해 정신 차렸다고 할 수 있습니다.

보문품을 외웠습니다. 깊게 생각할 것도 없이 관세음보살이 늘 나와 함께 했습니다. 게다가 인간적 건망증이 나기도 하고 정서 이상이 생기기도 했습니다. 마치 비행가가 말하는 에어포켓(air pocket)[20]에 당한다는 것처럼 새삼스럽게 인생의 공허감에게 붙잡히

175
—
사론 · 종교론

---

17 『묘법연화경』을 말하며 대승 불교의 대표 경전이다.
18 보문(普門)은 문은 잘 통한다는 뜻이다. 보문대위신(普門大威神)은 차별 없이 모두에게 골고루 덕화가 미치는 것으로 관세음보살의 덕을 말한다.
19 『관세음보살보문품』, 『관음품』이라고 한다. 관세음보살이 중생의 모든 재난을 구원하고 소원을 이루게 한다는 설법 내용을 담고 있다.
20 비행중인 비행기가 함정에 빠지듯이 하강하는 구역을 말한다. 공중의 기류

는 일도 종종 있었습니다.

그때마다 어느덧 손이 관세음이라는 손잡이로 돌아가서, 옳지 또 한 번 관음 의식을 가다듬게 하셨구나 하는 반성을 하게 됩니다. 지금의 나더러는 관세음이 누구냐 어떠냐 하는 것을 묻는 이가 있으면 얼른 똑똑히 대답할는지가 의문입니다. 아미타불하고 어떠한 관계이고, 석가모니하고 어떻게 인연이 닿았고, 종파적 지위는 어떠하고 밀교(密敎)적 지위는 어떠하고, 교(敎)로 어떠하고 선(禪)으로 어떠하고, 자연 과학이 무엇이든 근대 사상이 무엇이든 간에 나에게 있는 관세음보살은 밤낮 의연하신 관세음보살입니다.

아주 어린아이에게는 어떨는지, 아는 것 많은 이에게는 어떨는지 모르겠지만 나에게는 관세음보살쯤이 가장 좋은 구제의 님이란 사실을 믿습니다. 경론(經論)에서 선록(禪錄)[21]에서, 사부(四部)[22]에서 백가(百家)에서 보고 듣고 헤매던 것을 관세음께 다 맡겼습니다. 아니 어느 틈에 맡아 가셨습니다. 불평과 희망과 삼독(三毒)[23]과 팔난(八難)[24]이 남보다 심하다고 할 수 있습니다. 하지만 모든 풍파를 관세음의 회향(廻向)[25] 중에서 겪었습니다. 그래서 불안 그대로가 평안입니다.

현상으로 인하여 공기가 희박해져 일어나는 것이 보통이며, 비행기가 여기에 들어가면 속력을 잃고 불안정하게 된다.
21 경론(經論)은 불경과 이에 관한 해석을 말하며, 선록(禪錄)은 수양이 깊은 선종(禪宗) 승려의 글을 말한다.
22 경사자집(經史子集)을 말하며, 사서오경 등의 경서와 『사기』와 같은 역사책, 자부는 제자백가(諸子百家)의 책과 시집 등을 말한다.
23 불교에서 말하는 세 가지 번뇌로, 탐욕과 증오심이나 노여움 그리고 탐욕과 사리 분별에 어두운 것을 말한다.
24 부처를 보지 못하고 불법(佛法)을 들을 수 없는 여덟 가지의 곤란함을 말한다.
25 자신이 쌓은 공덕을 다른 이에게 돌려 이익을 주려 하거나 그 공덕을 깨달음으로 향하게 함이다. 즉 자신이 지은 공덕을 다른 중생에게 베풀어 그 중생과 함께 정토에 태어나기를 원한다는 뜻이다.

묘음관세음 법음해조음(法音海潮音)²⁶에 따르면 이것저것이 있다
가 없고, 없다가 있을 따름입니다. 이렇게 10년 이래의 생활을 말
하자면 믿음이 마치 회향되어 있는 듯도 합니다. 기어이 말씀하라
시면 이렇다고나 할까요. 다른 것은 아무것도 없습니다. 그러니 훌
륭한 신앙에 관한 이야기는 다른 고명하신 이에게 들으시지요.

변화에 따라 응하며 묘음(妙音)을 기다리고,
무방(無方)²⁷에 모두 응하여 그를 넘어서네.
남김없이 묻지 않는다면,
누가 대토(大土)의 무외시(無畏施)²⁸를 알겠는가.
— 함허 화상(涵虛和尙)²⁹이 「보문품(普門品)」을 찬(讚)함

---

26 미묘한 소리 세상에 관한 소리인 범음(梵音)과 해조음(海潮音)은 세간의 음
　보다 뛰어나다는 뜻으로 『관세음보살보문품』 25에 나오는 말이다.
27 일정한 방향 없이 마구 일어나는 변화를 말하는 것이다.
28 보시의 세 가지 형태 중 하나로, 두려움을 없애주는 것이다. 온갖 공포에서
　벗어나지 못한 중생에게 용기를 주거나 진리를 깨우치게 하여 생사의 두려
　움을 없애 주는 것을 말한다.
29 함허 화상(1376~1433)은 조선 초기 배불 정책 속에서 불교를 지켜낸 승려
　이다. 저서에는 『원각경소(圓覺經疏)』, 『함허화상어록』 등이 전해진다.

조선 불교*
- 동방 문화사상에 있는 그 지위

1. 조선, 그 문화사상의 지위

지금으로부터 반세기쯤 전에 서양의 한 저술가가 조선의 역사와 민속을 소개하는 책에 '은사국(隱士國: Hermit Nation)'이라는 설명을 붙인 일이 있다. 아닌 게 아니라 정치적 국제적 관계는 그만두고라도 문화사적 관계 - 학술적 흥미로 말하여도 동방에 있어서 매우 중요성을 가진 조선이 그다지 세계에 알려지지 않았다. 또 오늘날 태평양의 외딴 섬과 아프리카 깊은 정글 속의 야만인까지 학문 연구의 연극판에서 모두 각기 큰 광대 노릇을 하는 가운데 오랜 전통과 중요한 지위를 가진 조선의 가치만은 아직 정당하게 인식되지 아니함은 진실로 하나의 기괴한 일이라고 할 수 있다.

비유해 말하면 끊임없는 무역풍과 반대 무역풍의 교류와 같이 문화의 역사는 인류가 생긴 이래부터 동서(東西)가 서로 유통하며 쉽 없었다. 인류의 기원이 서방(西方)으로 상정되고 있다. 고대 아시

---

* 이 글은 1930년 8월 『불교』 제70호에 실렸다.

아의 역사 전개는 민족의 조류, 문화의 조류가 서쪽에서 동으로 동으로 추진되어 왔다. 조선 반도는 실로 동향(東向)하는 민족 이동의 종착점이라 마치 수문통에 쳐 놓은 그물같이 서쪽에서 오는 모든 요소를 모조리 집어삼키고도 배부른 줄을 알지 못했다.

동방의 문화에 있어서 인도가 그 일대 부고(府庫)요, 중국이 그 일대 중심임은 진실로 이론(異論)의 여지가 없다. 그러나 인류 초기의 모든 문화적 기구(機構)의 층위를 나누어 하나의 작은 원에 수용해서 인류 문화의 이동과 동방 문화의 생장을 뚜렷하게 살필 수 있게 하는 점에서 조선의 문화사는 실로 특수한 의의와 가치를 가지는 것이 있다. 조선의 역사는 어떤 의미에서 인류 문화의 살아있는 박물관으로 볼 수 있음에 주목된다.

조선의 옛 역사를 유심히 보는 사람은 그 전설의 기구와 신격(神格)의 명칭 같은 것이 멀리 이집트와 일치하며, 홀연히 바빌론·아시리아와 유사하거나 같으며 다시 그리스·로마와 서로 소통함이 있음에 놀랄 것이다. 조선의 건국자가 알에서 태어난 태양의 아들이라는 전설을 가졌음은 명백하게 이집트의 파라오(Pharaoh)를 재현함이며, 조선의 고신앙(古信仰)에서 지상신을 '볼'이라 부르고 신경(神經) 관념을 '올'로 표시함은 저 셈 민족[1]의 '바알', '엘' 등과 더불어 꼭 들어맞는 점이 있다.

또 그리스 신화에 있는 프리지아 왕 마이다스(Midas)가 당나귀 귀를 가지게 된 유래설이 9세기경에 반도의 왕(신라 경덕왕)의 사실로 옛 기록에 나타난다. 그리고 로마의 불과 화산의 신 벌컨의 이름이 반도에 있는 최대 화산이요 최고 신악(神岳)에 불함(不咸)이라는 어형으로 전해 오는 재미있는 실례도 있다.

이것을 다시 고고학적 사실로 살펴볼 수 있다. 근래 반도의 남

---

1 고대 아랍 지역과 북동 아프리카에서 셈어를 말하던 민족을 말한다.

북 도처와 일본과 문화적 교섭이 깊은 일본 서남 지방의 고분에서 정교한 금립(金粒) 세공의 유물이 다수 발견되어 가는데, 이 필리그리(filigree)[2]의 기술은 대개 기원전 3~4세기에 이탈리아 에트루리아(Etruria)와 흑해 연안에 있는 그리스인의 여러 식민지에서 성행하던 것이다. 따라서 그 동서 두 곳 사이의 계통 관계를 분명히 살필 수 있는 것이다. 이외에도 미케네 문화와 반도 문화를 한 끝에 잡아매는 사실이 한둘에 그치지 아니한다.

대체로 동방과 서방과의 교통은 보통 생각하는 것보다 훨씬 오래되었고 또 밀접한 것이 있다. 이는 물론 기록이나 국제 관계를 넘어서는 일이 있다. 인류의 욕망과 행복의 추구는 군대의 위세나 영웅의 도략(韜略)보다도 강대한 힘을 가지고 있다. 따라서 자연의 거침과 국경 및 인종의 장애를 초월해서 일찍부터 세계 일가(一家)의 사실을 실현하지 아니하면 그만두지 않았다. 그래서 서방과 동방과의 사실적 연락에는 반드시 알렉산더 대왕이나 장건[3] 같은 개척자를 요구하지 않았다. 따라서 동서 교통상의 종점인 조선 반도는 저절로 모든 문화의 최후 정류지(停留地)가 아니 될 수 없었다.

2. 불교 동전(東傳)의 대세와 조선

부처의 교문(敎門)은 진실로 인천구제(人天救濟)가 궁극적 목적임을 유일한 정법으로 삼아서 개설된 것이다. 평등·보편의 법이 지방이나 민족에 국한된 것이 아니며 버려두어도 자비의 감로(甘露)가 저절로 온 세상에 은택이 미쳐야 한다는 약속을 가지고 있다.

---

2 금가루나 가는 금실로 금속에 정교한 장식을 하는 금속 기법을 말한다.
3 장건(張騫; ?~기원전 114)은 중국 한나라 시대의 인물로, 중국에서 서역으로 가는 교통로 개척에 공을 세웠다.

그런데 부처가 죽은 후 2세기 반경에 마가다국에 아소카왕[4]이 출생했다. 그는 뛰어난 위력으로 불법을 넓게 퍼트리고자 불교를 선포하는 사람을 사방으로 파견했다. 서로는 시리아·이집트·마케도니아·에피루스(Epirus)[5] 등 지중해 연안 지방, 남으로 스리랑카, 동으로 미얀마 연안, 북으로 아프가니스탄 지방을 넘어선 곳까지 정법이 유통되었다. 그 형세는 신속한 사자(獅子)와 같았다.

그러나 불교는 동방을 성장지로 할 숙명적 인연을 가졌다. 사방으로 범람한 불법의 전파 중에서 오직 북으로 설산(雪山) 밖으로 나가서 동으로 꺾여 나갈 길을 얻은 일파가 가장 두드러진 발전을 보였다. 생각하면 석가세존이 영취산(靈鷲山)에서 그 일대의 최고 설법이라는 묘법연화경(妙法蓮花經)을 설법하실 때, 미간에 호광(毫光)[6]이 동방 만팔천(萬八千) 세계에 비췄다고 함이 사실상 이에 대한 신비한 약속이 아니었는지 모를 일이다.

아소카 왕이 재위에 있을 때 중앙아시아의 아무르 강 평지에 그리스인이 박트리아국(『후한서』에 大夏)을 건설했다. 이후 기원전 130년경에는 동방으로 온 대월지(大月氏)가 이를 빼앗아서 차차 국력을 키워 나갔다. 기원후 2세기 중반 무렵에는 유명한 가니색가왕(迦膩色迦王)[7]이 대월지에 군림하야 파미르 고원 방면의 지금 가습미

---

4 아소카(Asoka; 기원전 268?~?)는 고대 인도 마우리아 왕조의 제3대 왕으로 인도의 대부분과 아프가니스탄의 남부를 지배하여 고대 인도에서 최대의 제국을 만들었다. 무력에 의한 정복을 중지하고 불교를 더욱 신봉하여 부처의 진리에 바탕을 둔 정치의 실현에 힘썼다. 이상적인 왕의 대명사로 간주되었고, 신라의 법흥왕·진흥왕 등도 그와 같은 이상 정치를 실시하고자 했다.

5 그리스의 북서부 지방을 말한다.

6 부처의 두 눈썹 사이에 있는 흰 털에서 나는 빛을 의미한다.

7 가니슈카 왕을 말하며, 2세기 중엽 건타라 왕국의 제3대 왕을 재임했다. 그의 주선으로 가습미라에서 500여 명의 비구들이 모여 부처의 가르침을 정리해서 불교 경전을 만들었다.

라(迦濕彌羅),[8] 우전(于闐)[9]까지를 다 그 판도에 거두고 나라의 수도를 인도 강 상류 서방의 한 지류인 카불 하남(지금의 페샤와르)[10]에 두었다. 이 부근이 보통 간다라(Gandhara)란 이름으로 유명한 지방이다.

대월지에는 진작부터 불교가 유통되었는데, 가니색가왕이 특히 호법(護法)의 정성을 다해 크게 불교의 발달과 전파에 힘썼다. 불교 교리사에 있어 가장 중대한 한 발전이 되는 이른바 대승 불교란 것도 실로 이 대월지의 영토 안에서 성장한 것이다. 한편 그리스인의 신앙과 이란 민족의 종교로 더불어 서로 융합이 생기기도 했으며 정토왕생(淨土往生)의 사상 같은 것이 이 지방에서 명확하게 성립했다.

또 한 가지 대월지 불교의 중대한 특징은 불교 예술의 일대 비약이 나타났다는 사실이다. 인도 불교에서 회화·조각이 없는 것은 아니지만 부처·보살의 조상은 아소카 왕 시대까지도 나타나지 않았다. 대월지가 인도로 진출했을 무렵부터 불상이 비로소 만들어지게 되었다. 대개 대월지 이래 그리스의 조각가가 그리스의 여러 신을 모델로 하여 왕성한 신앙을 부처의 용모와 형상으로 나타낸 것이 그것이다.

근래에 아프가니스탄의 북부에서 고고학적 발굴을 통해 많은 불상의 유물이 발견되고 있다. 일반적으로 얼굴 모습과 두발과 복장에 그리스·로마의 영향이 보인다. 또 건축 장식 중에는 그리스·로마의 수법인 '아칸서스(Acanthus)'[11] 문양, 인동(忍冬) 문양과 이오니아, 도리아 식의 기둥머리와 아케이드·콘솔 등에 적용되었다.

8 인도 편잡 동북부에 있던 고대 왕국을 말한다.
9 고대 중앙아시아에 있었던 왕국이다. 대승 불교가 번성했으며, 『화엄경』 등 불교 경전이 이곳을 거쳐 중국에 전래되었다.
10 페샤와르(Peshawar)는 파키스탄 북서부의 도시로 상업 교역의 중심지이다.
11 중해 연안에 야생하는 식물로 잎은 엉겅퀴와 흡사하고 가시가 많다. 고대 그리스 미술의 주요한 장식 소재 가운데 하나이다.

이렇게 인도의 이상을 그리스 · 로마의 예술로 표현한 것을 간다라 양식이라 한다. 이 양식은 인류 문화사 및 동서 교통사의 일대 진보로 평가할 수 있다.

인도에서 나서 간다라에서 자라난 부처의 교설(敎說)과 그 예술은 가니색가왕의 보호 아래 가습미라(迦濕彌羅)로, 우전으로, 구자(龜玆)[12]로 그 동방 진출의 걸음을 내딛었다. 타클라마칸 사막 지방 – 중국으로 이어지는 이른바 서역 지방이 온통 부처란 큰 빛 아래 영향을 받았다. 자연스러운 추세가 옥문관(玉門關)을 넘어서 노자와 공자의 나라까지 부처의 교화 속으로 들어가게 되었다.

이 중간의 주민에는 돌궐 종족도 있고 위구르(Uighur) 족도 있다. 그리고 동방에 있는 여러 종족이 혈통 · 언어 · 풍속 · 교화 사이에 많은 차이가 있음이 사실이다. 그러나 불교 유통에 대한 성심과 노력에는 불교가 발생한 지역과 우열이 전혀 없었다. 전륜성왕[13] 앞에 수용하지 않는 것, 꺾여 굴복되지 않는 것이 없었다. 다만 이상의 빛과 실행의 위력이 동쪽으로 나가면서 강대함을 더할 뿐이었다.

아시아 대륙의 경우 서쪽으로부터 동쪽으로 오는 문화 이동의 노선은 대개 두 가지 경로가 있다. 하나는 서아시아로부터 파키스탄으로 타림 분지를 지나서 중국의 간쑤 성(甘肅省)으로 들어오는 노선이다. 이 경로 안에는 중국으로 들어오기 전에 몽고의 사막을 횡단해서 곧장 중국의 국경으로 통하는 힘든 길이 있다.

다른 하나는 동유럽으로부터 흑해 뒤를 돌아서 돈 강, 불가 강 등을 건너고 유라시아 초원을 가로질러서 바로 고비 사막으로 들어오는 경로이다. 이는 남으로 중국으로 내려가기도 하고 동으로

---

12 중국 한나라 때 신장성 지방에 있던 서역 국가를 말한다.
13 세계의 중앙에 솟아 있다는 수미산의 바깥 쪽 동서남북에 있는 세계를 통솔하는 대왕이다. 하늘로부터 금 · 은 · 동 · 철의 네 윤보를 얻어 이를 굴리면서 사방을 위엄으로 굴복하게 한다고 한다. 부처를 가리킨다.

동북아시아로 향하기도 하는 노선이다. 이 가운데 후자인 북방 노선은 지금까지 학자의 주목을 많이 받지 못했다. 하지만 최근 몽고 지방의 발굴 사업이 진척됨에 따라 동서 문화 교통에서의 가치로 인해 높게 평가되고 있다.

불교가 중국의 동쪽으로 전래된 연대와 경로에 관해서는 분명히 알지 못한다. 다만 기록상에는 65년에 후한(後漢) 명제(明帝)의 사신이 인도에 가서 불상 경전을 얻고 승려 가섭마등[14]과 함께 67년으로써 중국으로 들어왔다고 한다. 그리고 그해에 축법란[15]이 그 뒤를 따라 중국에 와서 불교를 처음 전했다고 기록되어 있다.

그러나 불교의 처음 전해짐에 관해 다른 설이 한두 가지가 아니다. 또한 명제가 불법을 구한 학설에는 다른 의문도 없지 않다. 따라서 이를 쉽게 신빙할 수 없다. 사실로 말하면 한나라 시대까지 그 동안 서역 혹은 막북(漠北)으로부터 불교가 슬금슬금 중국으로 전해졌을 것으로 생각된다.

여하간 이로부터 200~300년 사이에 인도와 서역의 불교 관계자들이 중국에 와서 중국인과 협력하여 다수한 경전을 번역하고 또 관련된 의궤(儀軌)를 전했다. 당나라 시대에 이르러서는 불교의 중심이 마침내 중국에 있다고 할 만큼 이전에 없는 성황을 이루었다.

중국보다 동쪽에 있는 조선 반도에는 이보다 3세기를 뒤져서 372년에 당시 북중국의 지배자이던 진(秦)나라 왕 부견(符堅)이 불상, 경론(經論)과 승려를 반도 북방의 고구려로 보냈다. 또 그 12년 후인 385년에는 인도 승려 마라난타[16]가 중국을 경유하여 반도 남

---

14 가섭마등(迦葉摩騰)은 인도의 승려로 서인도에서 『금강명경』을 강설하고, 중국에서 『사십이장경』 1권을 번역했다. 이것이 중국 역경(譯經)의 시초였다.
15 축법란(竺法蘭)은 인도의 승려로 가섭마등과 함께 『사십이장경』을 번역했다.
16 마라난타(摩羅難陀)는 인도의 승려로 백제에 불교를 처음 전했다. 백제의 침류왕은 그를 궁으로 영접하여 예를 갖춰 공경했다.

방의 백제에 왔다. 그 뒤 반세기 뒤에 반도 동남쪽의 신라에도 고구려를 경유한 서역 승려가 왔다. 이에 반도 전체가 완전히 부처의 가르침 아래 서게 되었다고 한다.

그러나 중국의 경우처럼 반도에 불교가 처음 전래된 사실을 적은 기록 역시 믿을 수 없다. 여러 가지 이유로써 추측하건대, 서역으로부터 막북에 진출하였던 교파가 언제인지 모르게 중국과 선후하여 반도로도 유입된 것이 사실인 듯하다. 그것은 고대 북방 아시아에 있는 문화 이동의 추세로 보든지 또 중국 초기 불교에 관한 전설에서 암시된 바로 보든지, 반도에 불교가 전해진 것은 반드시 중국 불교의 여파로 생각할 필요가 없기 때문이다.

여하간 동방의 반도는 북방 아시아적 소박한 지질(바탕)에 나일의 문화, 메소포타미아의 문화, 미케네의 문화, 이란의 문화를 차례로 받았다. 그래서 여러 가지 문양을 만들고 비단실로 짠 천처럼 아름다움을 이루었다.

사람과 하늘에 있는 궁극적인 각왕(覺王)[17]의 큰 가르침이 동서를 혼용한 전례 없는 예술을 반도에 가지고 와서 비단 위에 아름다운 꽃을 더한 것처럼 되었다. 이에 한반도 인민의 마음 속 가운데 잠복했던 문화적 영능(靈能)이 맹렬하게 일어나기 시작했다. 곧 교학으로, 예술로, 여러 가지 꽃의 아름다운 색깔의 성대함을 나타냈다. 그래서 영화(榮華)와 광염(光焰)이 저절로 사방으로 발산하기에 이르렀다. 그리하여 이때까지의 수동적 지위에 있던 반도는 불교가 이끌고 도와줌으로써 능동적 태도로 인문(人文)의 조류에 나아가게 되었다.

---

17 석가모니를 말한다.

3. 불교 교리의 발전과 조선

대개 불교의 우리나라 유입에는 법문(法門)이 널리 전파되었다는 표면적인 사실 이외에 또한 교리의 확장 – 곧 불교의 자기 완성이라는 숨은 의미가 있음을 생각해야 한다. 불교는 소승적으로 인도에서 생겨서 대승적으로 서역에서 발전했다. 하지만 불교는 임시방편의 설명에서 불변의 진실로, 본성과 현상의 구별로부터 원돈(圓頓)[18]으로, 이해하는 것에서 구체적으로 실현함으로 나아가야 했다. 불교의 생명을 마지막 과정에서 열어 드러내기 위해서는 이전의 노력으로는 부족했다. 더 큰 성과를 기다려야 했다.

이론상·실행상의 결함을 충족하여 대불교(大佛教)·전불교(全佛教)의 성공을 알려야 하는 것이 실로 동방 불교의 사명이던 것이다. 그래서 동방 불교는 이러한 자각을 가지고 한 계단 한 계단씩 마지막 결과를 기약하며 나아갔다. 그런데 이에 대한 반도 불교인의 노력과 업적에는 과연 놀라운 것이 있었다.

중국에 불교가 처음 전해진 것으로부터 2~3세기를 지나서 중국 불교는 노자와 장자의 사조가 차차 넘쳐 가는 진(晉)나라 시대에 들어와서야 비로소 일반인의 생활과 상당한 교섭을 가지게 되었다. 다시 많은 시련을 치른 뒤에 이른바 남북조 시대로 들어가서 비로소 활기와 특색을 가진 동방 불교로 활동하기 시작했다.

대개 북조(北朝)와 남조(南朝)가 대립하여 모든 것에서 경쟁했다. 북조는 육상 교통으로써 중앙아시아와 인도와 서방 아시아의 문화 요소를 수용했고, 남조도 해상 교통으로써 인도의 문화를 흡수했다. 그래서 중국의 일반 문화가 윤택해졌고 이와 함께 불교의 기세도 부쩍 높아져 갔다.

---

18 불교의 이론과 실행을 일체화하는 것을 의미하다.

남북조 약 150년간 중국은 불교와의 만남과 연마로 인해 명실상부한 동방 불교의 아름다운 꽃과 열매를 맺었다. 그 결과 불교 전체 역사에서 이전에 없었던 황금시대를 이룬 것이 수나라와 당나라의 불교였다.

중국 불교의 사상적 약진은 공관(空觀)[19]에 대한 인식부터 시작한다. 이것은 노장 사상과 더불어 결합하기 쉬운 점이 그들의 주의를 먼저 끌었기 때문이었다.

대저 불교가 동쪽으로 전해진 이후 약 3백 년간을 요약하면 경전 번역을 위주로 했던 시대에 속하기 때문에 교리의 발전은 말할 만한 것이 거의 없었다. 401년에 우전국의 왕자로 당시 여러 불교국에서 두루 배우고 사례를 잘 깨우침에 출중한 스님 구마라집[20]이 구자(龜玆)로부터 후진(後秦)의 수도인 장안(長安)에 초청되었다. 그는 대승 경전 3백여 권을 번역 출간했고 그의 문하에서 학문을 배우는 자 3천 명에 4성(四聖)이니 10철(十哲)이니 하는 뛰어난 인재가 배출되었다. 그들로 인해 경전의 번역과 함께 논석(論釋)에도 크게 애씀으로 인해 중국 불교의 교리적 발전이 비약적인 형태로 나타났다. 제일 큰 성과가 삼론종(三論宗)이었다.

삼론종은 당시 인도의 대승 불교에 있는 법상(法相) 및 무상(無相)[21]의 2대 학계 가운데 용수[22]계통의 무상개공(無上皆空)의 법문을

---

19 인간이 궁극적인 것으로 간주하는 본질적인 것들이 실제로는 없다고 하는 입장으로, 이러한 집착을 일으키는 원인으로서의 잘못된 분별을 없앨 것을 주장한다.

20 구마라집(鳩摩羅什; 344~413)은 인도 출신의 승려로 중국에 와서 국사(國師)의 대접을 받으며,『대품반야경』,『법화경』,『금강경』 등 총 35종 294권의 불경을 번역했다.

21 법상(法相) 및 무상(無相)은 후술할 무착과 세친의 '유식 사상'과 용수의 '공사상'을 의미한다.

22 용수(龍樹; 150~250)는 부처 사망 후 6~7백 년경 남인도 출신이며, 인도의 대승 불교를 연구하고 그 기초를 확립하여 대승 불교를 크게 선양했다. 주요

전파한 것이다. 용수의 저술 가운데 『중관론(中觀論)』,[23] 『12문론(門論)』과 그 제자인 제파[24]가 저술한 『백론(百論)』을 구마라집이 번역 출간하고, 그 문하가 이를 주석을 달아 하나의 학파를 세웠기 때문에 삼론으로써 종파의 이름을 삼은 것이었다.

중국의 삼론종은 보통 구마라집을 개창자로 하여 도생(道生),[25] 담제(曇濟), 승랑(僧朗), 승전(僧詮), 법랑(法朗)을 거쳐 수나라의 길장(吉藏: 549~623)으로써 대성자를 삼는다.

그런데 초기에는 삼론종의 사람들도 삼론과 함께 『성실론(成實論)』[26]과 같은 다른 경론을 함께 수련했다. 따라서 그 주장과 논지가 선명치 못했다. 하지만 승랑이 그 정의를 밝혔고 비로소 삼론만을 위주로 하는 순수한 삼론종의 면목을 드러냈다. 그러므로 승랑은 사실상 삼론종의 초조(初祖)요, 겸하여 동방 불교 건설의 선구자라 할 수 있는 위인이다.

중국 불교의 일대 전기를 지은 승랑은 실로 고구려의 승려이다. 그는 둔황에 가서 교리를 연구하다가 혼돈 복잡한 당시의 교계에 정대(正大)한 길을 열어 주었다. 그리고 청신(淸新)한 학풍을 수립해서 심원 고매한 동방 불교의 산파가 된 것이었다.

승랑의 사례처럼 당시 고구려가 동방 불교사에서 가진 지위가

저서에는 『중론(中論)』 4권 등이 있다. 특히 중론에서 확립된 공(空) 사상은 모든 불교 사상에 깊은 영향을 미쳤다.

23 불교의 근본 원리인 연기를 생멸(生滅) · 거래(去來)의 차별적 대립을 넘어선 것으로 해석하고, 어떠한 견해에 대한 집착도 부정한다. 따라서 일체는 공(空)이라고 해석한다.

24 제파(提婆; ?~?)는 용수의 제자로 성제파(聖提婆), 아리야데바(Aryadeva)로 불린다. 용수의 사상을 널리 퍼트리고, 다른 사상을 심하게 비판한 까닭에 암살되었다고 전해진다.

25 도생(355~434)은 동진(東晉)의 승려로 어려서 출가하여 15세부터 강의를 했다. 구마라집을 따라 수학했다.

26 인도의 하리발마가 서술하고 구마라집이 한문으로 번역했다. 성실종의 근본 성전이다. 총 16권(혹은 20권)으로 되어 있다.

얼마나 중요했는지 알 수 있다. 이에 관해서는 당시 중국인의 손에 찬술된 『고승전(高僧傳)』 가운데 수록된 많은 뛰어난 인물과 행적에서 그 전반을 볼 수 있다.

삼론종으로써 교리 발전의 초보를 내딛은 중국의 불교가 하나하나씩 신비하고 비밀스러운 영역을 깨트리면서 혹 선(禪), 혹 섭론(攝論), 혹 천태(天台), 혹 열반(涅槃) 등으로 그때 그때에 상응한 새로운 학파를 개창했다. 그때마다 고구려를 선구로 하고 차차 백제와 신라가 그 뒤를 이어서 반도 불교인의 활약과 공헌이 갈수록 맹렬해진 것도 『고승전』의 기록에서 역력히 살펴볼 수 있다.

위에서 인도의 대승 불교에서 용수의 공종(空宗)에 관해 살펴보았다. 이제 방면을 바꿔 또 다른 한편의 대표적 학설이 된 무착,[27] 세친[28]의 상종(相宗) 발전에 관한 반도의 공헌을 조금 고찰해 보자.

상종이란 것은 인도에서는 유가종(瑜珈宗)이라 하여 근래 서양의 학계에도 연구의 학풍이 크게 일어나게 된 사상 계통을 말한다. 중국에 들어와서는 진작부터 지론종(地論宗), 섭론종(攝論宗)이라 하여 유행한 일도 있었다.

당나라 초(645)에 대여행가, 대번역가로 유명한 스님 현장[29]이 많은 범본(梵本)을 가지고 고국으로 돌아왔다. 그리고 크게 불전 번역의 사업을 행할 때 세친의 유식삼십송(唯識三十頌)과 호법,[30] 안혜(安惠) 등 10대 논사(論師)의 여러 해석을 하나로 합쳐 한문으로 번역했다. 이렇게 해서 『성유식론(成唯識論)』 10권을 만들어 이 분야의

---

27 무착(無着; 310~390)의 이름은 산스크리트어로 아상가(Asanga)로, 인도 대승 불교 유식파의 대학자이다.
28 세친(世親; ?~?)은 무착의 동생으로, 바수반두(Vasubandhu)로 불린다.
29 현장(玄奘; 600~660)은 당나라의 승려로 불경 번역의 대가이다. 639년 인도로 가서 645년 17년 만에 당나라 장안에 돌아왔다. 귀국 후 흥복사 · 지은사 · 서명사 등에서 약 20년간 75부 1,355권에 달하는 많은 경론을 번역했다.
30 호법(護法; 530~561)은 남인도 출신의 승려로 많은 저술 활동을 했다.

학계에 새로운 국면을 열었다. 배우는 사람이 이를 크게 힘써 연구하여 유식종(일명 법상종)이 성대하게 성립되었다. 드디어 중국 불교에 일대 변운(變運)을 보기에 이르렀다.

당시 현장의 문하에는 많은 인재가 모였다. 현장은 특별히 규기(窺基; 慈恩大師)를 사랑하고 경전의 내용과 비의(祕義)를 몰래 그에게 전하려 했다. 그런데 문도 삼천 인, 뛰어난 사람 칠십 인 중에도 유달리 뛰어난 학승으로 서명사(西明寺)의 원측(圓測)이 있었다. 그는 유식(唯識)[31]의 현묘한 이치를 스승에게서 잘 배우지 못했다. 하지만 스스로 이치를 통하고 깨우쳐서 마침내 규기가 따를 수 없음은 물론이요, 빈번히 현장을 뛰어넘는 것이 있었다. 이에 현장과 규기가 원측을 우러러 보는 등 매우 이례적인 일이 생기기도 했다.

원측이 서명사에서 자신이 세운 학설에 기반해서 유식론을 강연하려 할 때의 일이다. 규기가 이 사실을 알고 원망하니까 현장이 말하기를 원측이 유식의 소(疏)를 짓는다 해도 아직 인명(因明)[32]에는 도달하지 못했으리라 하고 몰래 규기에게 이를 가르쳐 준 사례도 있다. 그러나 원측의 저술에 『인명정리문론(因明正理門論)』의 소(疏)가 있음을 볼 때 그는 인명학(因明學)에도 조예가 깊었다고 짐작할 수 있다.

원측이 학문으로나 덕으로나 일대의 빼어난 인재인 것은 승전(僧傳)에서도 평가하고 있다. 불법과 세속 양 방향으로 그 기세가 하늘을 찌를 듯했던 현장과 규기의 바로 턱밑에서 문호(門戶)를 따

---

31 일체의 분별망상이 비롯되는 장으로서 인간의 의식 자체를 심층적으로 분석하고, 그것의 전환을 통해 진여(眞如)와 열반의 성취를 목적으로 하는 이론이다.

32 인명(因明)의 인(因)은 원인과 이유, 명(明)은 학문을 뜻하는데 이유를 밝혀서 논증을 행하는 논리학을 말한다.

로 세워 크게 위력을 부린 것을 보면 원측의 학설이 얼마나 사람의 마음을 움직일 만했는지 짐작할 것이다. 또 규기는 그만두고 그 뛰어난 제자인 혜소(惠沼)도 그의 저서 『성유식론요해의등(成唯識論了解義燈)』 7권 가운데 특히 원측의 설을 비판하기에 고심 노력한 것을 보면 원측의 교화가 얼마나 깊이 사람들의 마음에 뿌리박혔는지를 생각할 수 있다.

오늘날 원측의 다른 소(疏)에 관한 부분은 전하는 것도 있으되 불행히 유식에 관한 부분이 없어져서 그 상세함을 알 수 없다. 만일 현장·규기가 원측을 멀리한 이유가 교리에 관한 것이 아닌 다른 감정이라 하면, 그것은 그의 총명과 불교의 해석을 시기한 것으로 볼 수 있다. 그렇지 않고 유식을 완성하는 점에서 근본 문제의 같음과 다름을 다툰 것이라 하면, 그것은 원측이 현장 일파 외에 따로 하나의 유식종을 세웠다고 볼 수 있다. 어느 편이든지 원측의 유식종 사상에 있는 지위는 매우 중대하다 할 것이다. 그런데 원측은 신라인이었다.

원측과 다른 계열로 나간 것 같지 않고 현장의 정통을 이어 소개하며 유식종문(唯識宗門)의 커다란 증명이 된 반도의 큰 학승에는 대현(大賢),[33] 순경(順璟)과 같은 이가 있다. 그들의 저술은 옛날은 물론 지금에도 귀중한 것이다.

또 반도 불교의 전성기를 이루는 신라에는 여러 방면으로 뛰어난 승려가 발꿈치를 이어서 생겼으나, 이제 번거로움을 피하기로 한다. 얼른 빠른 걸음으로 동방 불교의 절정이자 동시에 전체 불교의 철리적(哲理的) 극치가 되는 화엄학과 반도 불교인과의 관계를 살펴보기로 하자.

---

33 신라 경덕왕 때 사람으로 유식과 인명에 통달하여 국내는 물론 중국과 일본의 학자들도 그의 책을 불교 연구의 지침으로 삼았다고 한다.

화엄종이라는 것은 대승 불교에서 부처의 진리 가운데 심오한 내용을 그대로 설한 것이기에 설상(說相)과 교지(敎旨)가 가장 심원 오묘하다는『화엄경』을 근거로 한다. 중국에 불법이 전해진 이래 6 백 년간의 준비기를 치르고 그 박대(博大)한 기초 위에 구원한 중국 적 불교를 건축했다. 이를 볼 때『화엄경』은 가장 뛰어난 대법문(大 法門)이라고 할 수 있다. 말하자면 동방인의 사상이 어떠했는지에 관한 최고의 경계를 이것을 통해 경험할 수 있다.

화엄종은 수나라 두순[34]으로써 원조를 삼고 당나라에는 지엄[35]이 종지(宗旨)를 드러냈으나 아직 크게 떨치지 못했다. 그러다가 측천 무후 때에 현수 대사 법장[36]이 태어나서 화엄종을 크게 이뤘다 함 이 통설이다. 그러나 법장으로 하여금 화엄 종지의 대성자(大成者) 라는 명예를 얻게 함에는 겸허하게 자기를 드러내지 않은 은군자 가 있음을 생각해야 한다. 신라의 승려로 지엄의 문하에서 배웠고 법장보다도 뛰어났던 의상[37]이 그 사람이다.

의상은 지엄의 문하생 가운데서도 지혜와 덕이 특히 높아서 일 찍부터 청출어람의 영예가 있었다. 그리고 그가 머무는 곳에 학도 가 운집했다. 이 분야에서의 중망(重望)이 오로지 그에게 귀속되었 다. 그러나 그러한 지위를 함께 배운 법장에게 넘겨주고 고국으로 돌아와서 이른바 해동 화엄의 최초의 전달자, 개창자가 되었다.

---

34 두순(杜順; 557~640)은 중국 수나라의 승려로 중국 화엄조의 개조이며, 항 상 아미타불을 염할 것을 권하는 등 실천을 중요시했다.

35 지엄(智儼; 350~427)은 중국 동진의 승려로 427년 불경 14부 36권을 한문 으로 번역했다.

36 법장(法藏; 643~712)은 현수(賢首) 국사라고 불리는 인물로 화엄 교학의 체 계를 완성했다. 그의 화엄 관계 중요 저술로『화엄오교장(華嚴五敎章)』,『화 엄경탐현기(華嚴經探玄記)』 등이 있다.

37 의상(義湘; 625~702)은 신라의 승려로 중국 화엄종의 제2조인 지엄 문하에 서 수학한 후 귀국해서 제자를 양성하고 화엄 십찰(十刹)을 설립하는 등 화 엄 사상의 전파에 기여했다.

이미 중국 화엄종의 정립에도 의상의 공덕이 작지 아니함은 물론이다. 그리고 화엄종의 세워짐이 반도와 중국에서 동시에 일어나서 양자 사이에 어느 것이 먼저 생겼는지, 어느 것이 중심인지를 말할 수 없음이 사실이다.

의상이 본국에 돌아와서 종지를 펴기 시작하니까 문도가 3천 명에 이르렀다. 그리고 그 가르침의 영향이 넓고 활발했다. 그래서 이후 반도의 불교는 계속해서 화엄종을 중심으로 삼았다. 왕성함을 드러내니 그 법화(法化)가 얼마나 컸는지 알 수 있다. 또 법장이 매번 논소를 지으매 기회가 있으면 질문과 고침을 의상에게 청하여 죽을 때까지 게으르지 아니했다는 점 또한 주목된다.

의상의 많은 저술 가운데도 『일승법계도(一乘法界圖)』와 같은 것은 불과 2~3백 자의 말 가운데 화엄 철학의 정수를 표현하고 있다. 따라서 학계의 안목(眼目)이 되는 동시에 종교 문학상 유례가 없는 걸작임을 사람들이 아는 바와 같다.

그러나 화엄 종지의 발명에 대한 반도 불교의 자랑은 실로 이에 그치는 것이 아니다. 반도 불교는 중국의 학통에 끌려 다니지도 아니하고, 구래의 전습(傳習)을 딛지 아니하고, 내외적으로 독특한 견지에서 별개의 하나의 화엄종을 따로 세웠다. 화엄학 마지막 단계의 오묘한 이치를 풀어낸 원효의 해동종(海東宗; 일명 芬皇宗)이 그것이다.

원효는 의상으로 더불어 초기에 수행을 같이 했다. 원효는 박학하고 논리적 논설을 바탕으로 불교의 교지에 깊이 통달했다. 이후 의상은 서쪽으로 중국에 배를 타고 가서 지엄(智儼)의 가르침을 받았다. 그러나 원효는 바로 자심(自心)을 가르치고 홀로 정진했다. 그는 마침내 불교의 높은 경지에서 자신의 종문(宗門)을 따로 세웠다. 원효의 해동종이야말로 불교사의 측면에서 보면 화엄종의 진정한 창립이요 동시에 불교 철학의 완성이라 할 수 있다.

법장 이하로 이통현[38] 같은 인물까지 중국 화엄 종사(宗師)들의 저술 가운데 드러나거나 드러나지 않게 원효의 학설을 인용한 것이 많다. 특히 법장이 당시 신흥의 기세로 교계를 풍미하던 법상종을 상대로 하여 제대로 논전을 펼쳐서 기치를 높였던 것은 「기신론(起信論)」[39]이라는 무기의 힘입음이 컸다. 법장의 「기신론소(起信論疏)」는 많은 부분을 원효의 소를 근거로 한 것이다. 또 제자에게 기신론을 가르칠 때 교본을 원효의 소로써 했다. 이를 미루어 볼 때 일반 화엄종 가운데 침투해 있는 원효의 숨겨져 있는 공덕을 오히려 헤아릴 수 있을 것이다.

4. 원효, 통불교의 건설자

반도의 불교인이 동방 불교의 중심지인 중국에 가서 드러나게 혹은 숨어서 중국인과 공동 작업으로 교리의 발전에 공헌한 것도 물론 적지 않다. 그러나 조선이 불교에 가지는 진정한 자랑과 독특한 지위는 조선적 독창성에 있을 것이다. 곧 불교의 진생명(眞生命)을 투철히 드러내어 ― 불교의 세상을 구하는 기능을 충분히 발휘해서 이론과 실행이 원만히 융화된 '조선 불교'의 독특한 건립을 성취했다.

인도 및 서역의 서론적(緒論的) 불교, 중국의 각론적(各論的) 불교에 대하여 조선은 최후의 결론적(結論的) 불교를 건립했다. 그런데 반도 불교에서 이 영광스러운 임무의 표현자인 사람이 누구냐 하

---

38 이통현(李通玄; 635~730)은 중국 당나라의 불교학자로, 화엄경을 연구하여 『신화엄경론(新華嚴經論)』 등을 저술했다.

39 기신론(起信論)은 불교의 근본 뜻을 이론과 실천 두 부분에서 설명한 논리를 말한다.

면 실로 당시부터 대성인의 칭호를 얻은 원효가 그 사람이었다.

원효는 세상에 흔히 화엄종의 사람으로 알려졌다. 원효가 중국의 학통에 직접 관계없이 조선 독특의 화엄종을 세운 것도 부정할 수 없는 사실이다. 또 원효의 해동종이 대체로 화엄종의 별명임도 사실이다. 그러나 원효의 전체 사상이 단일적 화엄 법문에 속하는 것은 아니었다.

원효는 화엄으로써 불교의 철학적, 궁극적 의미를 세우는 동시에 철학적 방면이 불교의 본령이 아니라고 생각했다. 그래서 그는 불교의 실행화, 대중화, 세상 구제를 위해 날카롭게 살피고 깊이 고민했다.

종교는 시(詩)가 아니며, 학설이 아니며, 관념의 유희가 아니며, 사변이 격렬히 다투는 곳도 아니다. 종교는 어디까지나 세상을 구하는 힘이어야 할 것이며 구제 그것이어야 할 것이다. 삼계(三界)[40]의 화택(火宅)[41]에서 중생을 구제하는 것 이외에 세존의 본래 의도가 따로 있을 리 없는 것이다. 오묘한 철리를 말미암아서 불법을 믿고 따르는 것이 아니라 세상을 구하는 강력한 힘이란 점에서 불교의 생명과 가치가 있다.

그런데 석존에서 용수로, 용수에서 구마라집으로, 구마라집에서 두순·지엄으로 옮겨가면서 불교의 대세가 이론적·사변적으로 나갔다. 얼핏 보면 부처로부터 나온 중요한 인연이 한가로운 일처럼 보였다.

다른 사상과 마찬가지로 불교도 동쪽으로 동쪽으로 나오면서 깊이를 더하고 질을 높였음이 사실이다. 하지만 정직하게 말하면 동

---

40 불교에서 말하는 천계(天界)·지계(地界)·인계(人界)의 세 가지 세계를 말한다.

41 불이 일어난 집이라는 뜻으로, 번뇌와 고통이 가득한 속세를 비유적으로 이르는 말이다.

방에서의 향상과 발전은 행(行)보다는 지(知)에서 더욱 그러했다. 그래서 갈수록 의론(議論)이 번잡해졌고 교화의 이로움은 그대로 줄어드는 경향조차 없지 않게 되었다.

이론의 불교를 실행의 불교로 전화시키며 철학자의 손으로써 불교를 찾다가 부처의 본래 뜻으로 돌아가자 함이 실로 원효의 심원(心願)이었다. 그리하여 그는 혜학(慧學)[42]과 뛰어난 논증으로써 올라갔던 깨달음의 수미산으로부터 내려와서 이른바 환상회향(還相廻向)[43]의 알기 쉬운 교화를 행했다. 불교를 산림(山林)으로부터 일반 사람이 사는 곳으로 끌어내리고, 전당으로부터 가두로 끌어내고, 학자의 두뇌로부터 만인의 실생활로 옮기기 위해 노력한 것이다.

이것이 이론적으로 극에 달한 불교의 당연한 전기(轉機)일지도 모르겠다. 아울러 광란을 끊고 새로운 국면을 개척한 것이니, 대장부가 아니면 누가 능히 할 것인가? 우리는 원효의 전기를 읽을 때마다 원효는 실로 팔천 번에 한 번 돌아오는 것처럼 이 땅에 내려 온 불신(佛身)임을 다시금 마음속으로 고맙게 생각하지 않을 수 없다.

원효는 617년(진평왕 39)에 신라 수도의 인근 군(郡)에서 태어나서 거의 7세기 전반에 걸쳐서 반도에 교화를 행했다. 그 덕을 숭상하는 후인(後人)들이 있어 그가 처음 태어날 때부터 적멸(寂滅)에 이르기까지 많은 신기한 행적이 전해지고 있다.

그는 일찍 출가하여 방랑과 탐구를 열심히 하고 삼학(三學)[44]에 통달하여 깊고 넓으며 정밀하고 명확해서 필적할 자가 없었다. 당시 사람들이 그에 대해 말하기를 '만인(萬人)의 적(敵)'이라 했다. 불

---

42 번뇌를 없애고, 진리를 꿰뚫어 보는 법을 말한다.
43 정토에 태어난 후 다시 이 세상에 돌아와 모든 중생을 교화하기를 원함이라는 뜻으로, 원효가 세상 사람에게 알기 쉬운 교리를 펼친 것을 말한다.
44 불도를 수행하는 사람이 반드시 닦아야 할 세 가지 근본 수행으로, 계율을 지키는 계학(戒學), 마음을 산란하게 하지 않는 정학(定學), 번뇌를 피하고 지혜를 찾아가는 혜학(慧學)을 말한다.

심을 곧바로 붙잡아 가지고 고금 불교의 모든 경륜(經綸)을 해석하고 주석함이 손대는 곳마다 정형적이거나 상투적이지 않으며 혼돈됨을 깨뜨리지 아니한 것이 없었다.

특히 「대승기신론」과 「화엄경소」는 중국에 전해지고 그것이 화엄종 건립에 큰 힘을 주었다는 것은 위에서 언급함과 같다. 『금강삼매경』의 소(疏)와 같은 것은 서토(西土)의 삼장(三藏)[45] 가운데 논(論; Sastra)으로써 인정을 받았다.

논이란 것은 대보살의 불경을 부연하는 책을 이르는 말이다. 그리고 용수, 무착, 세친 등 불교학자 가운데 선발된 극히 소수 사람이 저술한 것만이 향유하는 명예임이 물론이다.

그러나 문수보살의 지혜와 부루나[46]의 변설(辯舌)이라도 원효가 만족하지 않았다. 그는 무엇보다도 계급화, 취미화, 관념화한 특수 불교의 적폐를 타파하고, 불교를 만인이 함께 증험할 보편 평등한 것이라는 측면에서 법문의 본령으로 돌려보내려고 했다. 이를 자기의 역사적 사명이라고 생각했다. 그는 이를 위하여 사변(思辨)의 사자상(獅子床)[47]에서 내려왔다.

국왕에게 받았던 화려한 가사(袈裟)를 벗어버리고 교권의 스님 자리를 내어 던졌다. 깊이 자물쇠가 채워졌던 상아탑을 깨고 나왔다. 적나라한 한 개인의 몸으로 인간 고(苦)의 맹렬한 불덩이 속으로 발 벗고 들어서서 그 불을 끄기 위해 한 소방부로서 용감하게 가두 진출을 결행했다.

그는 진(眞)으로부터 속(俗)으로 돌아왔다. 명령으로부터 봉사로

---

45 경을 모은 경장(經藏), 율을 모은 율장(律藏), 논을 모은 논장(論藏)을 합해서 말한다.
46 부루나(富樓那)는 부처의 10대 제자 가운데 한 사람으로 설법을 통해 9만 9000명을 열반에 들도록 하여 설법 제일이라 불린다. 평생 교화에 힘썼다고 한다.
47 원래 부처의 자리를 말하며 여기서는 높은 자리에서 내려왔음을 의미한다.

이사했다. 온갖 전통과 형식으로부터 해방을 먼저 획득했다. 다만 한 가지 불붙는 듯 세상을 구한다는 의무감을 지니고, 다만 한 방울씩의 법유(法乳)라도 만인에게 널리 전해지기 위해 자신의 모든 것을 휩쓸어 넣었다.

그는 민중이 찾기를 기다리지 아니하고 불교를 민중에게 가져다주려 했다. 그러나 억지로 권하려 하지 않고 민중으로 하여금 저절로 불교를 따라오게 했다. 귀와 눈으로 불교가 들어가게 했다. 나아가 불교를 외부로부터 주입할 것 아니라 각자의 내면에 본래 갖추어진 불교가 저절로 유도되어 나오도록 했다.

이를 위해 그는 만인이 좋아하는 무곡(舞曲) 속에 불교를 넣고 만인이 즐겨하는 가사(歌詞) 위에 불교를 얹었다. 산촌, 해안가, 주막과 나루터, 창루(娼樓) 할 것 없이 노래와 춤으로 유행시켰다. 그러던 중 언제 어떻게 이루어진지도 모르게 만인이 불교에 들어왔으며 불교가 세상을 덮게 되었다.

또한 그는 방언과 알기 쉬운 격언으로써 불교를 풀어서 무식한 사람에게 비로소 불교를 주었다. 또 거북살스러운 이론과 까다로운 형식과 절차를 떠나서 쉽게 이해하고 행동으로 옮길 수 있는 불교가 있음을 대중에게 알렸다. 불교가 참으로 만인의 것임을 알게 하고 만인이 모두 그것을 이해하게 했다.

그는 불교가 얼마나 인간적이며 실생활에 가까운 것이며, 한 사람이라도 등질 수 없고 한시라도 떠날 수 없는지 그 이유를 적극적으로 표현했다. 이를 위해 자기의 종교를 단지 불교라고 일컫지 않았고, '유심안락도(遊心安樂道)'라고 말했다.

이와 같은 교화와 전도는 실로 불교사상의 파천황[48]인데, 그 효과도 퍽이나 컸다. 그가 처음 승려로부터 거사(居士)가 되고 범행(梵

---

48 이제까지 아무도 하지 못했던 일을 성취함을 의미한다.

行)으로부터 세속 생활로 옮김에 세상이 비웃었다. 그리고 "원효도 마침내 범부(凡夫)이었구나."라고 했다. 전통에 사는 승려들은 원효를 미친 사람으로 욕하고 그의 교화 활동을 사도(邪道)로서 내쳤다.

그러나 이렇게 하는 동안에 그는 이것이 불교가 세상을 구하고 완성할 수 있는 방안임을 증명했다. "온 세상을 한꺼번에 불교화하겠다."라고 한 큰 사실이 있었다. 그 효과와 공적을 당시의 문자가 단적으로 기록되어 있다. "길거리의 무리로 하여금 부처의 이름을 알고 나무아미타불을 부르게 했다."라고 전해진다.

불교가 동쪽으로 동쪽으로 나오는 중에 논리가 깊어졌다. 게다가 그 높이가 끔찍하게 높아졌다. 교계가 따로 있고 승려들이 따로 몰려서 불교가 참다운 너비와 보편을 가지지는 못했었다. 불교는 사원의 것 승려의 것이요, 일반 세상의 것 대중의 것은 아니었다. 용수도 결국 논사(論師)였으며 구마라집도 결국 학자였으며 혜원[49]도 결국 특권 계급이었다.

불교의 교화와 전도에 인연이 있고 없음을 말할 뿐이다. 또 인연을 말하면서 일반 사람이 그것을 붙들 적절한 기회를 주는데 부지런하지 않았다.

불교의 기둥이 대중이요 불교의 생명이 구제라 하면 교화와 전도의 수단에 결함을 가진 것이 이때까지의 불교였다. 그러한 불교는 아직 완성된 것, 완전한 것이 아니었다고 할 수 있다. 그런데 원효는 들어앉아서는 철리적(哲理的) 결론을 완성하여 마무리했고 나와서는 대중적 실제 수행 방법을 완성했다. 따라서 성불해야 한다는 이상이 이에 비로소 구현됨을 보게 되었다.

아아, 원효[元聖]의 교화를 통한 이익은 진실로 석가모니 이후 처

---

49 혜원(慧遠; 334~426)은 중국 동진(東晋)의 승려로, 많은 번역을 통해 중국 불교를 학문적으로 확립한 승려이다.

음이라고 할 것이다. 원효의 일생에 체현되어진 불교의 정화(精華)는 오랫동안 불교의 가장 뛰어난 지시표(指示標)로 높게 평가되어야 한다. 그러므로 원효는 진정한 의미에 있어서 불교의 완성자라고 할 것이다.

그러나 원효를 불교의 완성자라고 함에는 그 쉬운 포교와 보급에 대한 공적 외에 한층 더 넓고 큰 가치 창조가 있음을 알지 않으면 안 된다. 그것은 원효의 불교가 불교적 구제의 실현인 동시에 통불교(通佛敎)·전불교(全佛敎)·종합 불교·통일 불교의 실현인 사실을 간과해서는 안 된다.

분화가 발전의 필요한 과정이라 할지라도 이때까지의 불교는 너무나 분란(紛亂)한 종파로 나뉘었고 너무도 분란한 대립이었다. 동일한 불교의 세계 내에 너무도 많은 독립 왕국이 서로 기치를 날리면서 사람으로 하여금 어떻게 적용해야 하는지를 모르게 만들었다. 한편 같은 교단 내에도 크고 작은 교리적 다툼이 없지 않았다.

사람이 중국의 불교를 불교의 큰 흐름이라 하고 중국 불교에서는 당나라 시대의 불교로써 그 절정이라 한다. 그렇지만 융성이 극에 달한 당나라 시대의 불교는 부처가 미리부터 걱정하신 바대로 서로 논쟁하며 자신의 학설만을 고집하는 모습 그 자체였다. 분열에서 통일로, 파별에서 화회(和會)로 나아가야 했다. 분화가 극에 달한 당시의 불교는 새롭게 하나의 생명체로서의 조직과 힘 있는 표현을 요구했다.

중국까지 오는 동안에 원심적 경향으로 펼쳐져서 발전해 온 불교가 반도에 와서 차차 구심적 경향을 나타내게 되었다. 마침내 원효를 만나서 단일 교리에 의한 최후의 완성을 실현하게 되었다. 불교 통일의 내적 요구가 다시없는 대건축가인 원효를 발견한 것은 부정할 수 없다.

원효의 학문적 성과가 얼마큼 넓고 큰 것인지, 그 저작이 얼마큼 많은 것인지 이제 와서 그 전체 모습을 알 길이 없다. 하지만 지금 그 실물 혹 명칭을 전하는 것만 가지고 볼지라도 경률론(經律論) 삼장과 대소권실십종(大小權實十宗)에 걸친 오십 종 백여 권을 통해 볼 때 원효의 학문적 깊이를 짐작하기에 충분하다. 그것이 무엇이냐 하면 각 종파 그대로를 말미암아 궁극적 근원을 붙들어서 전일적(全一的) 불교를 표현하려 함에 있었다.

원효의 찬술이 이렇게 다방면에 걸치는 것은 결코 학문을 팔려고 함도 아니요 또 논쟁을 좋아하기 때문이 아니었다. 실상 모든 방면을 합하여 통일적 불교를 고조하려고 한 부득이한 준비 과정이었다.

이러한 기본 의식 위에 건축한 원효 불교의 특징은 다음과 같다. 쉽게 말하면 철리적 방면의 종합 표현으로 화엄을 정립하고, 실제적 방면의 단적인 방안으로 아미타를 표출하여 지목행족(智目行足)[50]의 원만한 조화를 모든 사람의 일상 행동과 생각을 바탕으로 체험, 도달하게 하는 것이다.

이 최고 통일, 최후 완성으로서의 새로운 불교는 특권으로부터 일반의 소유로 바뀌면서 그 실현의 첫걸음을 삼았다. 대개 원효의 학문이 넓고 저술이 많은 듯하지만, 그것들은 저 일반적인 장소가(章疏家)의 것처럼 지루하거나 산만한 자구의 천착을 더한 것이 아니었다.

대개 '종요(宗要)'니 '지귀(旨歸)'니 '요간(料簡)'[51]이니 한 것처럼 한두 권 가운데서 일경(一經), 일론(一論)의 중요한 내용을 간추리고 중요한 부분을 해석함으로써 근본을 삼았다. 특히 『화엄경소(華嚴經疏)』를 10권으로 서술하면서도 다른 한편으로 아미타의 본래 뜻을

---

50 천태종에서 깨달음에 이르는 데 중요한 요소인 지혜와 행업(行業)을 눈과 발에 비유한 것이다. 본문에서는 천태종을 의미한다.

51 종교적 내용 가운데 중요한 것을 헤아려 뽑음을 말한다.

밝히기 위해 많이 노력한 점을 통해 볼 때 그 근본 정신이 어디에 있는지를 살펴볼 수 있다.

원효의 불교사에 대한 자각은 요약하건대 통불교·전불교의 실현이었다. 그 거룩한 포부를 담은 것이 『십문화쟁론(十門和諍論)』 2권이다. 이것은 인도의 철학을 6사(六師)에 나누듯이 불교의 학설을 10문에 벌려서 논의 가운데 논쟁적인 부분을 분명히 하고 여러 다른 이론을 함께 정리해서 불교 통일의 논리적 근거를 제시한 것이다.

그는 이러한 자각과 자임 아래 이때까지의 그것과는 아주 다른 의미에서 일종의 - 그리고 가장 유의미한 파사현정(破邪顯正)[52]을 행하여 종합과 통일에 의한 불교의 진정한 생명과 진정한 정신을 발휘하기에 일생을 바쳤다. 이것은 실로 반도 불교의 역사적 혁명인 동시에 실제에 있어서도 가장 최대의 특색이라고 할 수 있다.

이러한 원효의 포부는 본래부터 하루아침에 현실화할 수 있는 것이 아니다. 하지만 그 정신은 이후 영원히 반도 불교인의 속에 활발하게 살아 있게 되었다. 여러 가지 곡절 속에서도 그 목적을 향해 한 걸음 한 걸음을 재촉해 나왔다.

뒤에 고려 왕조가 원효의 덕을 새로이 높게 평가해서 그에게 '화쟁(정) 국사(和靜(諍)國師)'의 칭호를 드렸음은 그의 대표적 업적이 불교의 화회(和會)에 있음을 인식한 것이라고 할 수 있다. 또 조선의 불교가 그 거북한 환경 속에서도 오히려 교리의 핵심을 간추리고 정리해서 선·교 양종으로 새로 나누어 종법(宗法)을 만들어 실현한 것은 은근한 가운데 원효의 화회적 정신이 작용된 것이라고 볼 수 있다.

---

52 부처의 가르침에 어긋나는 사악한 도리를 깨뜨리고 바른 도리를 드러낸다는 뜻으로, 그릇된 생각을 버리고 올바른 도리를 행함을 비유한 말이다.

'석가로서 원효에'는 요약하건대 '창작에서 분화'와 '분화로서 귀합(歸合)'을 의미한다. 원효가 있음으로 인해 여기 오직 하나의 불교가 있다고 할 수 있다. 원효가 있어 조선 불교에 빛이 있고, 조선 불교가 있어서 동방 불교의 의의가 있다고 할 것이다.

그러나 원효의 불교는 아직까지 만족스럽게 실현된 것이 아니다. 그 싹이 열리는 것은 차라리 뒷날을 기다린다고 할 것이다. 원효는 불교 구원의 거울이요, 집행이요, 또 이상의 목표이다. 그는 언제까지나 불교인의 마음속에 살아 있지 않으면 안 될 것이다.

5. 불교 예술사 측면에서의 조선

불교가 반도로 들어오면서 처음에는 고유 신앙 사이에 반발도 있고 역사적 추세와의 모순도 있어서 그 점진적인 전파 과정은 얼마만큼 지체를 면하지 못했다. 그렇게 하는 동안에 사상적 타협이 생기고 또 시세의 요구에 의하여 불교인의 현세주의적 경향이 갈수록 강렬해졌다. 마침내 반도의 사회와 문화가 거의 불교 중심으로 형성되게 이르렀다.

불교가 가진 위대한 사상과 문학과 예술과 범신적(汎神的) 특징은 본래의 전통을 억압 또는 포섭하기에 크게 힘들지 않았다. 한편 불교적 통섭은 당시에 있어서 국운(國運) 호전의 관건이 되는 중국에 대한 외교상에 좋은 기회를 조성하는 일이 많았다. 그래서 불교의 사회적 지위는 날로 높아졌다.

못이 깊으면 고기와 자라가 함께 자라는 것처럼 불교의 큰 그늘에는 저절로 많은 인물이 모이게 되었다. 예를 들면 고구려·백제·신라의 삼국 시대로부터 신라의 통일 시대에 걸치는 반도의 역사를 들추어 보라. 법속(法俗) 양 방면을 통하여 얼마나 많은 공업

(功業)이 불교인의 손에 건설되고 또 이에 상응할 많은 인물이 불교로 인해 존재하였는지를 생각해 봐라. 누구든지 경탄치 아니치 못할 것이다.

만일 이 시기의 반도 역사에서 불교 관계의 사건 및 인물을 제거하면 필연적으로 책장이 거의 텅 빌 것이다. 그리하여 지금까지도 반도가 세계를 향하여 자랑할 수 있다는 문화적 유적은 대부분 불교의 물건, 불교 영향의 물건임이 사실이다. 조선의 예술을 말하는 이가 누구든지 먼저 손에 꼽는 것은 경주의 석굴암 조각이다.

경주는 10세기 중반까지 약 천 년간 신라의 수도였다. 신라는 반도 여러 나라의 최초 통일자로 국가 내의 재화를 중앙에 집중하고 활발하게 활동했다. 민첩하고 강하게 당나라 문화는 물론 당나라를 통해서 서역의 문화를 흡수했다. 경주는 당의 장안과 함께 당시 동방에서 부유하고 번영된 문명의 대표적인 양대 도시였다.

후년에 콜럼버스로 하여금 동방의 황금의 나라를 몽상케 하여 결국 신대륙 발견의 원인이 되었다 하는 아라비아의 저술가 이븐 바투타[53]의 지리서 중에 황금의 나라 '신라(Syla)'란 실로 이 시대의 신라를 가리킨다. 당시 신라의 수도는 18만 호를 포용했고 그 안에 무수한 사찰이 있었다. 그 모든 것에 충만하여 있는 것이 금은과 수를 놓은 비단이었다. 이를 표현한 것들이 당시 세계에서 가장 우수한 예술이었다.

그런데 나라가 점점 기울어져 산하도 황폐하여 금은보화는 흩어지고 목재 건물은 썩어졌다. 다만 약간의 석물(石物)이 천년 풍우를 업신여기면서 지금까지 남아 있다. 그중에서 토함산의 석굴은 당시 가장 대표적인 예술의 정화였음을 우리에게 일러 주고 있다.

---

53 이븐 바투타(Ibn Batuttah; 1304~1368)는 중세 이슬람의 법관이자 학자이다. 14세기 초 모로코에서 태어나 21세부터 30년간 아시아, 아프리카, 유럽 등 세계를 탐험했고 여행기를 남겼다.

토함산은 경주로부터 동방 40리 정도 떨어진 신라의 성스러운 산이다. 거기는 불국사라는 거대 사찰이 있어 금 또는 돌로 만든 훌륭한 유물이 있다. 산꼭대기 가까운 곳에 동해를 바라보며 석굴이 있으니 7세기 반경에 신라의 한 귀족이 조성한 것이다.

석굴은 인도의 엘로라(Ellora)·아잔타(Ajanta)로부터 중국에서는 간쑤 성의 둔황(燉煌), 산시 성의 윈강(雲岡) 및 톈룽 산(天龍山), 뤄양의 룽먼 산(龍門山)에 이르기까지 조성되었다. 원래 석굴을 조성하기 마땅한 돌산이 많고 목재가 부족한 지방에 자연히 발달한 건축물이다. 그리고 불교 이외의 것도 없지 아니하나 동방에서는 주로 불교에 속하는 사례가 많다. 그 뒤에는 석굴이 불교의 장엄함을 나타내는 필수적인 건축물처럼 되었다.

신라에서도 이러한 건축물을 생각했다. 토함산은 돌산이 아니므로 적당한 석재를 다른 곳에서 운송했고, 많은 석판을 모아서 인공적으로 자연의 굴을 모방하여 만들었다. 이러한 석굴은 세계에 유례를 볼 수 없는 것이요, 실로 반도의 독창에 속하는 것이다. 그래서 당시 건축술의 발달에 다시금 놀랄 수밖에 없다.

전체의 형태는 인도에 있는 불감(佛龕)을 본떠 원형의 일실(一室)로 만들었다. 천정을 궁륭[54]으로 하고 중심에 웅장하고 장엄한 연꽃 모양을 드러나게 새겼다. 중앙에 연대(蓮臺)를 놓고 그 위에 유백색 화강석으로 조각한 약 9척의 큰 석가상이 엄숙하게 결부좌하고 있다.

단엄 장중하고, 온화 자비한 부처의 모습을 형상한 아름다움은 이루 형용할 수 없을 정도이다. 더욱 인간적(사실적)이면서 그대로 인간을 초월한 거룩함을 표현한 것은 신앙적 조상미(彫像美)의 아름답고 섬세함을 최대한 나타낸 것이다. 이를 볼 때 경탄을 참을

---

54 활이나 무지개처럼 높고 길게 굽은 형상을 말한다.

수 없다.

석가를 둘러서 주위의 벽면에는 바로 뒤에 십일면관음을 두고 그 좌우에 십대 제자 각 5구와 입구 가까이 우측에 문수보살, 좌에 보현제석(普賢帝釋) 등 보살 및 천부(天部)의 사람 크기의 입상(立像)을 실물의 반 정도 도드라진 돈을새김으로 조각했다. 그중에서도 특히 십일면관음과 범천(梵天), 제석(帝釋)은 실로 세상에 드문 걸작이다.

다시 주위 벽의 위쪽에 여러 감실을 만들고 유마(維摩), 문수(文殊), 지장(地藏) 등 작은 보살상을 봉안했다. 그 구조의 진귀함, 조각의 정교함과 아름다움이 모두 다 신기(神技)에 가까운 훌륭한 모습을 띠고 있다. 입구에는 선도(羨道)와 유사한 통로를 만들고 좌우에 사천왕상(四天王像)과 인왕상(仁王像)을 돈을새김으로 만들었다. 이것은 후세의 첨가인 듯하다. 기술이 전자에 떨어지지만 또한 볼만한 점이 있다.

좌우 균형으로 한 가운데 부처를 배치한 예술적 안목이 감탄스럽다. 우선 모든 불상의 배치가 석굴의 중심인 석가모니 부처에게 조금도 누가 안 되게 구성되었다는 점이다. 뿐만 아니라 굴 안으로 들어가면 관람자 앞에 언제든지 석가모니 부처에게 시선이 향하도록 만들어졌다는 점에서도 기술의 미묘함이 이를 길 없다. 또한 기묘한 솜씨는 석가의 뒷벽에 붙인 광배(光背)에도 드러난다. 연꽃 모양의 둥근 판은 입구에서 보면 석가상의 바로 머리 뒤에 있지만 굴 안으로 들어가면 그것이 차차 내려오는 것처럼 보인다. 경탄 또 다시 경탄하지 않을 수 없다.

세상에 석굴이 많지만 대개 규모에 비해 항상 기술이 함께 하지 못하는 경우가 많다. 경주의 석굴은 형체 면에서 가장 작지만 각각의 부분이 이미 홀로 특이한 수법이며, 이것을 종합한 그 전체가 다시 혼연한 하나의 예술체를 구성하고 있다. 겹겹이 서로 조응한 미감(美感)이 사람으로 하여금 황홀해서 정신을 놓게 만든다.

어떤 사람은 말하기를 불교에서 불상을 조성한 이후로 경주의 석굴을 넘어서는 것이 없으리라 한다. 어떤 사람은 말하기를 어떠한 의미로든지 경주의 석굴은 세계에 현존하는 불교적 예술품 가운데 가장 최고라고 한다. 어떤 사람은 말하기를 아잔타 · 간다라 · 페르시아 · 서역 · 육조(六朝)의 모든 수법과 장식을 가장 솜씨 있게 종합 표현한 것이 경주의 석굴이라 한다.

어떤 사람은 말하기를 경주의 석굴은 단순히 기술의 산물이 아니라 실로 국가적으로 융성한 기운과 민족적 대이상을 열렬한 신앙으로써 반죽된 것으로 온 세상의 예술적 기술을 종합한 대단한 수법으로서 조성한 다시없는 신품(神品)이라 한다.

어떤 사람은 말하기를 그리스 조각의 타입(type)이 지금 다도해 여러 섬의 인민 중에 남아 있는 것처럼, 석굴 석가상의 전형이 신라 옛 영토인 지금 경상도 남녀의 면모에 남아 있는 것을 볼 수 있다고 한다. 따라서 석가상은 온전히 신라인을 모델로 하여 그 풍모를 그대로 생생하게 묘사한 것이다. 다만 외형뿐만 아니라 그 의기와 정신과 혼을 거기 담은 것이라고 말해진다.

사람의 입으로써 할 수 있는 일체 최고급의 찬사가 이 작은 한 건축에 집중됨을 보아서 그 위대성과 특별한 가치를 알 것이다. 궁극적으로 경주의 석굴은 공전절후한 당시의 좋은 분위기를 배경으로, 원만 현묘한 불교 정신을 기연으로 해서 조선인의 대기백, 대역량이 온통 하나의 예술로 표현된 민족적 보탑이다. 이와 동시에 문화사에 있어서는 동서고금을 융합해서 만들어낸 불교 예술의 집대성이라 할 것이다.

토함산만 말해도 불국사의 다보탑 · 석가탑 그리고 노사나상(盧舍那像)과 같은 뛰어난 예술품이 있다. 다시 경주와 그 주위를 합해 보면 분황사의 탑, 봉덕사의 종 등 천하에 자랑할 만한 보물이 하나둘이 아니다. 더욱 신라의 전 영토와 시대를 통합해 말하면 다만 금석의 유물만이라도 수많은 뛰어난 유물을 이루 셀 수 없을 것이다. 이 모든 것의 가치를 모두 한 석굴로써 상징하기로 한다. 다음은 잠시 반도가 가지는 불교 전파의 다른 업적에 눈을 돌려 보자.

6. 불교 성전(聖典)과 조선

어떠한 종교에서든지 성전이 그대로 신앙이 되지마는 불교에 있어서는 경전을 신성시함이 다른 종교에 비하여 더욱 심대함을 본다. 그래서 경게(經偈)[55]의 극히 작은 단편이라도 이를 받아 가지고 있거나 유통하면 헤아릴 수 없을 만큼 큰 공덕이 있다 함이 예로부터 불교의 하나의 신조였다. 그러나 서적의 나무 판본은 동양에서도 비교적 늦게 유행했다. 그래서 불경의 유통도 대개 서적을 베껴 쓰는 것이 중심이었다.

당나라에 들어와 간경(刊經)의 예가 있음은 지금 대영박물관에 함통(咸通) 9년(868)의 연기(年紀)를 적은 『금강반야바라밀경』을 통해 알 수 있다. 불교 서적의 전집인 이른바 대장경의 조판은 그보다 한 세기 반을 뒤져서 북송의 초기인 태조의 개실(開實) 4년(971)에 국가 사업으로 지금 쓰촨(四川)의 청두(成都)에서 착수하여 무릇 12년 만에(983년에) 5,048권을 각성(刻成)한 것으로써 기원을 삼음이 중국의 문헌을 근거로 한 통설이다.

청두에서 간행한 - 이른바 『촉본대장경(蜀本大藏經)』은 당나라의 지승[56]이 『개원석교록(開元釋敎錄)』 가운데 「입장견행(入藏見行)」이라

55 부처의 진리를 기록한 경전과 승려의 글귀를 말한다.
56 지승(智昇)은 당나라의 승려로 730년 수도 장안에서 『개원석교록』을 찬술했다. 이 저술은 당시 중국에 번역 소개된 불경을 모두 기록한 저서로 후대의

하여 5,048권을 정리, 편집해 놓은 것을 그대로 경판에 새겨 간행한 것이다. 후세의 모든 대장경이 대개 이것을 기초로 하고 있다.

반도에는 이러한 사업을 시작한 후 6년 되는 고려 성종 8년(989)에 이 『촉본대장경』이 전래되었다(그러나 고려사를 근거하면 태조 11년, 928년에 승려 홍경[57]이 閩府로부터 대장경 1부를 배로 싣고 온 일이 있다. 이외에도 신라 말에 승려 普曜가 吳越로부터 대장경을 가지고 왔다고 『삼국유사』에 실려 있다. 대장경을 실제적으로 간행하기 시작한 것은 이미 송나라 이전의 남중국 지방에 있었음을 짐작할 수 있다).

그런데 중국의 청두에서 대장경을 나무에 새겨 간행할 때, 고려에서도 대장경의 발간을 준비하고 있었다. 『촉본대장경』이 완성된 지 28년만인 고려 현종 2년(1011)에 마침내 외적을 물리칠 것을 기원하고자 각판에 착수했다. 『촉본대장경』과 같이 『개원석교록』에 수록된 5천여 권을 간행 완료했다.

다음 왕인 문종 12년(1056)에 다시 『정원속계원석교록(貞元續開元釋敎目)』에 수록된 것과 함께 송나라 시대에 새로 번역된 것을 간행하여 문종 47년에 6,557권이란 대규모의 내용을 담은 대장경을 부인사(符仁寺)에 보관했다. 이는 대장경의 두 번째 각판으로, 말하자면 송판 대장경을 정교하게 하고 또는 완전하게 한 것이라 할 수 있다. 그러나 부인사가 고종 때 몽고의 병화를 입었고 대장경판도 또한 손실되었다.

이에 군신 상하가 다시 몽고를 응징하고 항복받겠다는 염원을 세우고 대장경을 다시 각판하는 사업을 시작했다. 고종 24년(1237)부터 38년(1251)까지 15년간에 마침내 경판 한장 한장 정성을 다하고 글자마다 고심한 18만 면(81,240매)의 양면 각판과 기타 부수한

전범이 되었다.
57 홍경(洪慶)은 신라 말 고려 초의 스님으로, 후당(後唐)의 민부로부터 대장경 1부를 배에 싣고 예성강에 이르자 태조 왕건이 직접 맞이했다고 한다.

다수의 잡판이란 대사업을 완성했다. 그것이 지금까지 온전하게 경상도 합천군 해인사에 전래되고 있다. 이것을 고려의 재각장(再刻藏)이라 하며, 고려판 대장경이라 하면 보통 이것을 가리킨다.

이 고려 대장경의 공역(公役)은 온갖 점에서 놀라운 준비가 필요했다. 가장 내구성이 있고 가장 견실한 재질로 된 나무판 재료를 선택했다. 뒤틀어지거나 수축되는 것을 막기 위해 오래도록 바닷물에 담갔고 여러 번 소금물에 삶고 이것을 말려서 일정한 길이와 넓이와 두께로 재단했다. 그리고 지극히 엄밀한 주의와 경건한 방법으로 한획 한획을 조각했다. 이후 부패를 거의 방지하는 방법을 실시하고 좌우에 테두리를 부치고 네 모퉁이에 정장을 더하여 비로소 한 장의 각판이 성립되었다.

그러나 원고본이 새기는 사람의 손으로 나가기까지의 노고는 오히려 이에 몇 배가 되었다. 우선 고금 내외에 전해지고 간행된 많은 이본(異本)을 나라 안에서는 물론이요, 송나라와 요나라 등으로부터 모집했던 여러 전본(傳本)을 글자글자마다 구절구절마다 자세한 대조를 행하여 그 정본을 정했다. 다음에 특별히 양성한 사경원(寫經員)이 이른바 한 글자를 쓰고 한 번 절하는 방식으로 이를 경건한 마음가짐으로 정확히 썼다. 아울러 다시 글자마다 교정을 하는 데 범상치 않은 주의를 기울여 완성했다.

경전을 새기는 업무는 각 지방에 분담시켜 완성되는 대로 도감(都監)으로 모아 들였다. 이 거창스러운 일을 수십 년 계속하여 수십 만 줄을 조각해서 만드는 작업은 진실로 사람의 능력을 뛰어넘는 사업이라고 할 수 있다. 고려 시대에는 이것을 여러 번 되풀이했다.

대장경의 조판은 내외를 통하여 스무 차례에 달하지만 오늘날까지 가장 뛰어난 경판이며, 가장 신앙적이며, 가장 합리적으로 만들어져서 내용과 겉모습이 가장 아름다운 것은 오직 고려판의 대장경이 그것이다. 그러므로 이후의 대장경 간행은 어디서든지 똑같이 고려판을 전형으로 하여 맞고 틀리고를 판단했다.

근년 일본 및 중국에서 새로 간행한 몇 종의 대장경도 그 기준은 반드시 고려 대장경이었다. 오늘날 불교 성전의 표준을 말하자면 한문으로 번역한 장경이 그것이라 할 터인데, 한자 불전의 표준은 고려판 대장경이다. 즉 고려판 대장경은 불교의 근본 법장(法藏)이라 할 것이다.

※ 일본에서 대장경이 인쇄 발간되기는 도쿠가와 이에야스(德川家康) 이하 3대 장군으로부터 명승으로 존경을 받던 덴카이(天海)의 공로가 컸다. 그는 막부의 도움을 받아 우리 인조 15년부터 26년 사이의 12년간(1636~1648) 에도의 간에이사(寬永寺)에서 첩자(帖子) 나무 활자로 인쇄 출판한 덴카이판(天海板) 혹 왜장(倭藏)이라 하는 대장경을 조성했다. 이는 일본 막부에서 만든 유일한 경판(官板)이다.

덴카이의 사업은 고려 대장경 복제본으로부터 시사점을 얻어 만든 것이다. 아울러 덴카이판은 막부의 자력으로 조판한 것이기 때문에 외관은 자못 훌륭하나 그 내용은 주로 중국 남송의 사계판(思溪板)을 토대로 한 것으로 글자의 착오가 매우 많았다. 또 극히 작은 부분을 인출함에 그쳐서 전해지는 판본이 또한 많지 않다.

덴카이판이 완성된 지 21년 후에 선사(禪師) 데스겐(鐵眼)의 발원으로써 우치(宇治)의 오바쿠산(黃檗山)에서 시작하여 13년 만에 완성한(1667~1681) 소본방책(小本方冊) 전각(全刻)의 오바쿠판(黃檗板) 혹은 데스겐본이란 개인이 조성한 경장이 나왔다. 인출(印出)이 편리한 만큼 보급의 효과가 크게 드러났다. 그러나 이것은 명나라 만력판(萬曆板)의 복각으로, 그것의 하자와 오류를 이어받았기 때문에 유감스러움이 적지 않다.

이 2가지 경장의 결점이 점점 학승(學僧)의 지적을 받고 그럴 때 마다 판정의 표준이 되는 고려 대장경의 가치가 더욱 드러났다. 이후 정토종 승려 닌쵸(忍澂)는 특히 일본 장경의 표준을 만들기를 일찍 뜻을 세워 30년간 고심 노력했다. 학승 십여 명의 도움을 얻어 교토 사자곡(獅子谷) 호넨인(法然院)에서 겐닌사(建仁寺) 소장 고려 대장경을 빌려 호에이(寶永) 3~7년(1706~1710)에 걸쳐 약 5년 동안 6천여 권의 장경을 발간했다. 제작 과정에서 세 차례 교정을 하면서 경전 사이에 같고 다름을 조사하고 오류를 정정하니 이로부터 일본에 전거로 삼을 만한 장경이 생겼다.

다시 2세기를 지내 진종(眞宗) 승려 준세이(順誓)가 그 아버지와 두 아들과 함께 힘을 모아 분세이(文政) 9년~텐보(天保) 7년(1826~1836) 약 10년간에 역시 겐닌사본을 토대로 교열과 대조를 행했다. 그 과정에서 고려 대장경의 자본(子本)이 다시 생겨난 것이다.

이 두 승려의 숙원에 의해 고려 대장경을 토대로 한 대장경의 인쇄를 실현한 것이 메이지 13~18년(1880~1885)의 6년간에 간행한 축쇄 장경이다. 이로 인해 장경의 일반화에 새로운 전기를 맞이했다. 사원뿐만 아니라 학자까지 장경을 쉽게 이용할 수 있게 되었다.

근래에 완성하여 장경이 있어온 이래 최대 결집(結集)이라는 『대정신수대장경(大正新修大藏經)』도 말하자면 축쇄 장경의 확대이다. 이와 동시에 정신으로나 형식으로나 고려판 대장경의 대성(大成)이라 할 수 있다. 또 그 신구의 속장경이란 것이 그 근본 기원을 생각하면 의천 속장(義天續藏)의 맥락을 끌어옴도 따로 말할 필요가 없을 것이다.

한편 중국으로 말하면 다른 분야와 마찬가지로 자존(自尊)의 고질병에 끌려서 규범을 외국에서 취하고자 아니하며 연대로나 내용으로나 장경 최고의 전범인 고려판을 모르는 체한다. 명나라와 청나라에서 여러 차례 계속해서 그들에게 전래되고 있는 선본(善本)이 아닌 것을 계승해서 대장경이 제작되었다. 일은 크고 웅장하되 성과는 이에 걸맞지 않았다.

그러다가 시대의 추세라 할지 근래에는 자못 구습의 태도를 고치고 타국의 잘된 것을 받아들였다. 불전(佛典)에 있어서도 청나라 선통(宣統) 3년(1911)에 상하이에서 간행한 이른바 빈가장(頻伽藏)은 순전히 겸허하게 일본의 축쇄 대장경을 다시 인쇄한 것이다. 사실상 이는 고려 대장경의 중국 수입인 동시에 또 한역 장경이 고려판을 토대로 해서 최후의 통일을 이룬 것을 의미한다. 그 후 중국에서는 일본의 속장을 영인했다. 이를 통해 우리 반도가 중국에 대한 불교 전적의 보급 기회를 더욱 넓혔다고 할 수 있다.

이렇게 고려판 대장경이 교문(敎門)에 있어서 절대적 독보적인 지위를 지님은 다시 덧붙일 말이 필요가 없다. 이것을 다만 하나의 예술품으로 가치를 평가할지라도, (1) 세계 어느 곳에서도 이렇게 다수요 또 완전한 책판이 다시 있지 아니함, (2) 비록 소량의 것이라도 이만큼 오랜 연대의 책판이 도무지 없음, (3) 도서의 목판으로 재료·기술·보존상 주의 등 무엇으로든지 최상의 주의를 더한 보물임, (4) 자체가 엄정하고 필세가 웅건하여 글자로서의 아름다움 내지 조각미로도 큰 매력을 가졌음 등으로써 세계에 있는 책판 미술 내지 일반 공예의 최고 표현이라고 평가할 수 있음은 이미 많은 사람이 시인한 바다. 이것은 조선 민족혼의 하나의 드러냄이요 동시에 조선이 인류에게 제공한 정신적 교훈으로 보는 것도 또한 헛된 일이 아니다.

그러므로 고려의 대장경판은 내용도 내용이려니와 경판 그 자체가 이미 절세의 보물이라고 할 수 있다. 일본이 일찍부터 이를 알아보고 그 판본을 취득하려는 노력이 진실로 깊고 또 꾸준했다. 고려의 대장경이 일본으로 건너간 시기는 제작 직후에 비롯된 것으로 생각되나 이제 그 구체적인 상황은 알 수 없다. 기록으로 증빙할 수 있는 것은 고려 말 창왕 9년(1389)에 규슈(九州)의 탐제(探題)[58]이었던 이마가와 사다오(今川貞世)가 대장경을 줄 것을 청한 것이 일본이 대장경을 요청한 처음이었다.

그 뒤 창왕 4년에 고려가 망하고 조선[59]이 대신 일어나매 일본의 아시카가 막부(足利幕府)가 고려와 조선 시대 이래로 반도 국가의 숙망인 해구 소탕에 진력하기를 자처하면서 한편으로 대가 비슷하게 장경판의 기증을 요청했다. 조선은 숭불존경(崇佛尊經)이 고려와 같지 않았지만 고려 대장경을 이국안민(利國安民)의 법보(法寶)를 삼음에는 다름이 없었다. 따라서 일본의 요청을 완곡히 사절했다.

그래도 일본이 인쇄본이나마 보내 달라고 하는 요청이 더욱 심해졌다. 세종 시대에 밀교대장경판과 주화엄경판(注華嚴經板) 등을 주어서 그 지극한 뜻을 위로한 일이 있었다. 이 뒤에도 장경판을 중심으로 하여 달라니 못 준다니 하는 갈등은 자못 오래 계속되었다.

한편 일본은 사신을 통해 공적으로 혹은 사적으로 경판이 가능하지 않다면 우선 인쇄본을 얻어 보겠다는 요청을 계속했다. 기록에 남겨진 것만도 백여 년 사이에 근 오십 번을 헤아린다. 기록에

---

58 가마쿠라 무로마치 시대에 주요 지방을 다스리던 지방관이다.
59 본문에는 이조(李朝)라고 서술되어 있는데, 조선으로 바꾸어 표현한다.

빠진 것과 부분적으로 가져간 것을 합하면 물론 그 수가 이보다 훨씬 많을 것이다. 역사책에 아시카(足利)가 파견한 사신을 다른 예와 같이 회례사(回禮使)라고 말하지 않고 곧바로 청경사(請經使)라고 적은 것처럼 당시 양국의 교제는 오로지 대장경을 중심으로 했던 것이다.

이렇게 소청이 발꿈치를 잇고 그대로 인출하기는 어렵기 때문에 급한 수요가 있으면 예로부터 여러 절에서 보관했던 장경을 인쇄하고 수습해서 이에 응했다. 고려의 초각 대장경뿐만 아니라 여러 종류의 고일본(古逸本), 고인본(古印本)이 일본에 많이 남아 있음은 이로 말미암음이었다.

그 뒤 섬나라 사람 회유의 유일한 재료인 장경도 새로 인쇄하는 것이 번거롭고 고본(古本)이 동이 났기 때문에 연산군과 중종 시대에는 대경장을 주는 것이 저절로 끊겼다. 이로부터 양국의 교제가 차차 원활하지 못한 것은 역사서에서 살펴볼 수 있음과 같다.

일본이 이렇게 고려 대장경에 대하여 특수한 숭앙을 가짐은 가마쿠라(鎌倉) 막부 이래로 연이은 전쟁의 폐해가 세상 사람의 종교적 의식을 크게 자극했기 때문이다. 불교도 대승적, 실행적 색채를 띠고 크게 진흥하는 상황이었다. 따라서 신구(新舊)의 여러 사원이 너나 할 것 없이 법보의 장엄을 요구하기에 이르렀다.

한편 전국의 난리에 문사(文事)가 극히 쇠약한 당시 일본의 능력과 기술로는 대장경과 같은 거대한 전질을 조판할 방안이 없었다. 더구나 고려 장경의 아름다움에 기가 질려서 감히 독자적으로 교열하고 판각할 생각도 못했다. 때마침 해적을 물리쳐 달라는 요청이 있음을 다행으로 하여 그 대신 대장경의 인쇄본을 요구했던 것이다. 하도 빈번하게 청구하여 염치가 없거나 또 개인 차원의 사원(寺院)에서 정식 청구의 인연을 가지지 못한 경우, 실제에 없는 가짜 국호(國號)를 만들어서 기만적으로 시여의 특전을 문의한 일도 있었다.

중종 전후에 이르러 이러한 간절한 소망의 통로가 막혀서 한때 그들의 불편이 매우 컸다. '임진의 난'에도 경판을 강제로 옮기려고 하기까지는 이르지 못했다. 그러다가 다방면으로 고려해서 드디어 고려 대장경을 모방해서 경판을 만들 생각을 하기에 이르렀다.

일본에는 일종의 내력 불명한 목활자 대장경 산본(散本)이 있는데, 권 말에 "대일본국 계축(癸丑; 내지 丁巳)년에 대장도감(大藏都監)이 칙령을 받들어 제작" 등을 적어 놓았다. 판식(板式)과 글자체와 또 종이·품질 등으로 보아서 그것이 일본 근세 경판 제작의 중흥기라 할 게이쵸(慶長) 연간에 속함은 짐작된다.

그러나 언제 어느 곳 누군가에 의해, 어떠한 연유로 제작된 판본인지는 알 수 없었다. 오래 탐구한 결과 이것이 대개 우리 광해군 5~9년(1613~1617) 전후 5년간에 이세(伊勢) 성승방(聖乘坊)의 쥬존(宗存)이란 자가 여러 방면에서 기부를 얻어 대장경 목록 이하로 경전 가운데 간소한 것부터 착수해서 한참 동안 간행하던 것임이 근래에 비로소 판명되었다.

권 말마다 "대장도감이 칙령을 받들어 제작"이라 한 것은 다 모본인 고려 대장경 말미에 기록된 것을 인용한 것이다. 즉 대장도감이라는 고려의 기관 이름을 그대로 모칭한 것이다. 이미 그러하거니와 머리글에 '대일본'이라고 고쳐 쓰는 것을 잊어버려 자주 원본대로 고려국이라고 표시한 것이 있었기 때문에 그 내막을 가리지 못했던 것이다. 이 모방 인쇄 사업이 비록 정밀하지 못한 점이 있음은 사실이지만 그들의 고려 대장경에 관한 숭배와 경모가 얼마나 돈독했는지 여부를 충분히 증명할 수 있다.

그러나 반도의 대장경이 가지는 빛나는 자랑은 이에 그치는 것이 아니다. 동방의 다른 모든 민족 어느 누구도 이에 관한 생각을 하지 아니할 때 반도의 불교인은 불교의 전적(典籍)을 마지막 단계까지 철저히 집성하는 것을 자기들의 큰 의무라고 깊게 생각했음에 있다.

대장경이라 하면 당연히 불교에 관한 모든 전적을 모조리 수합하여 남김이 없어야 옳다. 그러나 중국의 관례로 말하면 대장경에 포함되는 내용에는 엄격한 제한이 있었다. 일일이 왕의 허가를 묻지 아니하면 아니되었다. 따라서 유용하고 가치 있는 찬술도 이 제한에 걸리면 대장경에 포함되지 못하고 흩어져 버렸다. 그러다가 없어진 것도 적지 않은 형편이었다.

그런데 이것을 안타깝게 여겨 불교의 전적에 공평한 가치를 인정하고 이러한 전적을 영원히 보존해야 할 기회를 준 이가 고려에 존재했다. 누구냐 하면 반도 불교에서 여러 가지로 기념되고 특히 고려 시대 전불교(全佛敎)의 중흥조로서 큰 이름이 역사 기록에 빛나는 대각 국사 의천(義天)[60]이 그 사람이었다.

의천은 고려의 초각경(初刻經)을 완성한 문종의 왕자로, 일찍 출가했으며 불교 교리에 박학하고 정밀했다. 고금 여러 종의 장소(章疏)가 산만하고 통일됨이 없으며 희소하고 구하기 어려움을 한탄해서 이를 모집 편집하고 대대로 전해 줄 것을 생각했다. 스스로 몸소 송나라로 가서 널리 책을 모으려 했으나 부왕(父王)이 이를 허락하지 않았다.

1085년에 몰래 송나라 상인의 배를 타고 건너가서 명산의 오래된 사찰을 찾고 고승을 만나는 한편 심력(心力)이 믿는 범위에서 대장경 외의 교전(敎典)을 찾아서 무릇 삼천여 권을 얻어 가지고 다음 해에 돌아왔다. 고려 일대의 대표적 거찰로 새로 건립되어 교학의 저수지가 된 흥왕사(興王寺)에 교장사(敎藏司; 대장경 속집 발간 사무소)

---

60 의천(義天; 1055~1101)은 고려에 천태종을 도입하고, 전적을 수집 정리하여 『의천록』을 만들었다.

를 두고 다시 목록을 바탕으로 없는 책을 요나라·송나라·일본에서 찾았다.

한편 입수하는 대로 엄밀하게 교정하고 정밀하게 판각하여 이후 십 수년 사이에 4,740여 권을 간행하니, 이것이 유명한 속장(續藏)이란 것이다. 의거할 것 있는 정장(正藏)의 간각(刊刻)과 비교하면 의천의 노고가 더욱 큰 만큼 그의 공적도 더욱 크다고 볼 수 있다.

의천의 속장도 또한 병란을 치루면서 지금 와서는 경판의 목록은 물론이요 인쇄본의 형태로 남은 것도 드물다. 하지만 오늘날 남아 있는 각종 장소(章梳) 대부분은 대개 이 속장에서 모아 판각한 덕분으로 보존된 것이다. 모집하고 간각(刊刻)한 목록을 편성한 『신편제종교장총록(新編諸宗教藏總錄)』은 일본의 번각본으로 전해져서 이전에 이루어진 찬술의 실제를 밝히는 표준으로 학계의 진귀한 보물이라고 할 수 있다.

그리고 의천에게는 불교 큰 승려의 단편 교설(教說)을 모아 편찬한 『원종문류(圓宗文類)』와 불교인의 문학적 작품을 취합한 『석원사림(釋苑詞林)』이란 저술이 있다. 이 두 책이 다 부분적으로 남아 있지만 교해(教海)의 숨겨진 보물을 많이 발견할 수 있음으로 해서 유명하다.

또 반도 불교인의 불전 옹호에 대한 집요한 성력(誠力)은 의천의 속장으로 만족하지 않았다. 의천의 모집에 빠진 것도 있고 의천 이후에 신출한 경적(經籍)도 적지 않았고, 이를 모르는 체하겠느냐는 전통적 양심이 있었기 때문이었다. 드디어 왕조의 바뀜을 초월하여 고려 왕조의 계승자인 조선의 손에 이 아름다운 사업이 계속 이어졌다.

조선은 여러 가지 시대적 상황으로 인해 표면적으로 억불 정책을 취하면서도 내밀히 불법의 보호에 힘쓴 것은 전 왕조에 뒤지지 않았다. 그중에서도 찬탄할 만한 것은 제7대 왕인 세조가 즉위 2년

(1457)부터 간경도감(刊經都監)을 두고 속장을 계승하여 재속대장(再續大藏)이라 할 것을 계획하고 실시한 것이다.

간경도감에서는 한편 대경전을 조선문(朝鮮文)으로 번역하여 간행한 것처럼 대사업을 겸행하였기 때문에 실제로 그 주된 목적이 속장을 모아서 출판함에 있음을 아는 사람이 적다. 그러나 근래 조사된 바에 따르면 간경도감은 이미 경전을 간각함이 중요한 사업이라고 표방했었다. 이처럼 조선의 불법을 옹호하는 성의를 표현할 만한 대장경 사업을 완수함이 그 본령이요, 경전을 번역하는 것은 하나의 부대 사업이었음을 살필 수 있다.

여하간 조선의 간경도감이 속장에 포함되지 않은 다수한 논소(論疏)를 경상도 여러 읍에 분담시켜서 간각했던 실물이 속속 발견되고 있다. 그래서 조선에도 또한 대장경 간각의 대사업이 있었음을 새로이 알게 되었다.

대체로 반도의 대장경에 대한 업적을 말하자면, 중국에서 대장경 간각의 사업이 일어났을 때 우리처럼 불교와 인연이 있는 땅에서 법보(法寶)의 진호(鎭護)[61]가 없으랴 하여 즉시 고려 현종 때 독특한 대장경 조판 사업이 있었다. 이 대사업이 겨우 완성되려고 할 때 대장경 내용의 근본적 확장을 생각하여 의천의 속장이 착수되었다. 이러한 호법의 정성을 표현함에 가장 현명한 방법은 항상 반도인의 마음속에 유전되어 왔다. 조선에 들어와서 고려 교장사의 연장인 간경도감이란 시설이 만들어졌다.

고려 고종의 재조대장(再雕大藏)은 말하자면 현종의 조판(雕板)을 대신하기 위해 거행된 하나의 방계적 산물이다. 하지만 이왕 새로 새기는 바에는 거의 근본적 개정을 더하여 대장경 최후의 전거를 만들겠다는 점에서 상식을 뛰어넘는 성의를 볼 수 있다.

---

61 난리를 평정하거나, 또는 난리가 나지 못하게 지킴을 말한다.

또 조선에서는 불교 성전 완성이라는 전통적 사명을 위하여 간경도감을 두었을 때, 다만 원본을 간각할 뿐 아니라 그것을 국역하여 대장경 효용의 일반화까지를 계획했다. 이 점에서 다시 한번 반도인의 경전에 대한 성의가 얼마나 철저하고 또 실질적인지를 살필 수 있다.

당나라 말 오대(五代)의 난 때 중국은 천태종[62]의 법맥과 함께 그 교적(敎籍)을 잃었다. 그러던 중 960년에 고려로부터 천태학 승려 체관[63]이 풍부한 전적을 가지고 가서 그것을 부흥시켰다. 또 그가 찬술한 『천태사교의(天台四敎儀)』가 지금까지 천태학자의 가장 우수한 지도 책자가 됨도 유명한 사실이다.

다시 후세에 내려와서도 개별적으로 나뉘어져 있던 책들 가운데 혜림(慧琳)의 『일체경음의(一切經音義)』처럼 오랫동안 잃어버렸던 것을 고려의 대장경에서 발견하여 세상에 다시 전하게 된 것이 많다. 특히 속장의 남은 자료에는 앞으로도 이러한 예를 많이 볼 것이다.

대장경에 대한 반도 불교인의 특수한 공적으로 또 한 가지 잊어서는 안 될 일은 밀교 대장의 완성이다. 대체로 불교는 어느 나라 국민에게 전해지면서 교리보다도 기도적 방면이 먼저 유행하게 됨이 일반적인 사례이다. 반도 불교에서도 신변가지(神變加持)[64]를 말하는 밀교가 진작부터 세력을 얻고 고려 시대에는 궁정과 밀교와

---

62 천태종의 교리는 제법실상(諸法實相)에 있고, 이는 현실의 모든 사물이 참 존재라는 뜻이다. 『묘법연화경』을 근본으로 한다.

63 체관(諦觀; ?~?)은 고려 시대의 승려로 송나라에 천태학의 전적들을 역으로 전달해서 중국의 불교학과 천태학을 부흥케 했다. 그의 『천대사교의』는 대표적인 불교 개론이다.

64 밀교(密敎)에서는 불타가 대비(大悲)와 대지(大智)로 중생에게 응(應)하는 것이 가(加)이고, 중생이 그것을 받아서 가지는 것을 지(持)라고 한다. 요컨대, 불타와 중생이 상응(相應)하여 일치하는 것을 말한다.

의 사이에 미묘한 관계가 있었다.

종교의 교세가 자못 융성해지고 국난이 이어지면서 상하가 초현실적 위력을 바라는 마음이 커가는 대로 밀교에 대한 신앙심이 더욱 깊어졌다. 몽고와의 관계로 라마교의 영향이 점점 들어오면서 이 경향이 더욱 커져갔다.

밀교와 고려 문화 사이에 특수한 연락 관계가 있기 때문에 일찍부터 일반 대장경에 대하여 밀교 대장이란 것 90권을 따로 결집했다. 충숙왕 때(1228)에는 거기에다 40권을 새로 합해 130권을 편찬하여 드디어 경판까지 만들었다. 대개 밀교가 들어 온 이후 미증유의 사업이요, 불교 성전 중 가장 특색 있는 하나의 결집이었다.

조선 시대 세종 6년(1424)에 그 판을 일본에 양여하여 그 이후의 상황이 분명치 아니하며, 이제 그 전하는 판본이 없어 상세한 내용을 알 수 없다. 그렇지만 대개 다라니 집경(集經)을 확대 보완한 것에 실담학(悉曇學)[65]과 라마교의 설이 첨가된 것으로 생각하면 틀림이 없을까 한다. 지금도 여러 종의 판본을 전하는 진언집(眞言集)이란 것에서 상당히 그 모습을 찾을 수 있다.

대개 반도에는 전법 당시부터 직접 간접으로 서역과의 교통이 자못 빈번했다. 530년경에 백제 승려 겸익(謙益)이 인도의 중부 상가나대율사(常伽那大律寺)에 유학했고, 5년 뒤에 범승(梵僧) 배달다(倍達多)와 함께 범본(梵本) 아비담장(阿毘曇藏), 오부율문(五部律文)을 가지고 돌아와서 율부(律部) 72권을 번역 출간했다.

620년에 신라 승려 안홍(安弘)이 북천축 지방 조장국(烏萇國; Udyana) 승려 비마나진제[66](三藏毘摩羅眞諦; Vimala cinti) 및 농가타(農

---

65 실담학(悉曇學)에서 실담(悉曇)은 산스크리트 문자를 말하며, 실담학은 중국·일본에서 산스크리트 문자에 대해 이루어진 문자, 음성학을 말한다. 경전의 주해하는 방식에서 시작되었다.
66 비마나진제(三藏毘摩羅眞諦; ?~?)는 북천축국 승려로 안홍과 함께 신라에 온

迦陀; Nongata)와 마두나국(摩豆羅國; Mathura) 승려 불타승가(佛陀僧伽; Budha-sanga)를 데리고 와서 『전단향화성광묘녀경(旃檀香花星光妙女經)』을 번역했다.

고려 태조 21년(938)에 마갈타국(摩揭陀國) 승려 질리부일라(嚦哩嚩日囉)가 와서 갈마단경(羯摩壇經)을 전했다. 고려 충숙왕 5년(1228)에 역시 마갈타국 승려 제납박타(提納薄陀; 指空)가 와서 『문수사리무생계경(文殊師利無生戒經)』을 전했다. 이처럼 삼장(三藏) 비문(祕文) 역전(譯傳)의 사업도 때때로 없지 않았다.

또한 장단 화장사(華藏寺) 구장(舊藏) 이하의 다수한 판본과 순천 송광사(松廣寺) 소장의 회흘문(回紇文)[67] 경전과 같이 서역에서 직접 전해진 불교 문적도 약간 있다. 하지만 그래도 반도의 불전에 대한 지위는 번역국이나 원본국으로 중요한 것이 아니다. 대장경의 결집자, 보존자로 특수한 사명을 가졌고 이로써 최대의 공적을 나타내었다.

정장(正藏)에서 속장(續藏)으로, 현종대의 경전에서 밀장(蜜藏)으로, 교정(校正)으로, 번역으로, 2~3차례의 대장경판의 제작으로 반도인의 일관한 성의와 불굴의 의의는 드디어 불교사에서 법장(法藏) 완성자라는 영예를 완전히 향유하게 되었다. 반도인의 불교에 대한 다른 공적이 모두 없어질지라도 대장경에 대한 공헌만으로써 넉넉히 천년 동안 스스로 자부할 수 있다. 또 불법을 대장경에 담아 가지고 가는 동안 어떤 불교인이든지 찬탄과 감사를 반도에 하지 않을 수 없다.

사람이다.
67 위구르의 문자를 말한다.

7. 불교 유통과 조선

불교는 정법(正法)의 유통을 불교인의 주요한 의무로 삼는다. 불교는 개인의 구제로써 만족하는 것이 아니라 온 세상의 중생이 한 가지로 깨달음의 영역에 오름을 마지막 단계의 이상으로 삼는 까닭이다.

불교의 경전에 이른바 '삼분과경(三分科經)'이란 것이 있다. 어느 경전이든지 그 경전의 유래를 말하는 '서분(序分)'이란 것과 그 경전의 특수한 교설을 담은 '정종분(正宗分)'이란 것이 있다. 그리고 말미에 그 경전의 이익을 말하며 아무쪼록 힘써 선포하기를 권하는 '유통분(流通分)'이란 것이 반드시 붙어 있다.

『법화경(法華經)』과『유마경(維摩經)』과 같은 것에는 촉루품[68]이라 하여 장황한 한 장으로써 정법 선전의 필요를 특히 고조하기도 했다. 따라서 불교가 어느 국민 사이에 들어가면 그가 다시 이것을 이웃 나라로 전달해야 한다. 이것이 그들 불교도로서 충실함을 밝히는 가장 의미 있는 일이다.

게다가 조선은 반도국으로서 지리적 본바탕이 또한 문화의 전도에 있다. 겸하여 반도의 앞에는 마침 무엇으로든지 반도에 뒤진 일본이란 군도(群島)가 있다. 그래서 이전부터 반도를 유두(乳頭)로 하여 온갖 문화의 양분을 흡취해 왔다. 반도는 불교를 전해야 하며 일본은 불교라는 새 유즙(乳汁)을 빨아야 할 사업이 있었다.

조선이 불교를 얻어 가지고 그 기쁨을 나눠준 지역은 반드시 남방의 섬나라에 한정된 것이 아니었다. 이른바 백두산과 헤이룽 강 사이에 사는 다수한 사람들이 또한 조선의 교화를 전달받음으로써

---

68 촉루품(囑累品)에서 '촉루'는 타인에게 알려 의뢰한다는 말로,『법화경』에 경전을 널리 유포하도록 부탁한 것을 밝힌 편장(篇章)이 있다.

불문(佛門)에 들어오게 되었다. 고구려의 말갈에 대한 관계가 그 적실한 사례라 할 것이다.

그러나 법맥을 찾을 수 있고 불교의 유통에 관해 가장 깊이 있기를 말하면 일본이 가장 최고라 할 수밖에 없다. 일본 불교가 조선에 대한 것은 중국 불교가 우전(于闐) 지방에 대한 것보다도 더 깊어서 줄기와 가지, 어머니와 자식의 관계를 가졌다. 초기 일본의 불교란 것은 사실상 조선 불교의 한 가지가 일본이란 땅을 빌어서 뿌리를 내리고 꽃을 피운 것이다. 사람으로나 종교로나 어떠한 독립한 존재가 아니었다.

일본은 원시 문화와 물질·정신 양 방면을 통해 모든 요소를 반도에게 의뢰했다. 또 유교나 문학이나 다른 기술로나 모든 대륙 문화의 은혜로운 경로를 또한 반도의 중개로 점유했다. 이런 것처럼 이른바 세상 모든 생명체의 궁극적인 것이요, 만국의 지극히 귀중한 삼보(三寶) 역시 반도가 내려 준 것을 기다려 고맙게 받은 것임은 물론이었다.

일본이 불법을 수용했던 기원도 꼭 명확하다 할 수 없다. 그렇지만 국가 편찬의 정사(正史)[69]에 전하는 바를 보건대, 긴메이(欽明) 6년 때부터 백제의 성왕이 불법을 일본에 유통할 생각을 두었는데, 성왕 13년(552)에 일본은 노리사치계(怒唎斯致契)를 보내왔고 백제는 금동 석가불 1구와 번개(幡盖),[70] 경륜(經論) 등을 일본에 전했다. 그리고 "불법은 주공(周公)의 유교보다 우월한 미묘(微妙)의 법이니 모름지기 믿고 받들어라."라고 권한 것이 일본 불교의 시작이라고 한다.

후세에 생긴 민간의 문적(文籍)에는 혹 다른 설을 실은 것이 없지

---

69 『일본서기(日本書紀)』를 의미한다.
70 절을 단장하는 신령스러운 깃발을 의미한다.

않다. 그러나 시대의 선후는 어쨌든지 불법이 반도를 경유해서 섬나라로 전해진 것만은 분명한 사실이다. 처음에는 당시 일본의 수도에서 신문화의 중심지로 우월한 지위를 가졌던 아스카(飛鳥) 지방에 반도 이주민의 신앙으로 차차 전파한 것이 사실이었다.

일본에는 뿌리 깊은 신앙이 있고 또 정치적 사정으로 갈등되는 일도 있었기 때문에 불법이 전해진 초기에는 불법의 유통이 다소 지체되는 안타까움이 없지 않았다. 그러나 내용으로든지 배경으로든지 또 화려하고 풍부한 예술적 현황으로든지 상하의 인심이 빨리 빨리 불교를 순순히 쫓아갔다. 조만간에 '현인신(現人神)'이라는 황제 자신이 스스로 삼보(三寶)의 노예라고 일컫는 불교국을 이루었다.

불법이 전해진 초의 일본인은 다만 충실한 신도일 뿐이었다. 그 지도자와 중심 인물 내지 기술자 등은 고구려·백제·신라로부터 초빙된 승려와 반도의 이주민이었다. 그래서 일본의 역사에서 이른바 '아스카 시대' - 쓰이코제(推古帝)가 수도를 아스카에 둔 이후 약 1세기 간으로 말한다 - 주요한 건축, 불상 제작이 다 이들 손에 조성되었다. 이런 것들을 후세에까지 '백제 양식' 혹 '한(韓) 양식'이라 일컫는다.

여러 가지 의미로 세계적 명성을 가진 호류사(法隆寺)를 비롯하여 시텐노사(四天王寺), 호키사(法起寺), 주구사(中宮寺), 구마고리사(熊凝寺) 등 쓰이코제 시대 전후의 사원 및 그 내부의 불상, 기물 등은 모두 이 양식에 속하는 것이다. 또 여기서 삼한 불교의 종지 및 양식 그대로가 삼한의 승려에 의해서 선포되었다.

일본에서 불교가 진정으로 사회적, 국가적 근본 뿌리가 되기는 긴메이조(欽明朝) 시대의 불법의 전래로부터 반세기쯤 뒤져서 쓰이코제가 수도를 반도 이주민의 중심지인 아스카로 옮긴 후의 일이다. 이것은 반도에서 불교를 전파한 사람과 쓰이코제의 황태자로 정권의 섭정자이던 쇼토쿠 태자[71]와의 결합에 말미암은 일이다. 이 일은 사상적으로나 정치적으로나 일본사에서 유례없는 커다란 전환점이었다.

쓰이코제 시대에는 황실을 중심으로 격렬한 정권 다툼이 있었고 궁정과 귀족 사이에 참극이 속출하던 때였다. 이때 쇼토쿠 태자는 일찍부터 불법에 귀의하여 반도의 이주민과 그 신앙을 배경으로 하여 반대당을 물리쳤다. 다시 내정 및 외교상으로 국운을 호전시키기 위해 불법을 이용하여 위대한 공적을 거둔 것은 일본의 역사서에서 매우 높이 평가하는 바이다.

이를테면 불교와 대륙 문화의 수입을 하나로 하고, 불교로써 내정 통일의 배경을 삼고, 또 불교와 왕정과의 결합을 시작하고, 일본 국민으로 하여금 물질적 문명뿐 아니라 정신 문명의 도정에 오르게 한 것 등은 그 사업의 큰 줄기이다. 그가 정권 쟁투 중의 인물인 만큼 인격상에 약간의 비난을 받으면서도 후세에 많은 사람 특히 불교도에게 큰 숭앙을 받아서 쇼토쿠 태자란 법왕(法王)의 호칭을 얻음이 또한 무의미하지 않다.

일본 문화사 특히 예술사의 권두를 꾸미는 쓰이코기 즉 아스카 시대는 전에도 말한 바와 같이 쇼토쿠 태자의 보호 아래 삼한 이주민과 그 자손의 손에 이룩된 것이었다. 처음에는 불사(佛寺)가 왕궁이나 귀족의 저택에 있었고 불상의 제작 같은 것은 백제에게 요청했었다.

71 쇼토쿠 태자(聖德太子; 574~622)는 일본 아스카 시대의 정치가이며 사상가이다. 일본 요메이제(用明帝)의 둘째 아들로 593년에 여제 쓰이코제가 즉위하자 그를 황태자로 세웠고 섭정자가 되었다. 불교를 신앙하여 불교 교의를 선양하는 것을 시정의 근본 방침으로 삼았다. 604년에 불교와 유교의 사상을 지침으로 하여 17조 헌법을 입안하였는데, 이는 최초의 성문법이었다. 원문에는 구호황자(廐戶皇子)로 되어 있으나, 익숙한 인명인 쇼토쿠 태자로 고친다.

비다쓰제(敏達帝) 6년(577)에 불교의 여러 교역자와 한가지 '불상을 만드는 공인(工人)', '절을 만드는 공인' 등이 초빙되었다. 스슌제(崇峻帝) 원년(588)에는 절을 만드는 사람(건축가), 노반박사(鑪盤博士), 와박사(瓦博士)[72]를 불러왔다는 기록이 있다.

이처럼 차차 삼한으로부터 기사(技師; 대개는 승려)를 모셔서 건축, 탑 조성과 불상·불구(佛具) 등을 일본에서 제조하게 되었다. 대개 삼한의 건축을 본떠서 굉장하며 장엄하며 아름다운 가람이 계속 출현하기는 이로부터의 일이다.

쓰이코제 15년(607) 창건 이후 1,300년의 풍우를 업신여기면서 이른바 '칠당가람(七堂伽藍)'의 윤환(輪奐)[73]이 엄숙하며 동양 최고의 전형적 목조 건축물로 일컬어지면서 내외에 보배로 여겨지는 호류사가 있다. 이것은 그대로 동시대 및 이전 시기 반도의 불교 예술로 보아도 옳을 것이다. 또 사실에 있어서도 당시의 아스카 수도에는 궁궐과 대표적 큰 절이 많이 '백제'란 이름으로 불렸다. '백제'라는 것이 이미 일종의 '고급'을 나타내는 말로 생각된다.

이러한 대사원의 건립은 일반 문화사의 측면에서 보더라도 중대한 의의를 가진다. 이로 말미암아 건축술과 여기 딸린 각종의 공예와 아울러 광업·칠공예·금공예·자수·염직·인쇄 등이 비약적 발전을 완성하였음은 물론이다.

한편 불교가 시신을 기피하는 옛 풍습을 완화하는 동시에 옛적부터 주상(主上)이 세상을 떠날 때마다 수도를 옮기던 습관을 타파했다. 이로부터 일본에서 도시가 번영하고 문화가 장족으로 진보하는 결과를 보았다.

호류사는 건축물 이외에도 여러 가지 우수한 예술품을 소장하

---

72 노반박사(鑪盤博士)는 주조가(鑄造家)를, 와박사(瓦博士)는 기와 만드는 공인을 의미한다.
73 건축물이 장대하고 아름다운 모양을 말한다.

였음으로 유명하다. 고구려 고분의 벽화와 둔황 및 서역 방면의 고서(古書)가 출현하기 전까지 동방에서 가장 오래된 회화로도 유명하다.

이외에도 여러 가지로 예술적 의의를 가지는 금당의 벽화 즉 「사불정토도(四佛淨土圖図)」 같은 것이 그 하나이다. 이 벽화는 예부터 담징의 작품이라는 말이 있다. 담징은 고구려의 승려이다. 혹은 말하되 당시의 대표적 대조각가이던 도리(止利)의 필체라고 한다. 도리는 이때로부터 2세기쯤 전에 반도로부터 이주한 사마씨(司馬氏)의 자손이기 때문에 이리치나 저리치나 그것이 이른바 이주민 예술이라고 볼 수 있다.

대개 이러한 이주민들이 완전히 일본인을 이루는 것은 다음인 나라(奈良) 시대 이후의 일이다. 아스카 시대까지는 반도인이란 것이 일본에 있어서 하나의 긍지여서 이주자 수 세대를 지내도 계속해서 외인(外人)이었다.

금당에 있는 금동석가상 3존은 그 광배에 새겨진 글로, 쓰이코 제 31년(623)에 도리가 쇼토쿠 태자를 위하여 제조한 것임이 분명하다. 도리에게는 이외에도 황실의 명으로써 동(銅)과 수(繡)로 장육불(丈六佛) 각 1구를 만들어 높은 평가를 받은 일이 있다. 그 유물이 지금 겐코사(元興寺)의 옛 터에 아스카 대불이라고 남아 있다. 그 외에 아버지 다스나(多須那), 할아버지 닷도(達止)가 부처를 숭상하는 사람으로서 조각의 명장이었다. 혹 이르기를 달지는 일본에 불법을 처음 전한 사람이라 하기도 한다.

지금은 나라의 제실(帝室) 박물관에 진열되었지만 본디는 역시 호류사의 금당 안에 안치하였던 것으로 '백제 관음'이란 것이 있다. 근래 베를린의 인종 박물관은 따로 방을 만들어서 이 상의 실제 크기의 모조품을 진열하고 있다. 또 헝가리의 카를위트(『Budhistische Plastik in Japan』의 저자) 이후로 많은 감상가의 찬미를 얻었고 한 시대의 양식을 대표하는 명작으로 세계적 명성을 얻게 되었다.

이름을 지금도 '백제 관음'이라하는 것처럼 본래 백제로부터 전래한 것이라 한다. 설령 백제의 것은 아니라 할지라도 명백히 백제양식임에는 이의가 없는 바이다. 그리고 분명히 '백제'라는 명칭을박지 아니한 것에도 호류사뿐만 아니라 아스카·나라 부근에 있는이러한 양식의 불상과 보살상에는 사실상 '백제 관음'과 같이 호칭해야 할 것이 많음은 덧붙여 말할 필요가 없다.

그러나 이것을 자세히 말할 겨를이 없기 때문에 다 모르는 체하고 다른 측면인 불교학 방면을 살펴보자.

역시 호류사를 인용한다. 호류사는 다른 칭호로 호류학문사(法隆學問寺)라고 하는 것처럼, 말하자면 당시 불교의 연구소와 같은 지위를 가졌던 사원이다. 거기는 커다란 강당처럼 '몽전(夢殿)'이라는쇼토쿠 태자의 학문 연구소가 있었다. 그가 여기서 연구와 저술에종사했다 한다. 황자의 여러 가지 사업 가운데 매우 특색 있는 것이요 또 불교 전래 이후 초유의 일로 문화사에서 특필되는『법화경』·『유마경』·『승만경』3경의 의소(義疏) 찬술도 물론 여기서 성취되었다.

그런데 쇼토쿠 태자의 사상 계통(학문 연원)을 상고하여 보면, 그는 불교를 고구려 승려 혜자(惠慈)와 백제 승려 혜총(惠聰)[74]에게 배웠다. 유학을 역시 반도인인 각가(覺哿)에게 공부했다. 그리고 백제승려 관륵(觀勒)에게 천문, 술수(術數) 같은 것을 익혔다. 그런즉 태자의 지식 내지 취미가 온전히 반도인에게서 얻은 바임을 알 것이다.

유명한 '17 헌법(憲法)'과 일본에서 가장 오래된 한문이라는 금당

---

74 혜총은 백제인으로, 588년(위덕왕 35) 일본에 사리를 전했다. 595년(위덕왕 42) 다시 일본에 가서 불법을 널리 펴 고구려 혜자와 함께 활동했다. 호류사가 창건되자 혜자와 함께 그 절에 머물렀다.

(金堂)에 안치된 금동약사불(金銅藥師佛) 및 석가불의 광배에 새긴 글과 일본이 대륙에 대하여 평등적 교제를 튼 수나라에 보낸 국서와 『천황기(天皇記)』, 『국기(國紀)』 이하의 여러 가지 역사 저술 사업이 다 누구의 지도와 기획, 누구하고의 협력으로써 경영된 것임을 충분히 짐작할 것이다.

삼경의소(三經義疏)의 내용 같은 것도 대개 혜자와 혜총의 설을 소개, 서술한 것임을 이치로서 추측된다. 태자의 전기에 "여러 경소를 찬할 때에 막힌 의미가 있으면 몽전에 들어가서 이방(異方)의 금인(金人)에게 교시를 받았다."함이 또한 이 사실을 암시하는 듯도 하다.

쓰이코기의 문화는 요약하건대 반도 이주민의 문화이다. 이주민의 문화는 곧 불교의 문화가 그 기본이다. 또 쇼토쿠 태자의 사업은 반도 불교인이 그를 표현자로 한 불교적 정치의 한 시험이었다. 이로써 당시 이주민의 지위와 그 신앙의 세력이 얼마나 큰지 특히 불교인의 활약이 얼마나 장대했는지를 짐작할 것이다.

쓰이코제 32년(624) 4월 승려 중에서 논리에 어그러지는 행위를 하는 자가 생겼다. 쓰이코제가 여러 승려를 모아서 추문하고 장차 벌을 중하게 주려고 했다. 백제 승려 관륵[75]이 이를 듣고 "범인만 벌에 처하고 나머지는 사면하라."라는 글을 올렸다. 쓰이코제가 이를 허락했고, 이로 인해 승관(僧官)을 두어서 승려의 행위를 규찰하게 되었다. 그 최고 직위인 승정(僧正)에는 백제의 관륵이 임명되었고, 그 아래 지위인 승도(僧都)에는 고구려의 덕적(德積)이 임명되었다.

쓰이코제 시대 곧 쇼토쿠 태자의 정치에 반도의 불교인이 표면

---

75 관륵(觀勒)은 백제 무왕 때의 승려로, 602년(무왕 3)에 일본에 건너가서, 역본·천문·지리 등에 관한 책을 전하고 초기 일본 불교의 형성에 기여했다. 일본 불교 최초의 승직 제도를 만들고 승정이 되어 승려를 단속했다.

과 이면에서 참여하고 기획한 것이 대개 이러했다. 불교와 반도인과 쇼토쿠 태자 그리고 일본 고대의 사회 문화와의 연락 관계를 자세히 이야기하려면 거의 아스카 시대의 전 역사를 그대로 옮겨 써야 할 것이다. 우리는 그러한 수고로움을 견딜 수 없다.

8. 일본 불교와 조선

반도인의 일본에 있는 불교적 활약은 물론 아스카 시대에만 한정되지 않는다. 다음 나라 시대까지 내려가도 불교의 주권은 여전히 반도인의 수중에 있었다. 이를테면 나라 시대의 육종(六宗)이라 하는 것을 시작한 사람이 거의 다 반도인이며, 이외에도 반도의 승려로 일본에서 당대 두터운 신망을 얻었던 사람이 적지 않음도 그 한 예이다.

나라 시대 이전에 일본에 전한 불교는 용수의 계통으로 나오는 삼론종과 하리발마[76]가 창립했다는 성실종(成實宗)이다. 이 양종 가운데 하나는 대승이요 하나는 소승에 속하는데, 공(空)의 의미를 주장함에는 동일한 것이다.

일본 삼론종의 제1조는 가상 대사(嘉祥大師) 길장(吉藏)의 제자인 고구려 승려 혜관[77]이다. 쓰이코제 시대에 동쪽으로 옮겨가서 호코사에서 그 교의를 설파했다. 성실종은 덴무제 시대에 동도한 백제 승려 도장[78]에 의해 크게 선양되었다.

---

76 하리발마(訶梨跋摩)는 중인도 바라문 출신으로 성실종의 개조이다. 여러 해 동안 연구 정진하여 『성실론』을 저술했다.

77 혜관(慧灌)은 고구려의 승려로 중국 수나라에 가서 길장에게 삼론종의 종지를 배우고 돌아온 뒤, 625년(영류왕 8) 일본에 건너가 나라 지역의 원흥사에서 삼론종을 포교하고 일본 삼론종의 시조가 되었다.

78 도장(道藏)은 백제 후기의 스님으로 일본에 건너가서 성실종을 전했다. 전해

삼론종 다음에 홍기한 것은 법상(法相)·구사(俱舍)의 양종이니, 하나는 대승이요 하나는 소승이다. 교의가 유종(有宗)인 점에서 일치하여 그 관계가 마치 삼론 대 성실과 같다. 법상종에 전후 여러 번 전해지는 중 가장 유력한 자는 몬무제(文武帝)의 칙령을 받들고 당나라에 가서 지주[79]에게 법을 받아 온 겐코사(元興寺) 지봉(智鳳)의 계통이다.

지봉은 신라인이며 불교적 사회 사업의 시설과 염불을 주로 하는 불교의 민중화 운동과 신교(神敎) 조화를 위해 노력했다. 각 지방에 국분사(國分寺) 설립 등 나라 시대 불교계에 그 명성이 빛나는 행기(行基)를 비롯하여 당대 불교계의 이름난 사람들이 지봉의 문하에서 많이 나왔다.

또 교키(行基)의 법손인 고메이(護明)는 다시 신라에 와서 법상(法相)을 학습하고 돌아가서 겐코사에서 이를 넓게 퍼트렸다. 그 법맥을 전하는 법상종이 현재 불교 종파 중 최고의 것으로 지금도 호류사를 본산으로 하여 상당한 세력을 가졌다.

화엄종은 쇼무제(聖武帝) 시대에 현수(賢首)의 제자인 심상[80]이 왕의 지시로 곤쇼사(金鐘寺)에서 『대승화엄사자후경(大乘華嚴獅子吼經)』을 강의함으로써 처음 전하는 것으로 알려졌다. 심상은 신라인이며 대불(大佛)로써 유명한 도다이사(東大寺)의 건립자인 료벤(良辨)이 그 뒤를 이어 화엄종의 세력이 크게 퍼졌다. 그 법통은 도다이사를

지지 않지만 『성실론소(成實論疏)』16권을 저술했다고 한다.
79 지주(智周; 668~723)는 중국 장쑤 성 출신으로, 19세에 구족계를 받고 23세부터 법상종을 이었다. 신라 승려인 지봉 등이 당에 들어가서 그에게 법상종을 배웠다.
80 심상(審詳; ?~742)은 신라 후기의 승려로, 일찍이 당나라에 건너가 화엄학을 수학하고 그 후 일본으로 건너갔다. 나라 지역의 다이안사(大安寺)에 있으면서 740년에 『화엄경』을 강의했다. 고승 16명과 많은 학자가 그의 가르침을 받았다고 한다.

본산으로 하여 지금도 전해온다.

율종은 고켄제(孝謙帝) 시대에 당나라 승려 감진(鑑眞)이 와서 비로소 건립했다. 그러나 이보다 먼저 전법 초에 젠신(善信) · 젠조(慧藏) · 게이젠(慧善) 세 승려가 특히 계학(戒學)을 배우기 위하여 백제에 유학한 일이 있은즉 그 모태는 또한 반도에 있음을 본다.

대개 나라 시대는 일본 불교의 극성기요 쇼무(聖武) · 고켄이란 두 왕의 시대는 나라 불교의 극성기이다. 당시 일본의 전불교(全佛敎)라 할 육종(六宗)이 모두 반도인이 개창과 육성에 관련되었음은 이후 천여 년간 일본 전불교의 기반과 원종(原種)이 무엇인지를 우리에게 일러 주는 것이다.

이렇게 일본이 불교에 있어서도 반도를 모토(母土)로 하며 구법(求法)을 위하여 반도에 유학하는 학승이 저절로 적지 않았다. 앞서 말한 젠신(善信) 등은 백제에 유학했고, 호메이(護明)는 신라에 했고, 사이메이제(齊明帝) 시대에 교젠(行善)이 고구려에 유학한 것은 그 일반적인 사례이다. 특히 신라의 교학이 융성하여진 뒤에는 나라의 수도인 경주에 일본 유학생의 체류가 끊이지 않았다.

덴무제(天武帝) 때의 간죠(觀常) · 운칸(雲觀), 지토제(持統帝) 때의 치류(智隆) · 메이소(明聰) · 간메이(觀智) · 벤츠(辨通) · 신에이(神睿), 겐메이제(元明帝) 때의 죠죠(慈定) · 죠다츠(淨達) · 기호(義法) · 기기(義起) · 소슈(摠集) 등은 그중에서 특히 이름을 역사 기록에 남긴 몇 가지 사례일 따름이다.

이들이 학업을 성취하고 돌아가면 불교계의 영수가 되거나 혹은 관리가 되었는데, 신라 유학이 출세에 큰 도움이 되었다. 야마다노후히토미카타(山田史御方)은 지토제(持通帝) 때 승려로 신라에 유학하고 돌아가서 생도(生徒)의 가르침에 종사하다가 뒤에 환속하여 상당한 고관이 되었다.

겐쇼제(元正帝) 때 그가 범죄 행위가 있어 파면당하게 되었는데 신라 유학을 한 공적자라 하여 처벌을 면하고 다시 대학두(大學頭)까지 승진했다. 그의 사례처럼 당시 신라 유학생이 우대된 정도를 잘 살필 수 있는 자료이다. 여기에 열거된 승려들은 일본에 가서 불교를 전파한 신라 승려들이다(일본 승려의 반도 유학은 고려 시대에도 간혹 있었다).

한편 쇼토쿠 태자가 수나라에 교통을 튼 이후로 일본이 중국을 직접 교통했고 많은 불교의 유학생이 차차 당나라로 갔다. 그러나 당시의 일본은 배의 건조와 항해의 기술이 유치해서 많은 사절과 학생들은 중국 왕래를 할 때 신라인의 선박을 의뢰했다. 중국에 도착한 후에도 통역과 관청 교섭 및 지도가 필요한 경우 신라인의 주선을 기다리는 형편이었다.

838년에 일본 견당사(遣唐使)의 사실상 마지막이었던 후지와라노 쓰네쓰구(藤原常嗣)와 동행했던 일본 천태종의 제2조이며 엔랴큐(延曆寺)의 제3대 좌주였던 자각 대사(慈覺大師) 엔닌(圓仁)도 신라의 배를 타고 서쪽으로 항해했고 신라인의 주선으로 임무를 완수한 사람이다.

당시의 선주는 장보고(張保皐)라 한다. 그는 신라의 청해진(반도 남단의 지금 완도)을 중심으로 중국의 산둥 반도와 양쯔 강 하구와 일본의 하카다(博多) 사이에 사각 항해로를 만들고, 불교적 배경 아래 해상 무역을 성대하게 행하던 대사업가였다. 그가 산둥 반도의 치산(赤山)에 건립한 법화원(法華院)이란 절은 당시 동방 여러 나라 사이에 이루어진 불교적 교통의 중심지였다.

불법의 유통에는 다른 문화도 저절로 동반되었다. 반도의 신도(神道) 및 민속 신앙과 중국의 선도(仙道)·음양도(陰陽道)같은 것이 모두 다 반도의 승려 혹은 일본으로부터 유학 온 승려를 통해 섬나라로 들어갔다.

우선 장보고의 법화원으로부터 가져간 적산명신(赤山明神)이 그 하나이다. 858년에 천태종의 명승이요 엔랴큐사의 제5대 좌주인 지증 대사(智證大師) 엔친(圓珍)이 이를 모셔다가 온죠사(園城寺; 三井寺)의 수호신을 삼았는데, 오래 귀중하게 받들어 모신 신라 선신(新羅明神)이라고 불렀다. 또 8세기 말엽 불교와 신도(神道) 그리고 선도 삼자의 조화를 시도한 고승 만원(滿願)이 하코네산(箱根山)에 받들어 모신 백제 권현(百濟權現) 혹 고려 권현이라는 것도 그 하나다.

이에 관해 후세에 그 내용이 꾸며지고 여러 가지 전설이 생겨났다. 하지만 실제 사실은 반도 이주민이 신앙하는 신을 불교에 삽입해 갔음에 지나지 않는 것이다(또 아스카·나라 시대로부터 황실의 수호신이 되었고, 헤이안 천도 후에도 계속해서 궁중에서 숭봉을 받은 '園韓神' 혹 '韓神'의 경우에도 일반적으로 일본 황실 및 일본 고대사와 반도 이주민과의 관계를 상징하는 것으로, 우리의 깊은 주의를 끄는 것이다).

아스카 시대는 물론이고 나라 시대까지도 일본의 불교에 대한 반도인의 관계는 생각 이상으로 긴밀했다. 일본 불교는 여러 가지 기운과 자극을 받았고 반도 불교는 일본 불교의 생장, 발전에 기여했다. 나라 시대 다음인 헤이안 시대의 신앙상 주축이 된 천태종 및 밀교의 경우에도 많은 영향을 반도에 받았음이 물론이다.

또 그보다 뒤지는 가마쿠라 시대의 불교가 ─ 역사가들이 혹시 순 일본 불교라고 평가하는 정토종·선종 같은 것도 ─ 반도와 깊은 연락 관계에 있었다. 근년에 와서 부쩍 일반인의 주의를 끄는 신란[81]의 종교인 정토진종(淨土眞宗) 같은 것도 그 선구인 교키(行基)·구야(空也)·게이신(慧心)·호넨(法然)[82]과 함께 미묘한 교섭이 원효의 불교에 있었다. 관심 있는 사람이라면 이 점을 파악해야 할

---

81 신란(1173~1262)은 가마쿠라 시대 초기의 승려이며 정토진종의 개조로 절대 타력(絶對他力), 악인 정기설(惡人正機說)을 주장했다.

82 호넨(1133~1212)은 가마쿠라 시대 초기의 승려이며 염불 지상주의를 주장하는 정토종의 개조이다. 주 저서로 『선택집(選擇集)』이 있다.

것이다.

불교 전파에 부수한 사실로 여러 가지 술법과 선도 등이 일본에 수입되었다. 이것과 불교와의 융합으로 인해 불교 내에는 '수험도(修驗道)'[83]와 같은 것이 생겼다. 일반 사상에는 '양부신도(兩部神道)'로부터 신불습합(神佛習合)[84]까지 발전함에 반도인이 많은 연구 재료를 제공했음은 또한 감출 수 없는 사실이다.

불교사를 살펴보면 한 나라로부터 다른 나라를 향해 불법을 전파한 사실도 많다. 하지만 반도가 일본에 대한 것처럼 오랫동안 철저하게 가르치고 인도하고 일러준 사례는 거의 없을 것이다.

백제의 성왕이 불법을 일본으로 보내면서 그 의미를 밝힌 글에 "천축으로부터 삼한까지 오면서 받들어 모시고 존경치 아니하는 곳이 없기로 일본으로도 보내는 것이니, 힘써 국내에 유통하여 부처께서 나의 불법이 동류(東流)하리라 하신 예언을 반드시 실시하라."라고 한 말이 있다. 이를 부정할 수 없다. 그만큼 불교의 전통에 있어서 반도는 더할 나위 없는 충실함과 수고로움을 보였다고 할 것이다.

9. 동방 문화와 조선 불교

불교가 동방 문화의 서광은 아니지만 많은 신문화를 위대하게 키우는 힘임은 분명한 사실이다. 마치 식물의 엽록소가 햇빛을 빌어서 동화 작용을 하는 것처럼 동방 문화의 씨앗을 키우는 것이다.

---

83 일본의 원시적인 산악 신앙과 밀교가 혼합된 것으로 사람이 살지 않는 깊은 산속에서 초인적인 수행을 쌓아 영적 힘을 체득하는 것을 말한다.

84 일본이 불교를 수용한 후 고래의 신기(神祇) 신앙과 불교 신앙이 융합한 결과 나타난 신앙 형태를 말한다.

불교와 그 배경이 된 인도 및 서역의 따뜻한 빛을 받아 감추어져 있고 갇혀 있던 생명력을 부쩍 발양한 것이 결코 적지 않았다.

이를테면 중국과 같은 문자국(文字國), 문학국(文學國)에서도 처음에는 음운의 법칙이 없었다. 불교가 전래된 후에 범음(梵音)과 한자음을 비교하여 반절(反切)·4성(四聲)·36자모(字母)·206운(韻) 등 음운 설명상의 많은 법칙을 발명했다.

드디어 9세기경에 당나라 승려 신공(神珙)에 이르러 이른바 '등운(等韻)'[85]의 법칙을 완성했다. 반도와 일본이 또한 모두 다 불교의 인연과 승려의 작업을 통해 나라 글자를 창조했음이 그 한 사례라 할 수 있다.

조선에서 지금 사용하는 국문은 '훈민정음' 혹 '언문'이라 한다. 지금으로부터 약 5세기 전의 창작으로 세계에서 가장 늦게 제작됐지만 가장 완전한 표음 문자라고 한다. 그 만들어진 근거에 관해 여러 가지 설이 있다. 그런데 글자 형태가 많이 범서(梵書)로부터 오고, 그 배열이 실담(悉曇) - 인도의 데바나가리(Devanagari)[86]와 유사함은 가릴 수 없는 사실이다.

기원을 소급해서 연구하면 신라 원효의 아들인 설총 즉 당시 제일가는 중국 문학자의 발명이라는 이두와 연결된다. 이두란 것은 요약하건대 승려가 한자로 국어를 기록함에서 생긴 것이다. 처음에는 자음만을 차용하다가 그것만으로는 불편 또는 부족해서 차차 글자의 훈을 이용한 것이다. 또 빌려온 글자도 처음에는 전체 획수를 다 쓰다가 차차 획수를 생략해서 쓰게 된 것이다.

대개 이러한 약자법(略字法)은 당대의 승려들이 스승의 말을 필기할 때에 속기하기 위해 필획을 생략함부터 시작되었다. 이렇게

---

85 이전의 반절(反切)을 위주로 한 음운 연구에서 나아가 음을 구개음과 합구음으로 나누고, 각각을 1~4등으로 나눈 중국 음운학을 말한다.

86 산스크리트어, 힌두어 그 외에 일부 인도어로 쓰이는 글자를 말한다.

한문을 빌려서 천 년 가까운 동안 국어를 기록하다가, 워낙 불편하기 때문에 드디어 현재와 같은 독립한 나라 글자를 제정한 것이다. 이러한 인연으로 자형과 음운법이 다 범서와 더불어 깊은 교섭을 가질 수밖에 없었다.

일본의 국문인 '가나'는 보통 그 정체(正體)는 유신(儒臣) 기비 마키비(吉備眞備; 693~775)가 만든 것이라고 하거나 처음 모습은 승려 구카이(空海; 874~835)가 만든 것이라고 하나 모두 근거가 없는 설이다. 다만 두 사람이 모두 다 당나라 유학생 출신임으로 그 단서가 외국에서 왔음을 암시한다.

이때 일본의 많은 유학생이 반도에도 왕래했고 또 중국과의 교통도 흔히 신라편의 항로와 선박을 이용했다. 그래서 한 걸음 앞서서 반도에서 시행한 한문 차용술이 이렇게 하는 동안 일본에 수입된 것으로 봄이 타당할 듯하다. 일본의 문자가 처음에는 한자를 전부 쓰다가 차차 그 생략형을 쓰게 된 것이 마치 신라 시대의 이두와 같다.

일본의 문자를 '가리나'를 약하여 '가나'라 함은 범어에서 문자를 의미하는 가라나(Karana)에서 나왔다고 한다. 그 정체(正體)의 배열법은 또한 실담(悉曇)의 자모표에 의한 것이다. 초서체는 불경에 있는 유명한 게어(偈語)[87]에 의한 일가장(一歌章)으로써 배열한다.

동방인의 사상과 생활에 중대한 변혁을 일으킨 음운학과 표음문자의 발생은 이렇게 불교와 그가 가져온 범어문에 의해 유발되고 촉성된 것이다. 한 걸음 나아가 문학 그것으로 말할지라도 중국의 문학이 이미 불교로 인하여 철학적, 종교적으로 그 깊이와 지혜를 늘렸다. 또 도교가 빨리 이루어진 것과 선(禪)의 발달에 의해 새로운 분야의 개척이 또한 많았다. 그래도 중국 문학에 관해서는 불

---

87 부처의 공덕을 찬탄하거나 법리를 말한 것을 의미한다.

교가 하나의 자극이요 하나의 보조임에 불과했다.

그러나 반도와 일본은 불교의 수입이 거의 사상과 문학의 발생이요, 불교의 보급은 그 발전이라 하여도 과언이 아니다. 조선인은 본래부터 노래와 음악을 좋아하던 민족이었는데, 불교가 수입되면서 그 추세가 부쩍 왕성해졌다. 불교를 배경으로 한 시가가 많이 생기고 또 유명한 작가는 대개 승려 중에서 났다. 가장 고상한 국민적 시를 도솔가(兜率歌)라고 부르는 버릇까지 생겼다.

한편 인도의 '본생(本生)',[88] '본사(本事)' 문학[89] 등이 수입되어 유행했는데, 지금까지도 조선 민간에 행하는 소설, 짧은 이야기 등은 대개 불교 및 인도 기원의 것이라고 볼 수 있다.

일본의 문학은 본래 반도인의 손에 개척되고 또 오랫동안 문사의 직책이 반도인의 손에 의해 이뤄졌다. 그것이 조금씩 일본인의 손으로 옮겨 가게 되기는 실로 불교 전통 이후의 일이었다. 이를테면 한문학이 일찍부터 일본에 전해졌어도 남의 일같이 알더니, 불교가 수입되면서 그 경전을 읽기 위해 일본인 자신이 이를 학습하기 시작했다.

그리하여 일본의 문학은 불교와 함께 성장하고 발전했다. 이때까지 단순한 감정의 발로에 불과하던 일본 문학이 차차 불교에 인한 사상적 내용을 가지게 되었다. 또한 그 구성의 재료와 표현의 형식도 상당수 불교적 요소에 의해 이뤄졌다.

고문학(古文學), 아문학(雅文學)[90]뿐만 아니라 후세의 속문학(俗文學) 또한 불교의 그늘 밑에서 생겼다. 첫째, 일본의 구어체 문장이란 가

---

88 본생(本生) 문학은 부처의 전생 이야기이다. 부처가 현생에서 깨닫게 된 원인은 전생에 쌓은 선행과 공덕 때문이라고 설명한다. 당시 인도의 민간에 널리 유포되고 있던 전설과 우화 속의 인물 이야기를 차용하여 붓다의 전생으로 꾸며서 불교 설화로 변경시킨 것이다.

89 본사(本事) 문학은 불제자의 과거 인연을 설명하는 내용으로 구성되었다.

90 우아한 문장이란 뜻으로, 헤이안 시대 가나로 쓴 문장과 문학을 말한다.

마쿠라 시대 선승(禪僧)의 오고 감이 빈번한 가운데 당시 송나라에서 성행했던 선가(禪家)의 어록을 모방하면서 생겨났다. 막혀서 부자유스럽던 사상의 표현이 비로소 순한문으로부터 해방되었고, 부녀자라도 용이하게 이해할 수 있는 구어 문학이 출현한 것이다.

둘째, 음란하고 곱게 쓰여서 아무 이상이 없던 헤이안 시대 문학이 차차 막다른 골목을 만난 상황에서 현세 해탈, 정토 기원의 사상적 큰 원천을 붙잡아서 '화찬(和讚)', '가곡(歌曲)'부터 『원평성쇠기(源平盛衰記)』, 『평가물어(平家物語)』 등 전기 문학이 계속 나왔다. 이를 미루어 볼 때 불교의 영향을 받은 상황을 대강 짐작할 것이다.

그런데 일본 문학의 발달 과정에서 반도 불교의 영향이 적지 않았다. 당시 문학의 원천으로 볼 수 있는 『일본영이기(日本靈異記)』, 『부상약기(扶桑略記)』, 『우치습유물어(宇治拾遺物語)』, 『금석물어(今昔物語)』, 『사석집(沙石集)』 등에서 반도와 관련된 수많은 내용과 재료를 추측하고 관찰할 수 있다.

반도와 일본 사이의 문화적 관계는 특히 불교를 통해 꽤 오래 지속되었다. 그 추세는 일본사에 이른바 헤이안 시대까지 걸친다. 또 양자의 관계에 중국을 넣고 서역을 합하게 되면 정신과 물질 모든 방면을 통해 불교 문화 상호간에 복잡한 교섭이 이루어졌음을 알 수 있다. 이제 다만 예술에 관한 몇 가지 사실에 한정해서 조선 불교의 동방 문화사에서의 지위를 다시 한 번 살펴보기로 하자.

동양의 고미술이라 하면 누구든지 나라 지방에 있는 호류사와 정창원(正倉院)을 생각한다. 그것은 동양에서 천 년 이상 된 금석문 이외의 역사적 실물을 이곳만큼 완전히 계통적으로 보존한 데가 없기 때문이다. 그러나 호류사나 정창원을 학술적으로 볼 때 그 내력과 변천을 설명하기 거북한 점이 많이 있다. 즉 수수께끼의 보물 창고라고 할 수 있다.

호류사 하나를 가지고 말할지라도, 그것이 반도인이 만든 것임을 전하는 문자가 있고 양식에는 육조(六朝)의 수법이 드러나거나 간혹 페르시아, 인도 내지 먼 서쪽 지방의 요소도 섞여 있다. 학계에서는 이러니저러니 보고 있지만 대개 추론에 그치고 있는 실정이다. 아울러 분명한 연원과 확실한 관계를 사실로 증명하는 것이 오랫동안 불가능하다고 생각되었다.

이를테면 그 건축 세부의 기둥머리의 두공(枓栱),[91] 구름 형태의 주목(肘木),[92] 만자(卍字) 변형의 구란(勾欄),[93] 인자형(人字形) '마고(蟆股)' 등은 일본 건축사에서 호류사에만 있는 것이다. 그래서 연원에 대하여 많은 물음이 있었다.

그런데 1912년 이후로 고구려의 도읍터이던 압록강 및 대동강 변 여러 곳에서 5~6세기경 조성된 것으로 추정되는 고구려 시대의 고분이 많이 발굴되었고, 돌로 쌓은 구조가 호류사의 방식과 같음이 발견되었다. 그래서 양자가 매우 밀접한 관계를 맺고 있음을 알게 되었다.

이와 같은 수법은 조선 예술의 모국이라 할 중국에서 확인된다. 횡으로는, 고구려 강토에 근접해 있는 산시 성의 원강을 비롯해서 산시 성 타이위엔(太原)의 텬룽산(天龍山)과 허난 성 뤄양의 룽먼과 간쑤 성 사주(沙州)의 둔황사 등의 모든 석굴을 고찰하면서 그 전해져 나온 경로가 밝혀졌다. 종으로는, 육조로 위(魏)나라로 한나라 시대까지 올라가면서 그 유래를 살펴볼 증거와 자취가 상당히 남아 있다. 따라서 호류사의 건축사적 지위가 비로소 명확해졌다. 또한 문양과 장식의 일치로써 고구려와 일본 사이의 연락이 더욱 확

---

91 두공(枓栱)은 크게 지은 목조 건물의 기둥 위에 지붕을 받치는 구조물을 말한다.

92 주목(肘木)은 사원 건축에서 기둥과 지붕 사이에 들어가는 수평으로 배치한 목재를 말한다.

93 구란(勾欄)은 크게 지은 목조 건물과 다리 등에 마련된 끝이 굽은 난간을 말한다.

실히 증명되었다.

고구려의 고분에는 대개 벽화가 있어 당시의 풍속과 함께 진보한 그들의 예술을 확인할 수 있다. 중국의 회화가 주한(周漢) 시대 이미 상당히 발달했고 그것이 육조에 이르러 급속히 진보한 점에 관해서는 동진(東晉) 고개지[94]의 그림과 책 그리고 남제(南齊) 사혁[95]의 회화론으로써 추측되는 바이다. 하지만 동양화 가운데 가장 오래되었으며 고개지가 직접 그린 그림이라고 평가되는 대영 박물관에 소장된 「여사잠도(女史箴圖)」와 「낙신도(洛神圖)」는 모두 다 당나라 내지 송나라 시대의 모사본이다.

대동, 용문의 석굴 중에 당시의 회화를 고증할 재료가 없지 아니하나 진정한 그림이라고 볼 수 없다. 둔황의 천불동에는 육조 시대의 벽화가 약간 있으나 중심지에서 너무 떨어져 있어 보기도 불편하고 수법 또한 갸륵하지 못하다.

용강의 쌍용총과 강서의 우현리 3묘 가운데 큰 것과 가운데 크기의 두 묘에는 약 1400~1500년 전의 사신수(四神獸), 천인(天人)과 당시 풍속 등을 나타낸 벽화가 있다. 붓의 힘이 굳센 마음가짐과 웅혼한 기상을 나타내고 있어 사람으로 하여금 당시 미술의 놀라운 발달을 경탄하게 만든다.

이는 실로 중국과 일본에서 유례를 찾을 수 없는 북위 시대 이전의 예술 양식을 고증할 수 있는 귀중한 자료이다. 또 인도를 제외하고 지금까지 알려진 범위에서 동양에서 가장 오래된 회화이다. 그런데 그중에는 순수하게 북위식의 것도 있고 북위 시대 이전의 것도 있다. 또한 불교 예술의 영향을 받은 것도 있고 받지 아니한

---

94 고개지(顧愷之)는 중국 동진의 화가로 초상화와 옛 인물을 잘 그려 중국 회화사에서 인물화의 최고봉으로 일컬어진다.

95 사혁(謝赫)은 중국 남제의 화가로 5세기경 활약했다. 섬세한 필치로 인물화를 잘 그렸다.

것도 있다. 따라서 엄밀하게 처음과 끝을 연구하면 동양 미술사의 무슨 비밀이 그곳에서 튀어 나올지 모를 일이다.

고구려 시대의 벽화는 대개 호류사의 벽화에 비해 연대로 1세기 이상 혹은 수세기를 앞서는 것이다. 구도와 사생과 채색 등으론 양자 거의 공통적이다. 하지만 묘사된 모습의 담대함과 운필(運筆)의 자유로움이 호류사보다 훨씬 뛰어나다.

일본에서 아스카 시대 벽화의 한 전형인 '옥충주자(玉蟲廚子)'[96]의 밀타회(蜜陀繪)와 무량수국만다라(無量壽國曼茶羅)에 수를 놓은 휘장이 있다. 이 양자와 고구려의 벽화 사이에는 간단하고 소박한 형상과 고아한 정취로 깊은 연락이 있음을 알 수 있게 한다. 그리고 우현리 대묘 천장의 천인(天人)은 '옥충주자'의 그것과 흡사하고, 물형(物形) 사이에 장식한 순 그리스 방식의 인동 문양이 서로 일치함도 사람의 주의를 끈다.

일본 고전(古傳)에 호류사의 벽화는 색채 및 지묵 제조법을 일본에 처음 전한 고구려 승려 담징의 작품이라 하며, 무량수국만다라는 고구려의 이주민인 가서일(加西溢)의 손에 이루어졌다 한다. 그 근거가 있음을 새삼스럽게 생각하게 만든다.

대개 밀타회란 것은 기름의 건조제로 밀타승(蜜陀僧)이라고 부르는 산화연(酸化鉛)을 안료에 넣어서 그린 일종의 유화이다. 말하자면 서양보다 먼저 동양에서 행한 유화법이며, 이 방식은 칠기 장식 등으로 후세까지 사용되었다. 그 연원은 멀리 페르시아 지방에 있는 듯하며 밀타승이란 명칭은 그 나라 말을 옮긴 표현이라 한다.

고구려의 고분은 망국 당시 당나라 군대에 의해 발굴, 채집을 당해서 공예품 가운데 남은 것은 없다. 그 가운데 우현리의 대묘에서

---

96 비단벌레 장식으로 만든 미술품으로, 호류사의 건축 기법을 잘 보여주는 유물이다.

는 약탈해 간 이후 남은 물건인 옻칠한 목관의 파편과 함께 밀타회의 문양이 있는 칠기 조각이 수습되어, 저 '옥충주자' 밀타회의 유래를 짐작하게 해주었다.

이렇게 당시 고구려 및 일본의 회화가 재료와 함께 그림 풍에서도 페르시아 예술과 함께 교섭이 있었음은 매우 재미있는 일이다. 삼국 시대의 옛 거울에 날개 돋친 천마(天馬) 곧 그리스의 '페가수스' 그림이 보이는 것도 그 사례이다.

일본의 호류사에 '사천왕 무늬의 기(旗)'라 하여 중앙아시아 모습의 무사가 역시 날개 있는 말을 타고 사자를 잡은 순 아시리아적 도안의 무늬가 있는 비단이 있다. 또한 만주의 곳곳에서 이와 비슷한 아시리아식 사자 수렵도가 자주 발견되는 사실과 합하면 동서 교통사에 대해 주요한 암시를 주는 것임은 물론이다.

대개 반도는 그 자신의 고대 예술에 대하여 아무 기록을 남기지 않았다. 근래 고구려 고분의 출현을 말미암아 새삼스레 그 발달이 빠르고 또 웅장함에 놀라게 되었다. 게다가 동서 양쪽의 문적(文籍)에는 그 숨은 모습이 꽤 선명히 반영되어 있다.

일본의 유랴쿠제(雄略帝) 7년(463)에 이미 백제의 화공 인사나아(因斯羅我)가 일본에서 극진한 대우를 받은 일이 있다. 이는 고구려에 불법이 들어온 지 약 90년 후, 일본에 불법이 들어가기 약 90년 전의 일이었다. 불법이 동쪽으로 전해진 뒤에는 스슌제(崇峻帝) 원년(588)에 불사(佛寺)의 장엄을 위해 백제로부터 다른 공인(工人)들과 함께 화공 백가(白加)가 일본에 초빙되었다.

쓰이코제 12년(604)에는 쇼토쿠 태자가 여러 방면에서 세습된 화사직(畵師職)을 파견해서 사원의 불상 장엄을 맡아 보게 했다. 이들은 대개 반도의 이주민이다. 이로부터 일본의 화법이 비로소 정형(定形)을 얻게 되었다. 쓰이코제 18년(610)에는 위에서 적은 것처럼 호류사 벽화의 필자로 전해지는 고구려 승려 담징이 초빙되었는데, 그 뒤로 역사에 유명한 화사(畵師) 가운데 대부분이 고구려인임을 우리가 주목해야 한다.

한편 중국에서는 서역 화법의 영향을 받아서 육조 이래로 그림 기술이 크게 발달했다. 남북조의 말에는 요철 화법이라 하여 색소를 두둑하게 발라서 음영을 강하게 내는 인도식(아잔타식) 화법이 전해졌다. 인물·꽃·새 등 물형(物形)을 화면에 드러냄으로써 사람의 경이로움을 생기게 만들었다. 일본의 호류사 벽화에도 인도의 벽화 제작법을 응용한 것이 적지 않다.

인도식 음영화(陰影畵)의 거장은 실로 토화라국(吐火羅國) 사람으로(혹 우전국 사람으로 말함) 수나라 말 당나라 초에 장안에 와서 거주한 위지발질나(尉遲跋質那)·위지을승(尉遲乙僧) 부자이다. 토화라국은(우전이면 더욱) 인도 및 서역 여러 나라의 요충지에 존재하던 돌궐 민족의 국가이다. 따라서 위지 부자는 고국에서 이미 여러 나라 미술의 영화(榮華)를 보았던 회화의 대가였다. 당나라 이후에 인도식 벽화의 유행이 갈수록 성행함은 위지 씨의 영향으로 말미암음이 컸다.

그런데 고구려와 돌궐 사이에는 진작부터 교통이 있었다. 수나라 양제가 국가의 운명을 걸면서 고구려 침입을 결행한 이유는 실로 이 양자의 연합이 성립할 것에 관한 의심에서 비롯되었다. 이때 수나라 양제의 대군을 우습게 물리치던 고구려 군대의 대장 을지문덕(乙支文德)의 을지란 성도 대개 돌궐의 명족(名族) 특히 우전국의 왕족과 관계가 있을 듯하다.

또 위지을승의 문하에는 반도인 출신으로 그에게 배웠던 사람이 있기도 했다. 그 회화풍이 고려에까지 내려간 것은 원나라 시대의 미술사가인 탕후(湯垕)가 그의 저서 『화감(畵鑒)』에 적음과 같다. 이러한 사실을 종합해 보면 일본의 호류사 예술의 연원이 명백해진다. 동시에 고구려 예술이 지닌 동방 문화사에서의 지위와 관련해서 많은 암시를 얻을 수 있다.

일본의 고예술에 대하여 고구려보다 더 긴밀한 관계를 가진 자가 백제이다. 하지만 백제에는 고구려만한 유적이 없다. 그 옛 수도인 부여 부근에 있는 당시의 왕릉은 고구려와 마찬가지로 망국 당시에 당나라 군대의 약탈이 있었고 그 때문에 유물 가운데 볼만한 것이 없다.

그중에서 겨우 금동투조(金銅透彫)의 금구(金具) 약간과 팔판화형(八瓣花形)[97] 금구(金具) 십여 개가 발견되었을 뿐이다. 이것들은 윤곽의 곡선, 투조(透彫)[98]의 화초문 등이 일본 아스카 시대의 유물과 똑같은 판에서 인쇄한 듯하다. 이것만으로도 아스카 예술이 백제의 것을 직접 묘사한 것임을 증명할 수 있음도 주목된다.

또 근년에 일본 규슈 지방의 오이타(大分), 사가(佐賀) 두 현에서 다수의 마애불이 발견되어 학계의 주목을 끌고 있다. 혹자는 이를 대륙에서 불상을 조성했던 미술의 종극미(終極美)를 나타낸 것이라고 적극적으로 평가한다. 옛날부터 그 제작자는 백제 승려인 일라(日羅)와 연성(蓮城)이라고 전해지고 있다.

일라의 국적과 활동에 관해서는 예로부터 다른 학설이 없지 않다. 그렇지만 일본 초기에 석조 예술이 대체로 반도 이주민의 솜씨임을 살펴볼 때 일본 규슈 지방의 마애석불군을 백제인의 작품으로 말하더라도 헛되지 않다고 생각한다. 앞으로 어떤 기회에 새롭게 백제 예술의 전형적 유물이 나온다면 그것은 반도를 통해 대륙과 일본의 예술을 지금보다 더 긴밀하게 연락시킨 쇠사슬이라고 볼 수 있음이 물론이다.

건축 조각뿐만 아니라 음악·가곡·무용에 있어서도 불교를 통

---

97 꽃잎이 8개인 모양으로, 불교에서 팔방 즉 세계를 의미한다.

98 금속·목재·도자기·돌·유리·가죽 등을 뒷면까지 완전히 도려내 무늬를 나타내는 조각 세공 기법을 말한다.

한 서역의 영향이 매우 심대한 것은 오늘날 동양 음악의 거의 대부분이 서역 음악에서 나왔다는 사실에서 알 것이다. 대개 중국에서도 남북조 시대 이래로 아악(雅樂)이란 것은 명색으로만 있고 음악계를 실제로 지배한 자는 서역의 음악 특히 구자악(龜玆樂)이었다. 악공도 대개 구자국(龜玆國) 사람이었다. 북주(北周)의 소기파(蘇祗婆), 수나라의 백명달(白明達), 당나라의 백효덕(白孝德)은 모두 구자악을 잘한 사람이었다.

그런데 구자국은 그 위치가 서역에서 중국으로 들어오는 길목에 있는 만큼 보통 구자악이라고 하는 것은 실제로는 서역 여러 음악의 종합적 명칭이다. 불교 전래를 전후해서 직간접적으로 반도와 서역 사이에 교통이 열리게 되었다. 그래서 서역 여러 나라 내지 인도의 악기·무곡·기희(伎戲; 탈놀음) 등이 차차 반도로도 유입된 것은 『삼국사기』의 「음악지」에 전해지는 사실로 짐작할 수 있다.

또 지금까지 반도 창가법의 기본 음조가 범패 즉 인도 취타(吹陀)의 '만트라(Mantra)'에서 우러나온 불교의 찬송가를 모방한 것임에서도 추측할 수 있다. 이것이 백제의 미마지(味摩之)를 통해 쓰이코 제 20년(612)에 일본으로 들어갔다. 그리고 불회(佛會)의 연주용 음악이 되었다. 그것의 범람, 발전한 것이 지금 일본의 모든 음곡무악(音曲舞樂)임을 문헌과 실제로써 분명히 알 수 있는 바이다.

조선의 '산디'[99]와 일본의 기악(伎樂)은 서역 음악의 고풍이 지금도 동방 여러 나라에 활동하고 있음을 보여주는 사례이다. 일본에서 국보로 지정된 호류사의 고가면은 기희(伎戲)[100]를 통해 동서 교통을 증명할 수 있는 귀중한 재료이다.

예술 아닌 방면으로도 다양한 사례가 있다. 구마라(矩摩羅) 등의

---

99 산대(山臺)와 동의어로, 산대놀음은 탈을 쓰고 무대에서 하는 복합적인 탈놀음을 말한다.
100 가무음곡 등의 놀이를 말한다.

천문 및 역법, 나나이파사매(那羅邇婆娑寐)·노가일다(盧伽逸多)의 의술을 비롯해서 『숙요경(宿曜經)』[101]에 나오는 허다한 점술과 밀교의 갈마(羯磨)[102]에서 나온 허다한 주문법이 그 사례이다. 조선에서 생겨나서 특이한 민간 신앙을 이룬 풍수 관념과 일반 생활의 구석구석까지에 침투해 있는 불교 및 서역 방면의 문화적 영향은 하도 많아서 거론할 겨를도 없고 또한 필요도 없다.

또한 산악의 개발, 도로의 수축, 교량과 역원(驛院)의 설비, 구빈, 병 치료, 양로(養老)의 시설 등 지금 말로 하면 사회 사업이란 것이 진작부터 불교인의 손에 의해 경영되었다. 특히 조선으로 말하면 문화사에서 큰 자랑이 되는 활자·자기 등이 불교로 인하여 유발 또는 조장되었다는 사실은 목소리 높여 말하지 않아도 잘 알 것이다.

불교 신앙의 내용과 예술의 형식이 조선까지 오는 동안 국민성의 차이로 인해 상당히 재미있는 발전과 변화를 보였다. 불교 및 서방 문물이 어떠한 경로로 조선에 들어왔을까, 조선 불교와 서장 불교 및 일본 불교 사이에 어떤 연락 관계는 있는가, 기타 여러 가지 재미있는 문제는 다 독자 여러분의 자유 연구에 맡기기로 한다. 여기서는 아직도 모르는 체하기로 한다. 다만 한마디로 말하면 불교는 동방 문화의 태양으로 동방 문화에게 생명과 발전을 준 것이다.

인류의 문화는 다른 곳이 아니라 동방에 와서 세계성과 보편성을 발양하려 했다. 그런데 조선은 동방의 지진두(地盡頭)[103]에 위치

---

101 인도에서 기원한 불교계의 점성술서로 중국에 한역된 이후 성행했다.
102 갈마금강으로, 밀교 특유의 불구(佛具)를 의미한다. 세 가락의 금강저를 십자 모양으로 엇걸어 만든 형태로 부처가 본래 갖추고 있는 지혜의 작용을 상징한다.
103 중앙에서 멀리 떨어져 있는 변두리의 땅을 의미한다.

하고 있다. 따라서 오랫동안 서쪽에서 유동(流動)하여 오는 모든 문화를 모조리 받아들였다. 따라서 동서 문화의 종합적 보유자로서의 특이한 존재성을 세계 역사 속에 빛내고 있다. 이 독특한 문화적 성능을 가장 선명히 나타냈던 것이 무엇보다도 특히 불교였다.

조선 불교는 다만 불교사에서만 특수한 위상을 요구할 수 있는 것이 아니다. 나가서 일반 문화사 특히 동서 교통사에서도 중요한 가치를 획득할 수 있다. 동방에서 가장 오랜 역사의 전설을 가지고 가장 기이한 문화의 교차점에 처한 조선은 아마도 틀림없이 세계에서 가장 흥미로운 연구 제목 가운데 하나가 될 것이다. 그 효과는 중앙아시아 또는 몽고의 발굴 사업의 비할 바가 아니다.

조선이 조선만의 조선이 아니라 전 동방의 조선, 나아가 세계의 조선임을 불교 사상을 통해 인식할 수 있다. 실제로 조선은 동방의 비밀을 깨뜨리는 매우 중요한 일부분이다. 세상에는 남방 불교, 북방 불교란 말이 있고 또 근래에 동방 불교란 말을 만들어 쓰는 사람이 있다. 그런데 교리에 있어서나 예술에 있어서나 불교의 종합 표현을 맨 먼저 실현한 조선 불교를 내버려 두고 진정으로 '동방 불교'의 이름을 가질 수 있는 자가 누구겠는가?

인도에서 불이 켜진 불교란 등이 중국까지 오면서 계속 기름을 더하다가 조선에 이르러 온 세상을 비추는 거룩한 지혜의 횃불로 이루어졌다. 이는 우리가 역사적 사실 속에서 믿지 않을 수 없는 사실(事實)이라고 볼 수 있다.

그동안 몹시 기다려온 인류 구원을 위해 이 동방의 빛이 어떻게 세계의 높은 성 위에 얹혀서 헤매는 양의 무리에게 돌아갈 길을 가르쳐 줄지를 고민해야 한다. 그러므로 인류 구제에 관한 조선불교의 임무가 결코 작다고 할 수 없다.

※ 1930년 7월 하와이에서 열리는 범태평양불교대회의 팸

플릿(pamphlet)으로 기초한 것이다. 외국 사람에게 보이려 한 것이므로 문체와 용어가 저절로 다를 밖에 없었다(7월 4일 一覽閣에서 원고 완료).

인생과 신앙*

 심전(心田) 개발이라는 표어가 생김과 함께 당연한 순서로 신앙이 새로운 관심사가 되어졌습니다. 무엇보다도 기쁜 추세라고 하겠습니다. 사람 몸의 어느 부분, 손과 발이나 귀와 눈 같은 것이 평소에는 그 존재에 관한 의식이 거의 없습니다. 하지만 병이나 무슨 이상이 있는 때에는 문득 감각되고, 주의하고, 관심거리가 됩니다. 그런 것처럼 지금 마음이라는 것, 신앙이라는 것이 새삼스럽게 문제되고 있습니다. 모든 사람이 함께 주의해야 할 일이 되었습니다. 이 점은 분명히 우리의 어느 무엇보다도 마음 곧 정신생활에 큰 결함이 있음을 말하는 것입니다.

 결함이 있다는 것을 알면 행동해야 하며 행동하면 고쳐지는 것입니다. 진실로 우리들은 자신을 돌아다 보아 마음에 병이 있음을 분명히 알아야 합니다. 그러면 그만큼 이미 병약으로부터 건강으로 전향한 것입니다. 출발은 도달까지의 절반입니다. 그런 의미에서 신앙이 문제시된 것은 크게 기쁜 일입니다.

 『법화경(法華經)』 중 「오백수기품(五百授記品)」에 있는 유명한 비

---

* 이 글은 1935년 7월 14일 · 21일 · 28일자 『매일신보』에 실렸다.

유담이 있습니다. 어떤 사람이 친구 집에 가서 술이 취하여 잤는데 그때 그 친구가 급하게 관청에 일이 생겨 갑자기 길을 떠나게 되었습니다. 친구는 무척 비싼 보석을 자는 사람의 의복 속에 단단히 챙겨주었습니다. 그는 잠이 깊어서 도무지 몰랐습니다. 깨어 일어나서 그는 여기저기 돌아다니다가 다른 나라까지 가서는 노잣돈이 떨어져 갖은 고생을 다 했습니다. 그래서 몇 푼 안 되는 돈을 보아도 이것이 웬 복이냐고 만족했습니다.

그 뒤 그 친구를 다시 만났는데 친구는 이 꼴을 보고 "어허 딱한 이 사람아, 어찌 입고 먹는 것이 이 지경이 되었는가. 내가 그때 자네로 하여금 즐겁게 여행하고 깨끗이 살라고 비싼 보석을 자네 옷 속에 잡아매었으니 지금도 그냥 있을 것일세. 그런 줄을 모르고 공연히 어리석게 고생과 근심, 걱정 속에서 허덕이고 있었네그려. 어서어서 그 보물을 끄집어내어 필요한 물품으로 바꾸고 걱정 없이 편안히 살아가게." 하였다는 이야기입니다.

과연 이 세상에는 제 옷 속에 보물을 지니고 있음을 모르고 비렁뱅이 노릇하는 이가 수없이 많습니다. 이를 마치 남의 일처럼 말하고 듣지만 실상 그런 어리석은 이가 의외로 자기 자신인 경우가 많습니다. 오늘날 심전 개발 신앙 생활이 새삼스레 문제된 것은, 궁곤(窮困)에 쪼들리다가 내 옷 속에도 보물이 있다고 하니 새삼스럽게 손을 넣어 더듬는 경우와 같습니다.

사람에게 무엇이 가장 큰 보배냐 하면 예부터 성인이 말씀 또 말씀하신 바와 같이 마음이 그것입니다. 재산으로 쳐도 무엇과도 바꿀 수 없는 큰 재산입니다. 쓰고 닦으면 그대로 닳고 찌드는 것 아니라 늘고 빛나고 무성해지는 보배가 우리의 마음입니다. 길어내고 길어내도 마르지 않는 생명의 샘, 기력의 샘이 각자 가지고 있는 우리의 마음입니다. 심전 개발이란 요약하건대 각 개인이 마음에 대한 자각과 노력해야 함을 가리키는 것입니다.

마음이 무엇이냐, 또 어떠한 것이냐 함은 쉽사리 설명할 수 없습니다. 하지만 사람에게 마음이 있고 그곳에는 신비하고 묘하며 불가사의한 능력이 무한히 담겨 있습니다. 그래서 마음을 바다에 비유하는 일이 있습니다. 불교에서 '여래장해(如來藏海)'[1]라 하고, 유가(儒家)에서 '성해(性海)'[2]라고 하는 사례가 그것입니다.

마음은 이렇게 한없는 보고(寶庫)입니다. 그러나 아무리 보고라고 해도 모래에 묻히고 가시덤불에 눌려 있으면 아무 소용이 없습니다. 더군다나 독가스나 모진 독충의 소굴이 되어버리면 그 해악이 어디까지 번질지 모를 것입니다. 닦으면 마음이 훌륭한 힘의 원천이 되지만, 동시에 아니 닦으면 그냥 악의 보금자리가 됩니다. 마치 밭을 다스리면 아름다운 곡식을 생산하고 다스리지 않으면 악독한 잡초에 덮여 버림과 같습니다.

그런 의미에 비유하여 심전이라는 말도 쓰는 것입니다. 아직 아무 것도 경작하지 않은 처녀지이지만, 이를 깎고 다듬어 인생에 유용한 곡식을 생산하도록 하는 밭입니다. 개간한 밭이라도 경작을 해야 곡식을 생산할 수 있습니다. 경작한 뒤에라도 적당한 배양 방법을 다해야 그 생산력을 만족히 발휘시킬 수 있음이 물론입니다. 사람의 마음 다스림이 이와 같아서, 그로 하여금 아름다운 인생의 건설에 굳센 힘이 되게 하기 위해서는 마음의 흙을 잘 주무르고, 다스리고, 북돋우고, 거름 주고, 김매 주는 노력이 필요합니다.

이렇게 개발한 심전에서만 아름다운 꽃이 피고 탐스러운 열매가 맺혀서, 인생 생활의 내용이 여기서 보충되고 가치가 여기서 증진되어야 합니다. 부분으로는 각 개인의 완성, 전체로는 사회 개조까

---

1 여래장해(如來藏海)에서 '여래장'은 대승 불교의 중요한 개념으로 중생의 마음속에 본래부터 여래가 될 가능성을 갖추고 있다는 말이다. 그것을 바다에 비유한 것이다.
2 인간의 본성이 깊고 넓음을 바다에 비유한 말이다.

지도 결국은 심전 개발을 근본 또는 출발점으로 삼지 아니하면 안 됩니다.

여러분도 익히 아시려니와 유교의 경제책(經濟策)을 단적으로 표현한 저 『대학(大學)』의 책머리에 '대학지도(大學之道)'는 "밝은 덕을 밝히는 데 있으며, 백성을 새롭게 하는 데 있으며, 지극한 선에 머무르는 데 있다."라고 나옵니다. 그 방법과 순서를 말하되, "옛날 온 세상에 밝은 덕을 밝히고자 한 사람은 먼저 자신의 나라를 바로 다스리고, 자신의 나라를 바로 다스리고자 하는 사람은 먼저 자신의 집안을 바로잡고, 자신의 집안을 바로잡고자 하는 사람은 먼저 자신의 마음을 바르게 하고, 자신의 마음을 바르게 하고자 하는 사람은 먼저 자신의 뜻을 진실하게 하고, 자신의 뜻을 진실하게 하고자 하는 사람은 먼저 자신의 앎을 철저하게 하니, 앎을 철저하게 하는 것은 사물의 이치를 확실하게 밝히는 것이다."라고 했습니다.

대학이라 함은 최고의 교육이란 말입니다. 대학지도 곧 교육 궁극의 목표가 무엇이냐 하면 명덕(明德)을 밝힘에 있다 한 것입니다. 명덕이란 무엇인가? 주자의 주석에 "명덕은 사람이 하늘로부터 얻어 온 영민하고 총명한 것으로, 모든 이치를 갖추어 온갖 일에 적응할 수 있는 것이다."라고 한 것처럼 우리가 본래 스스로 가지고 있는 마음을 가리킨 것입니다.

명덕을 밝힌다 함은 "다만 기품(氣稟)에 구속되고 인욕(人欲)에 가려지면 때로 혼미해진다. 그러나 그 본체의 밝음은 없어지는 것이 아니다. 그러므로 배우는 자는 반드시 그것이 나타내는 것에 근거해서 밝혀 나아가 그 원래의 상태를 회복해야 할 것"이라고 한 것처럼, 흐려진 본심(本心), 무디어진 양심이 본래 자연한 경계(境界)로 돌아가게 한다 함입니다.

그리고 유가에서는 인생 활동의 진행을 수신(修身), 제가(齊家), 치국(治國), 평천하(平天下)의 4계단으로 보고, 그 최후의 목적은 천하와 한가지 명덕을 밝힘에 있다 합니다. 그리고 이 모든 것은 격물치지(格物致知)[3] · 성의정심(誠意正心)[4]의 기초 위에서만 기대하는 것이라 하였습니다. 알기 쉽게 말하면 각 개인의 마음을 바로잡아서 그 총화(總和)로 바른 세계를 만든다는 것입니다. 말하자면 심전의 개발이 사회 개조의 근본이라고 한 것입니다.

천하, 국가라 하고 사회, 민중이라 하면 혹시 어느 무엇이 따로 존재하는 것도 같습니다. 하지만 실상 수많은 개인의 집합 곧 각개의 사람들이 모여 있는 것을 보고 말함에 지나지 않습니다. 그러므로 사회니 국가니 하는 것도 각각을 보면 제각기 내가 그 중심이요, 각자 한 사람이 곧 사회요, 국가인 것입니다.

어떻게 사회를 개량하겠는가? 그러할 때 모름지기 자기를 개량할 것, 각자의 한 사람 한 사람이 개량되어야 할 것입니다. 이러한 도리(道理)를 여기에서 명백히 인식해야 합니다. 모두 각각 자기 생각만 할 때, 예를 들면 나는 별로 그릇된 마음을 먹었거나 옳지 않은 일을 할 것 아니니까 하고 스스로 용서할 핑계가 있습니다. 하지만 각개의 집합체요 또 그 반사경(反射鏡)이라고도 할 사회가 불의(不義) 혹은 불완전한 것을 보면 그 구성 분자인 각개 사람들이 역시 불의, 불완전한 것을 숨기거나 부정하지 못할 것입니다.

제각기 불의, 불완전함의 한 몫씩을 담당합니다. 예수의 말씀에 "이 세상에 의로운 자 없다, 다만 한 사람도 없다."함은 이를 잘 파악하신 지당한 말씀입니다. 자신의 용모의 아름답고 추함은 거울을 보면 알 수 있습니다. 이처럼 각자의 완전, 불완전은 사회 전체의 정태(情態)로써 성찰할 수 있습니다.

만일 자기로써 구성된 사회에 결함이 있음을 승인할 것 같으면

---

3 사물에 대해 깊이 연구하고 지식을 넓히는 것을 말한다.
4 성실히 하고 마음을 바르게 가진다는 뜻이다.

그대로 옮겨다가 자기에도 그 결함 있음을 깨달아야 할 것이요, 이미 자기에 결함 있음을 알았을 것 같으면 이를 보족(補足)하고 개선하려 하는 성의를 나타내야 할 것입니다. 오늘날 사회의 완전치 못함을 인식하고 거기 근심을 품고 꾀함이 있는 이가 문제의 근본인 심전의 개발에 마음을 쓰는 것이 결코 우연한 일이 아닙니다.

그러면 심전은 어떻게 개발할 것인가? 무엇을 어떻게 개량하여 내 마음으로 하여금 훌륭한 곡식, 굵은 열매를 생산하는 기름진 흙이 되게 할까? 이 효과를 기대할 수 있는 가장 적절한 방법이 무엇인지 우리가 생각해야 할 것입니다. 아까 『대학』의 말에 '정심성의'는 '격물치지'로 해야 한다면 치지(致知)하기 위해서는 이러한 방법을 알아야 합니다.

예수교 성서의 유명한 비유 하나인 파종하는 이야기-

"씨 뿌리는 사람이 씨를 뿌리러 나갔다. 씨를 뿌리는데, 어떤 것은 길바닥에 떨어져 새들이 와서 쪼아 먹었다. 어떤 것은 흙이 많지 않은 돌밭에 떨어졌다. 싹은 곧 나왔지만 흙이 깊지 않아서 해가 뜨자 타 버려 뿌리도 붙이지 못한 채 말랐다. 또 어떤 것은 가시덤불 속에 떨어졌다. 가시나무들이 자라자 숨이 막혔다. 그러나 어떤 것은 좋은 땅에 떨어져서 맺은 열매가 백 배가 된 것도 있고 육십 배가 된 것도 있고 사십 배가 된 것도 있었다. 들을 귀가 있는 사람은 알아들어라."[5] (마태복음, 13장 3절 이하)

또 하나 겨자씨 비유-

---

5 본문의 내용은 『공동번역 신약성서(개정판)』을 따랐다. 이하 『성경』의 인용은 같은 책을 인용했다.

"하늘나라는 겨자씨에 비길 수 있다. 어떤 사람이 밭에 겨자씨를 뿌렸다. 겨자씨는 모든 씨앗 중에 가장 작은 것이지만 싹이 트고 자라나면 어느 푸성귀보다도 커져서 공중의 새들이 날아와 그 가지에 깃들일 만큼 큰 나무가 된다." (마태복음, 13장 31절 이하)

이러한 비유처럼 씨앗 하나가 만 배의 수확을 하게 되는 기름진 밭, 작고 작은 씨가 떨어져서 하늘을 찌를 듯하고 태양을 가릴 만한 큰 나무를 이루는 좋은 흙은 어떠한 방법으로 얻어지는 것입니까?

사람의 마음을 다잡는 방법이 물론 단일(單一)하지 않습니다. 나쁜 행동이 나타난 뒤에 그것을 벌해서, 하나를 징벌함으로써 백천만인(百千萬人)을 경계하는 법률도 그 하나입니다. 미리미리 사람이 마땅히 할 일과 하지 아니할 일을 가르쳐서 사악함을 버리고 정당함에 말미암게 하는 도덕도 그 하나입니다. 이것들이 제각기 소용이 있고 또 얼마간 효과를 나타냄이 물론입니다.

제도나 규칙은 그렇지 못합니다. 이는 상처가 이미 난 데 붙이는 고약과도 같고, 달리는 말에 굴레 씌우는 것도 같습니다. 또한 가장자리를 쌓아야 흐르는 물인데, 골을 터 놓는 작용밖에 되지 못하는 것입니다.

속에 더러운 피가 괸 것을 두고 헐어 있는 곳을 쫓아다니든지 사나운 말을 붙들어 맬 생각을 하지 아니하고 굴레만 들고 다니면 손이 바쁘고 숨이 찰 뿐, 일은 끝이 없을 것입니다. 또 물에 골을 터주는 것도 필요한 일 아님이 아니지만 그런다고 물이 맑아지지는 않습니다. 맑은 물이 솟도록 모름지기 샘을 파야 할 것입니다.

옛 글에 "조그만 네모진 연못 한 거울이 열리니, 하늘빛 구름 그림자 함께 어른거리네. 연못이여 어쩌면 이렇게 맑을 수 있나, 원천에서 살아 있는 물이 나오기 때문이지."[6]라고 했습니다. 마음을 다스림에는 그 밑바닥으로부터 다스려야 하는 것입니다.

마음의 밑바닥을 치우고 또 파고 그리하여 깊고 깨끗하게 함에는 법률·논리와 같은 형식적 혹 이론적인 것으로는 부족합니다. 내장 속에 있는 병은 외과적 수술로 치유할 수 없으며, 또 체질적 결함, 원기 부족으로 생기는 증상은 병의 증상에 따라 약을 쓰는 처방전으로써 건강을 확보할 수 없음이 물론입니다. 밭을 기름지게 하려면 흙을 기름지게 해야 하는 것처럼, 마음을 바르게 하려면 바탕을 튼튼하게 해야 할 것입니다.

사람의 마음은 강인한 탄발력을 가지고 있습니다. 하지만 적당한 단련을 더하지 않으면 곧 이완되기 쉬운 결점도 있습니다. 버려둘수록 약해지고, 시달릴수록 든든해지는 특성을 가진 것이 사람의 마음입니다. 그리고 결점은 결점대로 제거하고, 노력은 노력대로 발휘하는 방도를 본래부터 갖추어 가진 것이 사람 마음의 또 한 가지 특성입니다.

좋은 면과 좋지 못한 면을 합쳐 가진 것임을 깨달아야 합니다. 좋지 못한 면을 되도록 누르고, 좋은 면을 되도록 드날려야 합니다. 그래서 인생의 가치를 만들어 가는 것이 곧 마음을 닦는다는 것, 심전을 개발한다는 것입니다. 이러한 인식과 능력이 생김은 일상적인 수양 방법으로 기대할 수 없습니다. 오직 신앙적 생활 곧 종교적 태도에서만 이를 얻을 수 있는 것입니다.

종교를 바탕으로 한 수양은 밖으로부터 무슨 힘을 주사로 집어넣는 것도 아닙니다. 겉에다가 무슨 허울을 뒤집어씌우는 것도 아니요, 또 자기 이외의 어느 무엇에 억지로 끼여 가는 것도 아닙니다. 내 스스로 내 마음의 닫은 문을 열고 거기 있는 한없는 신령(神靈)한 힘을 조금 조금씩 끄집어내어 쓰는 것입니다.

---

6 주희의 시로 본문에는 "半畝方塘一鑑開, 天光雲影共徘徊, 間渠那得淸如許, 謂有源頭活水來"라는 원문으로 서술되어 있다.

제 속에서 저절로 솟아나는 힘으로써 생명의 가치를 만들어가는 즐거움은 오직 신앙적 생활을 가진 자만이 향수하는 즐거움입니다. 사람이 진실로 신앙을 가지면 억지로 하는 수양이 없어지고 저절로 되는 수양이 그에게 있을 것입니다. 왜냐하면 신앙이 곧 최고의 수양이기 때문입니다.

신앙이란 무엇인가? 자기 이상의 무엇을 또 누구를 믿고 그를 따라가는 태도를 이르는 것입니다. 이러한 태도는 자기의 불완전을 자각한 것이 전제가 되어야 함이 물론입니다. 사람이란 어떤 면에서 몹시 약하기도 하고 몹시 어리석기도 하고 또 몹시 부자유합니다. 그러면서 이러한 줄을 모르면 그냥 점점 약하고 어리석고 더욱더욱 부자유할 따름입니다.

그런데 한번 인생의 정체(正體)가 이러한 것을 깨닫고 이런 경우로부터 초탈하면 얼마든지 강해지고 슬기로워지고 또 자유로워질 수도 있습니다. 자기가 불완전하다는 사실에 단단히 정신을 차리고 이래서는 안 되겠다고 한 발자국만 돌려 디디면 이미 그는 완전한 세계로 들어간 사람입니다. 돌이키면, 그 앞에는 새로운 세계와 그리로 가는 길이 보일 것입니다.

불완전을 등지는 순간이 오로지 그의 목표일 수밖에 없습니다. 완전하리라, 완전함으로 나가리라, 완전이라는 목적과 표상(表象)을 가지리라 하는 데까지 그의 생각이 전개되어야 할 것입니다. 전반적으로 사람은 약하고 어리석은 것이니까 참된 강함과 슬기로움을 사람의 세계에서 구하지 못할 수 있습니다. 사람 이상의 어느 무엇을 향한다는 것이 마땅히 새로운 자각을 가진 이가 추구하는 바일 수밖에 없을 것입니다.

이때 신앙의 저쪽 편에서 차차 생겨 나오는 새 세계를 바라볼 수 있을 것입니다. 완전자(完全者)의 세계, 이상이 구현된 세계 곧 불교 용어로 극락, 예수교 용어로 천국, 도교 용어로 선경(仙境), 유교 용어로 희호세계(熙皞世界)[7]와 같은 목표가 그 앞에 나타날 것입니다.

신앙심의 성장과 함께 이 새로운 세계가 어슴푸레하게 보이다가 또렷해지고, 멀리 있다가 가까워지고, 이념적인 존재이다가 마침내 구체적인 현실이 되어야 할 것입니다. 이렇게 되면 그는 새로 눈을 뜬 것이요, 새로 귀가 열린 것이요, 그리하여 새 세계를 발견하고 획득한 것입니다.

한번 신앙의 눈을 뜸은 인생에 있어서 무엇보다도 중요한 일입니다. 이 눈을 뜸이 쉬울 듯하면서도 어렵습니다. 하지만 진실로 뜨기만 하면 그는 다시 새사람이 되었다는 유쾌함을 가질 것입니다. 그리고 이 눈을 뜨지 못했던 시절의 자기가 경험했던 쓸쓸하던 생활과 아직 이 눈을 뜨지 못하고 있는 많은 사람의 딱한 모양이 분명하게 돌아봐지게 됩니다. 어떤 의미에서 눈뜬 우리가 눈먼 이를 불쌍히 보는 것보다도 이 눈을 떠 가지고 이 눈을 뜨지 못한 사람을 보는 것이 더욱 민망하고 딱할 것입니다. 인생의 참된 생활을 우리가 거기서 발견할 것입니다.

우주는 본래 가지계(可知界) 곧 상대적 현상계(現象界)뿐이 아닙니다. 거기 대하여 불가지계(不可知界) 곧 절대적 본체계(本體界)라 할 것이 있습니다. 예로부터 수많은 철학자들이 생각해 온 것처럼 가지계는 도리어 불가지계의 또 하나의 영상·환상에 불과하다고도 할 것입니다.

인생 생활은 물질적인 것만이 아닙니다. 거기 대한 심령적인 측면이 있고 이것이 더욱 중요합니다. 왜냐하면 심령적 생활이야말로 진정한 생활이기 때문이요, 이 생활에서만 확실성도 있고 항구성도 있기 때문입니다.

---

7 희호세계(熙皞世界)에서 '희호'는 빛날 희, 밝을 호이다. 백성이 평화롭고 즐거우며, 나라가 태평한 세상을 의미한다.

신앙은 우리를 가지계로부터 불가지계로 진입시켜 주며 물질계(物質界)로부터 심령계(心靈界)로 연결시켜 주는 것입니다. 이렇게 모르던 세계에 눈을 뜨면 각자의 생활이 얼마나 불완전했던가 여부가 환하게 인식됩니다. 동시에 이 불완전이 무슨 병통(病痛)으로부터 생겨 온 것인지 여부가 잘 살펴질 것입니다.

자기와 무수한 자기들의 구성체인 사회의 실제 정체가 비로소 깨달아 질 수밖에 없습니다. 우주의 커다란 이법(理法) 가운데서 만물이 본래 일체(一體)요 만사(萬事)가 모두 일리(一理)임을 알게 되면, 우선 내 한 몸을 본위로 하는 사심(私心)이 설 땅을 잃어버릴 수밖에 없습니다.

한때 한 가지 일의 이해득실을 표준으로 해서 무조건 욕심을 부렸던 용기가 차차 없어질 수밖에 없습니다. 공심(公心)이 생기고 원대한 경륜을 가지게 되고, 이를 위해 분투 정진하리라는 용기와 활력도 거기서 나오게 될 것입니다. 신앙은 사람에게 이러한 깨달음과 아울러 그런 힘을 주는 것입니다.

미지계(未知界)나 심령 생활을 예로 들어봅시다. 이러한 것들이 혹시 자기와 현세를 떠난, 멀고 가물가물한 특별한 세계를 말하는 것처럼 보입니다. 그리고 우리의 당면 생활로부터 인연이 생겼다고 생각하기 쉽습니다. 하지만 미지계라 해도 우리의 앉은 자리를 한 걸음만큼도 떨어져서 따로 있는 것이 아닙니다. 심령 생활이라 하여도 우리가 현재 옷 입고 먹고 기거하는 이 생활 외의 다른 어떤 것도 아닙니다.

현재 우리 몸 그대로 몰랐던 생명의 실체를 깨닫고 못 가졌던 생활의 신념을 붙들 때입니다. 우리의 주위와 거기 존재하는 생활이 숨어 있고 숨겨졌던 본래의 의의를 발현하여 본래 가지고 있던 가치로 전환시켜야 하는 것입니다. 마음의 눈에 한 겹 가린 것이 있다가 그것이 쓱 걷어지면서 우주의, 인생의 생활과 생명의 실상(實

相)과 진의(眞義)를 보게 됩니다. 그것을 믿고 따르며, 그것에서 안정됨을 얻습니다.

이러한 경계에 서면 이 세계가 그냥 극락이요 천당임을 알게 될 것입니다. 내 몸이 이미 신불(神佛)의 한 구성원임이 깨달아져서 오는 것입니다. 이것이 실상 일념지간(一念之間)의 일입니다. 일순간 자각이 열리면 갑자기 다른 경계(境界)를 붙잡는 것입니다. 헤매던 일념으로부터 깨닫는 다른 일념으로 건너뛰면 그만입니다. 지금 몰랐던 것을 바로 정신 차리면 그만일 따름입니다. 이러한 상태를 불교에서는 도피안(度彼岸) – 이쪽 언덕에서 저쪽 언덕으로 건너간다고 비유해서 말합니다.

혼돈과 치우침의 피안으로부터 실질적인 앎과 바른 식견의 피안으로 건너서는 것입니다. 그런데 이곳과 저곳이 서로 떨어져서 멀리 있는 것이 아니라 똑같은 각자 개인의 마음 속의 일입니다. 마음을 이렇게 먹는 것이 이곳이요, 마음을 돌려서 저렇게 먹는 것이 저곳입니다. 망령된 생각과 치우친 견해에 씌워 있던 마음을 그곳으로부터 붙들어내어 벗겨 놓으면 그 자리가 곧 피안 – 깨달음의 세계 – 극락, 천당의 일부입니다.

이렇게 지금까지의 마음을 돌려먹는 것을 불교에서는 발보리심(發菩提心), 예수교에서는 회개라 합니다. 보리란 것은 범어로 도(道) 혹 정각(正覺)을 의미하는 말이니, 발보리심이란 구도(求道)의 마음, 정각(正覺)을 얻으려는 마음을 낸다 함입니다.

불교에서는 인성(人性)의 본질을 자각하기 이전의 상태를 미혹됨 – 무명(無明)에 가려서 헤매는 것으로 여깁니다. 도(道)에 대해서 새롭게 정신 차린 것을 정각을 얻으려고 한다고 표현합니다. 예수교에서는 그것을 죄를 걸머지고 있던 것으로 여깁니다. 따라서 도를 찾는 태도를 뉘우쳐 고친다고 말합니다. 발보리심과 회개의 본래 뜻은 마찬가지일 따름입니다.

어떻게 표현하든지 지금까지 조그만 '나'를 붙들고 턱없이 치우치고 망령된 생각으로 하여금 공공연히 번민, 고뇌하던 마음을 쏙 돌이켜 먹고서 천지·인간의 진리·대도(大道)에 합하리라는 태도를 취하는 것입니다. 곧 생활 태도의 합리적 변경입니다.

사람은 마음먹기 나름입니다. 생활 태도가 자기에 있다고도 할 것입니다. 어떤 마음과 태도가 옳고 훌륭하며 또 실제에 도움이 되는가 하면 도리에 합하는 그것이라고 할 수 있습니다. 도리를 어겨서 할 수 있는 일이 없으며 살 수도 없습니다. 사람이 무엇에 가려 있는 동안에는 도리 밖의 생활을 하기 때문에 여러 가지 억지가 생기고 화난(禍難)이 일고 고통이 쌓입니다. 그래서 스스로 제 몸을 불구덩이에 넣고 세상을 지옥처럼 만들기까지 합니다.

각 개인의 이러한 잘못이 모두 모여 합쳐지면 이 세상이 즐겁고 편안할 까닭이 없습니다. 인생의 고통과 사회의 불안, 불완전은 모두 사람들의 생활 태도가 도리에 어그러진 것 때문에 생깁니다. 제도라든지 시세(時勢)라든지 여러 외적 조건도 약간 있기는 하지만 인간 불행의 근본적 원인은 실상 마음 내부에 있는 것입니다.

도리가 무엇인지 모르고 제각기 제 욕심을 부리면 안 됩니다. 이 것이 개인에게는 고통을 주고 사회를 크게 불안하게 하는 가장 근본적인 원인입니다. 이것이 잘못이었구나 하는 정신을 차리고서 사욕을 버리고 공도(公道)에 접근해 오는 것이 구도(求道)란 것입니다. 이 마음이 간절해지는 것이 믿음에 들어간다는 것입니다. 이러한 태도를 가지는 것이 신앙적 생활입니다. 신앙의 내용을 구체적으로 표현하려는 곳에서는 종교의 형식이 요구됩니다.

도리에 맞는 생활을 해야 하겠다는 생각까지는 났지만 도리를 꼭 안다고 할 수 없습니다. 도리를 찾아 얻었다 할지라도 사심과 사욕에 젖고 밴 몸이 그냥 그대로는 도리적 생활을 해 나갈 것이라고 믿기 어렵습니다. 실제로 도리를 붙들고 살려고 하지만 나 혼자의 힘으로 감당하지 못함을 생각하게 됩니다.

그러면 어떻게 할 것인가 하고 눈을 돌려 살펴보면 결심이 굳지 못한 우리를 위해 옛날 성인, 현인이라는 우리보다 총명한 이들이 우리의 길잡이 역할을 합니다. 그들이 정곡(情曲)을 다하여 일러주는 말과 정성을 기울여 터 놓은 길이 벌써부터 우리를 위하여 준비되어 있음을 발견할 것입니다.

인격적 모범으로는 수많은 성현들이 계십니다. 문자를 통한 지도로는 무수한 경전이 쌓여 있습니다. 이것들 너머로 환하게 열린 큰 길은 절대적 행복과 무한한 생명으로 가득 찬 우리의 진정한 고향까지도 분명하게 보게 합니다.

도리를 확실한 계획 없이 그냥 도리라고 믿는다면 답답할 것입니다. 도리를 구체화해 놓은 옛 성현을 통해서 믿으면 우주의 가장 오묘한 도리라도 붙잡아 내 것으로 만들기가 결코 어려운 일이 아닙니다. 그들의 말씀을 믿고, 그들이 가르쳐 주는 길을 가기만 하면 도리에 맞게 되고 이어 도리에 맞는 아름다운 결과를 얻게 될 것입니다.

성현을 믿고 그가 마련해 놓은 방법을 믿는 것이 우리네 범부(凡夫)의 신앙생활입니다. 성현이란 우주 진리를 몸소 깨닫고 이를 구체화한 사람들입니다. 반면 우리는 곧바로 우주의 진리를 붙잡을 수 없고 진리의 표상인 신(神)과 불(佛)을 대면해 뵐 수 없습니다. 하지만 이를 이미 갖추고 있는 성현을 믿고 쳐다봄으로써 진리가 무엇인지 신과 불이 무엇인지를 조금은 보고 알 수는 있습니다.

세상에는 불(佛)의 도를 말하는 석가의 교문(敎門)도 있고 이 밖에도 수많은 성현과 교문이 있습니다. 얼른 보기에는 도를 구하는 이의 마음을 현혹하게 하는 폐단도 있으며, 그 가르치는 바가 서로 다르고 심하면 서로 전혀 다른 것처럼 보이기도 합니다. 하지만 진리는 물론 하나입니다.

하나(유일 절대)가 아니면 진리라고 할 수 없는 것입니다. 그런데 진리도 하나요 모든 교문이 다 진리를 가르치는 것이라 하면, 얼른 생각하기에 모순이 될 것 같습니다. 그러나 여러 교문의 서로 다른 점은 제각기 표현하는 형식과 실천하는 방법일 뿐입니다. 그 중심이 되고 골자가 되는 진리 그것은 언제든지 하나 이외에 또 없습니다.

옛사람은 이른바 "이름으로는(글자로는) 반대지만 실제로는 합치되는 것이다."(고환(顧歡))[8]라고 했습니다. 그렇지 아니하면 "옛적에 기러기가 하늘을 날아가는데 너무 멀어서 분별하기가 어려웠다. 월나라 사람은 오리라 하고 초나라 사람은 제비라고 하였다. (그러나) 사람이 스스로 초나라와 월나라라고 해도 기러기는 언제나 하나일 뿐이다."(원찬(袁粲))라고 했습니다.

또 높은 산을 오르는 길이 다섯이고 열일지라도 정상으로 통하기는 마찬가지인 것과 같습니다. 음식의 종류가 천차만별이지만 신체의 영양을 위한 목적이 다 일치하는 것과 같습니다.

다만 도를 구하는 사람의 사정이 혹은 국토를 따르고 혹은 시대를 따르고 혹은 계급을 따르고 혹은 자질을 따라서 형형색색으로 서로 같지 않습니다. 형편에 따라서 필요에 응하여 그 인접하고 제도(濟度)하는 문로(門路)가 여러 가지 생겨났을 따름입니다.

불교의 말에 중생의 근기(根機) 곧 온갖 인물들의 자질이 8만 4천

---

8 이 문장은 『남제서』 중 「고환전」〈이하론〉에 나온다. 원문의 내용은 "부처님의 호는 정진(正眞; 석가모니)이고, 도의 명칭은 정일(正一)이다. 일(一)은 '무사(無死)'로 돌아감이요, 진(眞)은 '무생(無生)'을 만남이다. 이름으로는(글자로는) 반대이지만 실제로는 합치되는 것이다." 여기서 '무생'은 번뇌나 미혹이 일어나지 않는 열반의 경지를 말한다. 아울러 본문에는 이 글의 필자로 고환지(顧歡之)로 나와 있는데, 고환이 맞다.

이나 되기 때문에 교문 곧 신앙으로 끌어들이는 길도 저절로 8만 4천이 있다고 한 것이 이것입니다. 8만 4천이란 인도 속담에 천만무수(千萬無數)란 뜻입니다.

불교의 교리 중에 다음과 같은 내용이 있습니다. 관세음보살이란 어른이 중생을 위해 고통을 제거하고 즐거움을 함께 하는 행(行)을 철저히 하려 할 때에, 어떤 때는 왕후장상(王侯將相)의 몸으로 현신(現身)하고, 어떤 때는 부인·천인으로도 현신하고, 심지어 금수·귀마(鬼魔)로도 현신하는 것이다라고 설명하고 있는 것도 역시 이러한 경계를 말합니다.

떡 좋아하는 이에게는 떡의 교문(敎門)이 있어야 할 것, 밥 좋아하는 이에게는 밥의 교문이 있어야 할 것처럼 경우와 사정을 따라 거기 필요한 교문이 얼마든지 있어야 옳을 것입니다. 종교의 종파가 많음이 당연하지 그것이 괴이한 것이 아닙니다.

누구든지 자기의 지견(智見)과 양심으로써 판단하여 그것이 좋다고 생각하는 어느 한 교문을 좇으면 옳을 것입니다. 이렇게 함이 제각기 그대로 진리로 돌아가는 정로(正路)가 될 것입니다. 어디든지 신(神)이 있으며, 불(佛)이 있으며, 신앙의 보람이 똑같이 있을 것입니다.

『법화경』일곱 개의 비유 가운데 약초의 비유가 있습니다. 삼천대천세계(三千大天世界)의 종류가 천(天)인지, 만(萬)인지 수도 없이 많으며 그 생김새, 그 이름이 저마다 같지 않습니다. 그런데 먹구름이 온 하늘을 뒤덮고 장대비가 쫙쫙 쏟아지면 그 물기가 이 모든 나뭇잎·산야초·덤불·수풀 내지 온갖 화초를 모조리 적시게 됩니다. 그리고 잔뿌리·잔 줄기·잔가지·잔 잎사귀로부터 중간 뿌리·중간 줄기·큰 가지·큰 잎사귀에 이르도록 다 각기 생긴 대로 윤택한 덕(德)을 입습니다. 한 구름 속에서 내려온 비를 받아서 나무는 나무, 푸성귀는 푸성귀, 가지는 가지, 잎사귀는 잎사귀 나름으로 제각기 무성해짐이 서로 다르지 아니하리라는 말씀이 있습니다.

양나라 무제(武帝)의 시(詩)에 "대춘(大椿)⁹의 지름은 억척(億尺)이요, 작은 풀의 재단(裁斷)은 싹일 때라. 큰 구름이 큰 비를 내림은, 분수에 따라서 각자 업을 받음이라."함이 이것입니다. 세상에 있는 여러 종교들이 그것이 음신(淫神), 사교(邪敎)가 아니기만 하면 죄다 진리라는 저기압의 크고 작은 각 일부에 배치되기는 마찬가지입니다. 어느 정도의 비를 얼마만큼 맞든지 다 그만큼 생명이 축여지고 생명이 불어나는 것입니다. 자신에게 맞는 정당한 신앙이면 그것이 힘입니다. 마음의 고향으로 끌어다 주는 길입니다.

신앙 생활이란 것은 그 실체에 있어서는 진리에 합한 생활을 한다 함이요, 방법에 있어서는 신·불과 한가지로 생활을 함입니다. 여기 도리라 하는 것은 사람 사람이 함부로 말을 만들어서 도리라 하는 따위가 아니라 우주 본연의 한 크고 지극히 올바른 것에 이르는 것이요, 신이나 불의 경계에서 이를 알고 말하고 가르쳐 인도하는 보편, 타당, 완전, 적절한 사물의 본연 법칙을 가리키는 것입니다.

또 신이니 불이니 하는 것도 속간(俗間)에서 더러 보는 바와 같이 괴이한 위력으로써 우리의 인생을 위협하여 술잔, 고기, 돈푼을 긁어 들이는 줄로 생각되고 신앙되는 일종의 가설적 존재가 아닙니다. 우주 진리의 본체 그것으로 우리 중생의 힘과 의지되는 그 어른이 곧 신이요 불입니다.

불교에서는 불(佛)의 별명을 여래(如來)라고 일컫는데, 여래라 함은 글자꼴로 똑같이 오셨다는 말이니, 대우주의 진리 그대로 나타나신 어른임을 이르는 말입니다. 여(如)는 우주의 진리에 같다는 말이요, 래(來)라 함은 우주의 진리가 진리 그대로 가만히 있는 상태

---

9 중국 고대의 큰 나무 이름으로 인간의 3만 6천 년을 1년으로 한다고 한다.

가 아니라 중생을 위하여 움직여 나온 상태, 곧 우리들과 함께 절대적인 관계를 가지고 있는 상태에 있음을 나타낸 말입니다.

우리가 그것을 모르고 그것을 믿고 따르지 아니할 동안은 어찌할 수 없지만 우리가 한번 그를 알아보고 그를 신앙하고 나가면 얼른 두 팔을 벌리고 우리를 껴안아 주는 친절한 작용입니다. 신·불이란 것은 우주 최고 진리의 이러한 활동을 이름지은 것입니다. 신앙의 눈을 뜨면 우주의 이러한 작용이 환하게 알아지는 것입니다. 그것을 형용하는 말이 전지전능이니 대자대비니 또 섭취불사(攝取不捨)[10]니 하는 것들입니다.

우주의 이러한 진리와 작용은 결코 관념적으로 공상적으로 비유적으로 만들어지는 것이 아니라 명백하고 확실한 객관적 사실임이 분명하니, 부처님이 이 도를 가르치시면서 내 망어(妄語)치 않노라고 신신당부하시고, 예수가 이러한 교훈을 하신 끝에는 반드시 권위 있게 소리 지르시기를 "눈 있는 자는 볼지어다, 귀 있는 자는 들을지어다."하셨음이 이 까닭입니다. 신앙의 눈에는 이 사실이 환하게 인식되는 것입니다.

네델란드의 유명한 종교학자 티일레(Tiele)가 종교의 정의를 "종교란 것은 신과 인간과의 관계니라."라고 했습니다. 평범한 듯하면서 묘리(妙理)를 파악했다고 학계에서 칭찬합니다. 아닌 게 아니라 종교는 특별히 오묘하거나 어려운 것도 아니요, 멀고 실행하기 어려운 것도 아니라 곧 신 혹 불과 하나가 되는 생활입니다. 바꾸어 말하면 천지의 공도(公道), 인간의 상리(常理)를 말미암아 따르는 생활입니다.

신·불과 하나가 됨으로 공연한 번민이 없고 까닭 없는 비통(悲

10 부처님의 자비(慈悲) 광명이 고통 받는 중생을 하나도 버리지 않고 모두 받아들여 구제한다는 뜻이다.

痛)이 없고, 그 대신 영원한 희망이 있고 절대한 용기가 있고, 그리하여 생명 의식이 윤택하고 생활의 흥미가 차고 넘칩니다. 신·불이 나와 함께 계시다! 그 지혜를 나의 지혜로 만들고 그 능력을 나의 능력으로 만드는 생활, 천하에 이보다 더한 아름답고 굳센 생활이 또 어디 있을 것입니까? 든든한 것은 신앙의 생활입니다.

이를 통해 삶의 어려움이 없을 것이요, 도리어 어려움 그것이 취미의 조건도 되고 감사의 단서도 될 것입니다. 신·불과 함께 끄는 수레에는 무거운 짐이 없을 것입니다. 신·불을 짝패(공동자)로 하고 가는 길에는 낭패가 없습니다. 항상 한결같은 원기와 활력이 그의 등을 밀고 허리를 가눠 줄 것입니다. 예수교의 성서로 말하면 『고린도』 전후서(前後書)에 사도 바울이 씩씩한 어조로 자기의 기운을 자랑한 말은 모두 다 하느님과 함께 하는 생활의 든든한 심경을 표현한 것입니다.

신·불에 말미암는 생활은 곧 그 유구 원대(遠大)한 신성한 경륜을 실현해 나가는 과정이니까, 이에 대한 특별한 희망과 한가지 특별한 만족이 그의 생활의 전면에 뒤덮여질 것입니다. 분수와 사정을 무시하고 공공연한 불평, 불만 속에서 아침과 저녁, 오늘로써 내일을 맞이하는 것이 보통 사람의 생활상입니다.

하지만 신앙에 눈을 뜨고 자기가 본디 천지 경륜의 실현상(實現上)에 제각기 역군임을 깨달아야 합니다. 이것이고 저것이고 모두 다 경륜 실현상에 있어서 하나의 가치 아래 고하(高下)·귀천(貴賤)의 차별이 없는 것을 살펴서 알게 되면 제각기 제 경우에 상응한 생활 의식을 감득(感得)하여서 도리에 어그러지는 불평과 불만, 원망과 시기와 질투가 일어나지 않을 것입니다. 그 대신 얻어 가진 경우와 짊어진 직책에 제 힘, 제 기회를 극진히 못할 것만을 두려워하는 정(情)이 나서 울고 하던 일을 웃고 하고, 조바심 내던 일을 느긋하게 대할 것입니다.

『중용』에 이른바 "하늘과 땅의 변화와 양육을 도울 수 있다."[11] -
조물주의 한 팔 한 다리가 되어 제 몫에 보태는 일을 하거니 하면,
온갖 경우에 있는 온갖 인물의 생활이 다 제대로 의의가 있고 가치
가 있어지지 아니치 못합니다. 고통은 훈련의 과정이요 실패는 성
공의 근본임을 인식하면 이른바 고락일여(苦樂一如), 자유자재(自由
自在)의 생활의 길이 열려질 것입니다.

옛날 말에 도(道) 있는 사람 앞에는 수화(水火)도 없고 도창(刀槍)
도 없고, 맹수·독사도 물러나고 강도·악귀도 항복한다는 말이
있습니다. 신앙 속에서 신·불과 함께 있는 이는 더 강할 수 없는
강한 그늘에 있으면서 무서움이 없는 것입니다. 불교에서 관세음
등을 시무외자(施無畏者)[12]라고 일컬음이 바로 이러한 경계입니다.

사람은 본래 약하기도 한 것입니다마는 신앙에 선 사람은 무엇
보다도 강하며, 다른 때에는 약할지 모르되 신앙을 짊어진 때에는
누구보다도 강자입니다. 강하고자 하는 사람은 신앙을 붙들 것입
니다.

이 세상에 어리석고 무식한 이가 누구냐 하면 자기의 정체를 모
르는 이입니다. 그리스의 선철(先哲)도 "네 자신을 알라."고 소리를
지른 것처럼 제 자신을 모름은 인간 공통의 결점입니다. 여러 가지
잘못과 어지러움은 사람이 사람 저의 본질을 모름에서 생겨나는
것입니다.

그러나 참으로 저를 알자 하면 제 눈이나 총명으로는 철저하게
아는 수가 없고 반드시 어떤 단계를 치르고서 저를 보는 두 눈이
열려야 하는 것입니다. 하지만 이 눈을 뜨기 전에라도 사람은 모름
지기 제 몸을 돌아보기에 힘쓸 것입니다.

---

11 원문의 내용은 "贊天地之化育"이라고 표현되었다.
12 베푸는 데 두려움이 없는 사람이라는 뜻으로 관세음보살을 말한다.

공자의 "자기에게 돌이켜 반성하고 구하라.", 증자의 "하루에 세 번 자신을 살펴라."처럼 늘 하는 반성도 필요합니다. 인생은 모름 지기 한번 크게 근본적 반성을 해 보아야 합니다.

자기의 밑바탕을 살펴보건대 지력, 체력, 능력 내지 생명이 죄다 변변치 못한 것도 알아야 합니다. 더욱더욱 깊이 들어가면 나라는 것이 처해 있는 이 세계에는 나보다 크고 나를 거느려 있는 무슨 큰 힘, 나는 그를 어찌하지 못하되 그는 나를 자유로 하는 일종의 위대 한 힘, 힘 아니라면 규칙이 있음을 모르는 체하지 못할 것입니다.

사람들이 암만 잘난 체하여도 사람의 잘난 것만으로는 마음대 로 되지 아니하는 경계(境界)가 분명히 있습니다. 마치 『서유기(西 遊記)』에 제천대성(齊天大聖)이라고까지 자만한 손오공이 제 재주를 한껏 부려도 결국은 관음대사(觀音大師)의 손가락을 벗어나지 못한 것과 같습니다. 사람이 저를 반성하여 여기까지 가야 하는 것입니 다. 뒤집어 말하면 반성이란 바로 얼마 전까지의 자신을 알기 위해 필요한 수단이 되는 것입니다.

그러나 이 힘, 이 약속은 결코 우리 인생에 대하여 위협이 되며 공포를 주는 것이 아닙니다. 그것을 거스르고 그것을 무시하는 자 에게는 위엄으로 임하기도 하지만, 그것을 알아보고 그것을 믿고 쫓는 이에는 그것이 자비의 빛과 보호의 그늘이 될 뿐입니다.

아니, 우리의 생활과 안전과 오락이 실상 다 그 힘으로부터 좋 아서 오는 것이거늘, 어떤 이는 알아보고 어떤 이는 모르는 차이가 있을 따름인 것입니다. 천지는 하나의 구역이며 인생은 결국 천지 만물 가운데 하나입니다. 요즈음 소식을 알고 보면 천지의 나에 대 한 친절과 은총이 살에 들고 뼈에 사무치게 고마울 것입니다.

해가 나를 위하여 밝고 따사하고, 물이 나를 위하여 흐르고 윤 택하고, 사철이 믿음을 어기지 아니하고 백물(百物)이 소용을 저버 리지 아니합니다. 그 고마움이 우리의 깊은 감격을 자아내는 것입니다.

내가 무슨 덕이 있어서 이것을 다 누리고 있나 생각하면 더운 눈물이 눈자위를 적시지 아니치 못할 것입니다. 이에 감사라는 심경이 생깁니다. 초목국토(草木國土)·국왕부모(國王父母) 모든 것이 나에게 은혜로운 존재임을 깨닫는 동시에, 이 은덕을 저버리지 못하며 힘을 다해 보답하겠다는 생활 태도를 마음먹어야 합니다. 이렇게 감격과 감사에 휩싸여 지냄도 신앙의 눈을 뜬 이가 가지는 특권입니다.

신앙의 생활은 그대로 감사의 생활이요 만족의 생활입니다. 그리하여 내가 그 공을 모르는 체할 수 있겠는가, 나만이 속에서 가만히 있을 수 있겠는가 하고 발분(發奮) 진작(振作)하여 협심(協心)하고 힘써 애를 쓰지 아니치 못하는 노력 가치의 창조자가 되어야 합니다. 이러한 태도가 공동 생활체 중에서 무엇보다도 요긴한 행복의 기초인 것은 여러 말을 필요치 않습니다. 감사와 노력! 그렇게해서 생기는 새로운 가치! 개인, 사회의 향상은 오로지 이를 힘입는 것입니다.

신앙의 눈으로 자기를 살펴야 합니다. 그래서 그 지위와 책무에 대한 정당한 견해가 생겨야 합니다. 멀고 아득한 조그만 몸이지만 사실상 우주의 중심이며, 자기 하나가 빠지는 때에 우주가 그냥 무너져 없어지는 이치까지를 깨달아야 합니다. 흙 파고 새끼 꼬는 일 하나라도 또 그 한 손 한 땀으로 하는 것이라도, 그것이 우주의 대경륜 진행상에 중대한 영향을 끼치는 관계임을 짐작해야 합니다. 그러면 우리 각자의 몫과 일이 조금도 평범하다고 할 수 없습니다.

또 천지 만물이 죄다 나를 향하여 저의 소유(所有)를 제공하는 공(功)을 생각하면, 나만 편안히 놀고 빈둥빈둥 모르는 체할 염치가 없습니다. 내 직분도 행하고 남의 신세도 갚아야 할 생각과 이에 따른 노력이 일어날 수밖에 없습니다. 이 관념이 깊으면 나도 남처럼 할 수 있으며, 남은 아니 그래도 나만일지라도 나의 가진 모든 것을 남에게 주어 아깝지 않은 이치, 아니 당연히 그리해야 할 까닭이 환하게 생각날 것입니다.

이러한 태도를 불교에서는 회향(廻向)[13]이라고 이릅니다. 내가 받은 그 고마움과 그 고마움에서 얻은 바를 그냥 또 남에게로 돌려보낸다 함입니다.

불교의 교리로 말하면 어느 선각자나 유지자(有志者) 하나가 제행(行)을 닦고 공(功)을 쌓아서 불과(佛果)를 얻는 것이 목적이 아닙니다. 나는 내 공을 가지고 일체 중생의 성불하는 힘이 되기를 기약하고 남도 모두 그리하여 이렇게 모두 한가지 회향하는 힘이 모여서 너나없이 모두 부처가 되리라 함이 불교의 회향 정신입니다.

이 회향의 정신은 불교에만 있는 것이 아니라 어느 교문이든지 다 마찬가지일 것입니다. 종교 이상의 가장 아름다운 일면은 분명히 이 회향의 태도입니다. 이것을 세속적으로 말하면 나만 잘해서 만족할 것이 아니라 죄다 잘하도록 하고, 나만 잘되고 만족할 것이 아니라 죄다 잘되어야 그치는 것입니다.

세상 사람이 이 이치를 알고 행하면 인생 문제 특히 사회 문제란 것이 원래 있을 까닭이 있겠습니까? 나만 좋게 된다고 해서 혼자 좋을 리 없고 죄다 좋아야 나도 좋을 것이 이치로는 분명하지마는, 이를 아는 이가 적고 행하는 이는 더욱 귀합니다. 그러나 신앙생활이란 한편으로는 나를 나 이상의 어디다가 귀의하는 태도인 동시에, 다른 한편으로는 나를 온통으로 남에게 회향하는 태도입니다. 신앙과 종교가 인생·사회에 반드시 불가결할 것임은 이 회향이라는 태도가 거기 꼭 있는 까닭입니다.

신앙 또 종교의 오묘한 진리와 쓰임새는 말로써 다할 바가 아니

---

13 자기가 쌓은 공덕을 남에게 돌려 함께 깨달음을 얻고자 함을 이른다.

요, 또 말로 형용할 수 있는 것도 아닙니다. 종교 신앙의 묘미는 이른바 사람이 물을 마시는 것처럼 춥고 따뜻함을 저절로 알 수 있는 것입니다. 종교는 관념이 아니라 사실이요, 그 생명이 이론에 있는 것이 아니라 실행에 있는 것입니다.

이제 이 이상의 변론을 번거로이 하지 아니하겠습니다. 종교가 안심입명(安心立命)의 의지처요, 보본반시(報本反始)[14]의 궁극적인 도달점입니다. 안심입명·보본반시가 다 어떻게든지 인생 생활에 필요한 태도인 것은 또 누구나 잘 아는 바입니다.

다만 앞에서 말한 바를 더 또렷하게 하기 위하여 그 요점을 다시 한 번 축약하여 말하겠습니다. 종교적 태도, 신앙적 생활은 본래 인생의 본연으로 돌아가서 천지의 마음으로 하는 공명정대한 생활을 이르는 것입니다.

불교에서는 이렇게 도심(道心)을 발(發)하여 신앙적으로 생활하는 이를 범어로 큰마음 먹은 사람이라고 합니다. 나를 내놓고 세상을 죄다 유익하게 하리라는 결심을 한 사람이니까 그가 큰마음 먹은 사람이란 말입니다. 그러므로 신앙에 들어간다 함은 곧 큰마음을 먹는다는 것과 같은 말이 됩니다.

신앙 없는 사람은 제 아무리 경륜을 쌓는다 하여도 자기라는 작은 기초에서 서는 것이기 때문에 절대적 방면으로 보아서 그것이 큰마음이 될 수 없습니다. 오직 소아(小我)를 버리고 대아(大我)로 돌아간 신앙의 기초에서 하는 것입니다.

보통으로 보기에 대수롭지 못한 일이라도 그 일이 크고 그 마음이 큰 것입니다. 신앙은 자아를 근본으로 고쳐 크게 만드는 것입니다. 사람을 크게 만들고 그 마음을 큰 것으로 만들고 그 생활과 생

---

14 근본에 보답하고 처음으로 돌아간다는 뜻으로, 은혜를 입으면 보답할 것을 생각하여 그 근본을 잊지 않는다는 의미이다.

명을 다 큰 가치로 바꾸어 놓습니다.

사람이 신앙을 말미암아 자기의 지위를 고치는 것, 생활의 태도
·방향을 일변하는 것을 종교적으로 말하면 부활·갱생 곧 다시
태어난다고 합니다. 유가에서 변화기질(變化氣質)이라 하는 것도 역
시 비슷한 의미의 말로 볼 것입니다. 사람이 깊이 물든 속정(俗情)
을 훨훨 떨고 커다란 새 마음을 먹음이 여간하여 되지 못하는 일이
므로 불교에서는 이런 과정을 대사일번(大死一番)[15]이라고까지 말합
니다.

그렇습니다. 사람은 더러움에서, 게으름에서, 염치와 소견 없음
에서, 잘고 옹졸함으로부터 한번 크게 죽어야 합니다. 그리하고 지
심(至心)·심심(深心)·성심(誠心)으로써 신앙의 세계에서 새로운 출
발을 해야 합니다. 신앙으로 들어가는 문은 좁지마는 그 문 안에
있는 세계는 넓고 큽니다. 완전성과 영원성을 가진 것은 오직 그
속에만 있는 것입니다. 사람이 진실로 일치(一致), 향상(向上)의 성의
가 있으면 무엇보다도 먼저 신앙 위에서 고쳐 나가야 할 것입니다.

지금 가깝게는 조선, 전체로는 일본, 크게는 동양, 나아가 세계까
지 모두 다 중대한 시기를 맞이하고 있습니다. 이른바 이 비상시국
을 담당하여 보람 있게 타개함에는 또 비상한 각오를 가져야 함이
물론입니다. 비상한 결심, 비상한 용기, 비상한 수완 역시 이 모든
것을 일관한 바의 비상하고 특별한 대신앙이 서지 않고는 어찌할
수 없습니다. 허술한 신념이 아니라 구체적이며 정확한 신앙 그것
을 가져야 할 것입니다.

신(信)은 역(力)이라는 말도 있고, 신(信)함은 이미 성취한 것이라
는 말도 있습니다. 대반석과 같은 굳은 신념 앞에는 두렵고 어려

---

15 한번 크게 죽는다는 뜻으로, 과거의 모든 것을 내던지고 불법(佛法)에 귀의
한다는 것을 말한다.

운 것이 없을 것입니다. 이 어려운 시국을 처리함에는 단정코 인지(人智)·인교(人巧)로써 가능할 바 아니요, 오직 여기 상응한 대신념, 대신앙만이 짙은 안갯속에서 빛나게 밝은 날을 우리에게 가져다 줄 것입니다.

나는 물론 어느 한 종교를 여기 선전하는 것도 아니요, 또 종교를 위해서의 종교의 필요를 구태여 말씀하자는 것도 아닙니다. 우선 오늘날 우리에 있어서 사상으로나 생활로나 혼란과 혼동밖에 아무것도 없는 이러한 시대 조류 속에서 뜰 듯 잠길 듯한 우리로서는 줏대 있는 사람 노릇, 중심 있는 살림살이, 또 가장 의식 있는 가치 창조를 위해 지금까지 무엇이 가장 결핍하고 지금부터 무엇이 가장 필요한 것인지를 엄숙하게 철저하게 생각해야 합니다. 신념·신앙·절대의 신념, 절대의 신앙이 그것임을 깨달아야 합니다. 이에 관한 진심 어린 마음으로부터 이러한 기회에 신앙을 문제 삼아서 말을 허비한 것입니다.

풍우(風雨)가 사나울수록 배에는 키가 튼튼해야 하고, 집에는 기초가 단단해야 함을 요구합니다. 이른바 모래 위에 지은 집은 장마에 배겨낼 수 없으며, 오직 반석 위에 지은 단단한 집만이 아무것에고 흔들리지 않고 떠나가지 않고 행진하는 방향을 잃어 버리지 아니할 것입니다.

다만 자기의 지보(地步)를 보유할 뿐 아니라 험난한 풍우일수록 더욱 두드러지게 자기 생명의 가치를 발휘해야 합니다. 캄캄한 밤 풍우가 심한 해상에서 등대의 불빛이 가장 빛나고 또 가장 도움이 됩니다. 이 시대의 우리들이기에 더욱더욱 굳게 신앙에 설 필요가 있음을 다시 한번 제기하고 생각하고 싶습니다.

인격의 완성, 사회의 개조, 환경의 전환, 생명의 창조, 어느 무엇이 신념, 신앙 이외의 것으로써 성취할 수 있습니까? 두드리라 열리리라, 믿자 이루리라는 든든한 생활의 집착을 우리 각계(各界)가

바삐 만들어 가져야 합니다. 그러한 때 모든 것이 확실한 희망으로
우리 앞에 존재할 것입니다.

인생과 종교*
- 나는 왜 가톨릭으로 개종하였는가

인생과 종교와의 관계는 마치 인체와 공기와의 관계와 같다. 특히 양자가 잠시라도 서로 떠나 있을 수 없는 점에서 그러하니라.

종교란 무엇인가? 우선 일반 학자의 통설을 따라 신과 사람과의 관계라고 하여 두자.

그러면 사람은 신이라는 관념을 어디서 얻어 왔는가? 신학상·철학상 다 어려운 문제이다. 우리는 학자의 여러 이론을 떠나서 곧장 헤아려 말하기를 우주에 두루 있는 신의 빛이 자연스럽게 사람의 마음 내부에 촉발하여 신이라는 계시가 된 것이라고 하겠다. 이렇게 생각하므로 우리에게는 유신론과 무신론과의 갈등을 느낄 까닭이 없으리라.

신의 빛이 사람의 마음에 들어가서 갖가지의 신앙 형태를 만들어내니 이에 인간 세계에는 여러 가지 종교가 병행함을 볼 수 있다. 어느 종교든지 궁극적인 목표는 인생의 구제에 있다. 구제란 무엇인가? 우주의 대생명과 자기의 소생명이 하나이지 둘이 아닌 자각에 서서 자기의 인격을 통일해 나가는 생활 태도의 확립이니라.

---

* 이 글은 1955년 12월 17일 『한국일보』에 실렸다.

사람은 자기의 생명이 짧은 것을 자각할 때 생명에 관한 무한한 의욕을 일으킨다. 자기의 능력이 미약함을 인식할 때 무한한 권능에게 의지하고 돌아갈 욕망을 표현한다. 이 생명욕과 권능욕(權能欲)을 합쳐 말하면 인간의 향상심(向上心)이니라.

사람이 무한한 생명과 권능을 아무데서도 찾지 못하다가 마지막으로 그 소재(所在)를 우주의 신에게서 얻게 된다. 그래서 열렬한 희구(希求)와 동경(憧憬)으로써 신에게 합일되기를 요구한다. 그리고 이리로 향해 최대한의 정성을 기울이면 이에 신일합일(神人合一)이라는 경계(境界)가 종교의 구제력으로서 사람들 앞에 나타나게 된다. 사람들로 하여금 생명의 무한 연장과 권능의 무한 확대를 깊게 느끼게 함이 종교의 구제요 그 작용이 구제력이다. 이 구제력의 강약이 곧 종교의 가치를 높이거나 낮게 하느니라.

종교는 이론을 생명으로 하는 것이 아니라 구제를 목적으로 하는 것이다. 따라서 어떤 종교가 우수한가 아니면 열등한가의 최후 판결은 이 한 가지 기준에서 행해지는 것이니라.

세상의 종교 가운데 이론이 아주 뛰어나되 구제력이 거기 따르지 못하는 경우도 있다. 또 일찍이 크게 구제력을 발휘한 적도 있으나, 그 진생명(眞生命)이 쇠약하고 위축되어 이제는 구제의 기능이 거의 상실되게 이른 것도 있느니라. 구제력 없는 종교는 병을 치료할 효능이 없는 약물과 같다. 이익이 없을 뿐 아니라 번번이 해독을 끼치는 폐도 없지 아니하니라.

종교의 구제는 진실로 개인적인 것이로되 때에 따라 국가와 세상과 백성의 형편과 도덕 등과 관련해서 국가와 민족의 집단적 요구에 적응하여야 할 경우도 있다. 금일 우리 대한(大韓)이 요구하는 종교는 각 개인의 정신적 열약을 보강할 뿐만 아니라, 동시에 우리 대한의 특수한 모든 결함을 치료하는 데 가장 유효적절한 기능을 가진 것이어야 한다.

그 기백과 위력과 기구(機構)와 전통이 이러한 역량을 갖추어서 충분히 금일의 부패를 고치고 회복하게 해야 한다. 그리고 무기력을 진흥하고 혼란, 무절제한 광란 그리고 거친 파도에도 불구하고 의연하고 태연하면서 하늘과 땅을 지탱하고 받쳐줄 만한 종교가 되어야 한다. 그런 후에 비로소 오늘날 우리 대한의 시대를 대표하는 종교라고 할 수 있다.

이상은 나의 종교에 대한 근본 의식을 밝힌 것이다. 이러한 마음의 의식을 바탕으로 어려서부터 인생 문제, 신앙 문제에 정성을 다하고 매우 부지런히 해 왔다. 그러다가 겨우 초목국토(草木國土) 모두가 함께 성불한다는 이상이 혹시나 더렵혀지고 혼탁한 말세의 구제에 기연(機緣) 상응할까 하여 그윽하게 일심(一心)을 불교에 붙여 왔다. 그러나 부족해서 끝내 조그마한 선(善)도 얻지 못했다. 머리가 세고 늙어지면서 날로 타락하는 세태의 움직임을 보면서 탄식을 금하지 못하겠다.

그러면 금일 이러한 처지가 되어서 나라와 백성을 구하고 피안(彼岸)에 서로 순응할 만한 정신적 대원선(大願船)[1]은 무엇일까? 이를 깊게 생각하고 올바르게 판단함이 지금 현재 우리의 중대한 과제이니라.

대개 스스로 돌아볼 때 한국인이 무엇을 이룰 만한 민족인가, 기대를 가질 만한 종족인가를 생각해 본다. 한국 민족의 정신생활사를 검토해 보건대 과거 수천 년간에 두 번 빛난 시기가 있었다. 앞서는 신라 통일기에 빛나게 발현된 화랑도의 순국 정신이요, 가깝게는 서양 문화 도입기에 의연히 발현된 기독교에 대한 순교 정신이 그것이니라. 전자는 국토 및 민족 통일로써 위대한 성과를 보였

---

1 커다란 원력의 배라는 뜻으로, 불교에서 생사 고통의 바다를 지나가게 할 수 있는 방안을 말한다.

으며, 후자는 아직도 진행중에 있어서 얼마나 커다란 공헌을 이룰
지 오히려 미지수에 속하는 것이다.

한국 역사의 현재 단계는 부패한 인습을 벗어나 새로운 정신을
진작해야 한다. 그리고 근대 생활적 자각으로써 세계 문화상에서
의 정체성 · 후진성을 완전히 극복 지양해야 한다. 그래서 인류 진
화의 대도(大道) 위에 당당히 함께 나아가야 하는 역량을 소지하는
데 있다.

어떻게 하면 이것을 가능하게 할 것인가? 이것의 가능 여부는
진실로 민족 사활의 중요한 계기가 된다. 웅대하고 확고한 정신적
기반 위에서만 이를 기대할 것이다. 지금 한국의 문화가 기계 산업
에서 뒤지고 항해 발전에서 뒤졌다 하여, 무턱대고 기계를 만들고
함정을 만들려고 해서 이 후진성이 쉽게 극복될 것인가?

이렇게 간단한 일로 생각하는 사람이 있다면 우리는 그 어리석
고 가벼운 생각에 한번 웃지 아니치 못할지니라. 얼른 말할진대 서
양 근세의 문화는 결코 단순한 물질과 이욕(利慾)의 위에 성립된 것
이 아니라, 실로 그 기반에는 위대한 정신적 버팀목이 있음을 알아
야 할 것이다.

이 정신적 버팀목이란 무엇인가? 하나는 이스라엘 민족 이래의
종교적 수련이요, 하나는 그리스 문화 이래의 인문 및 과학의 기초
공작이다. 또 문예 부흥 이래의 인문 정신과 중세기 스콜라 철학이
발전한 가운데 출발, 생성한 것임을 알아야 할 것이다. 그중에도
이천 년 가까운 가톨릭의 크고, 올바르고, 강고한 지지력이 불가사
의한 신의 영능(靈能)과 합쳐졌음으로 말미암았음을 인정해야 한
다. 그렇지 않으면 서양 문화의 실체를 파악하였다고 말하지 못할
지니라.

이제 서양 문명을 배운다 하면서 그 근본을 버리고 그 작은 부
분을 좇거나 기반을 보지 않고 외형에 현혹되어서는 안 된다. 그런

사람에게 정당한 성과를 기대할 수 없음이 당연하다. 저 중국의 유교 및 도교 정신과 인도의 바라문 및 열반 정신에서 근대 문화가 산출되지 못한 것은 결코 우연한 일이 아니니라.

우리 한국은 동양의 한쪽에 치우진 곳에 있다. 그리고 천여 년 쌓인 폐단을 스스로 이기지 못하여 기력이 없을 만큼 지쳐서 어찌할 바를 알지 못한 적도 있다. 그러다가 중국 명나라 말기 천주교의 유통이 있었고 그 학설이 전해졌다. 천주교의 교리를 알게 되니 논리와 신앙이 밝고 분명하며 사람을 접함에 기상이 엄정함을 알게 되었다. 그리고 동양인으로서 비교하기 어려운 점이 있음도 알게 되었다.

이에 서학(西學)의 긴요함을 모른 체하지 못했다. 그러던 중 총명하고 용맹한 이익(李瀷) · 이승훈(李承薰) · 남상교(南尙敎) · 정약용(丁若鏞) 삼형제 등 한 시대의 준재들이 다 이리로 마음이 기울어졌다. 그리고 그리도 소중하게 아는 신주(神主)를 불사르고 제사를 폐기하고 즐거이 도덕상 죄인이 되었다. 이것이 어찌 그들이 어리석고 완고해서 그랬다 할 수 있겠는가.

서학 박해의 백여 년을 살펴보면 우선 서학이 널리 퍼짐의 첫 단계에서는 공(功)이 컸음을 보여주고 있다. 하지만 이렇게 했던 수많은 선현들이 몸 바쳐 나라를 바르게 하고 세상을 구제하자는 결실을 어느 때에 실현할는지 모르겠다. 앞길은 오히려 멀고 먼 감이 있도다.

이제 한국이 정치적으로 해방을 보았다 하고 역사적으로 새로운 국가를 건설하고 신문화를 창조한다고 한다. 그러나 그 입각점을 볼 때 어떤 믿을 만한 정신적 기반이 없음은 오히려 1세기, 2세기 이전의 그때와 다름이 없다고 생각된다. 아직도 국가와 문화가 든든한 정신적 기반 위에서만 건립, 진전이 가능한 것이라는 입문 기초 과목의 지식이 결여된 상태가 안타깝다. 이 또한 애석한 일이 아닌가.

　가령 이만한 견식이 있다고 할지라도 어떠한 종교와 사상이 우리 건국 입교(立敎)의 정신적 지주됨을 담당할 수 있겠다는 견해에는 충분하게 인정할 만한 것이 드물다고 아니할 수 없도다. 유교를 그것이라고 할까, 불교를 그것이라고 할까, 프로테스탄트를 그것이라고 할까, 칸트를 데려올까, 마르크스 · 레닌을 불러낼까. 그 어느 누구나 이만한 중책을 감당하리라고 믿어지지 아니하는도다.

　유교에서는 퇴계 이황(李滉)이 났다. 그러나 그가 몇 묶음으로 나온다 할지라도 현재의 혼란을 다스리리라고 기대하겠는가. 불교에서는 원효가 났다. 그러나 원효가 떼를 지어 나온다 할지라도 금일의 혼탁한 물을 맑게 할 수 있겠는가.

　여기서 우리 눈에는 가톨릭이 주목된다. 이천 년 동안 인류의 정신상, 생활상 대지주로 문예 부흥, 종교 혁명, 산업 혁명, 과학 발흥 등 온갖 어려움을 치르면서 작은 동요도 보이지 않고 하늘을 떠받드는 큰 기둥처럼 위용을 찬양케 하는 가톨릭이 우리의 시선을 끌고 있지 않은가.

　대개 가톨릭은 인류 문화의 종교 분야를 담당한 이스라엘 민족에 의해서 계시되고 연마되고 완성된 교문(敎門)이다. 그리스의 철학과 로마의 조직력과 근세 사상의 정화(精華)까지 합쳐져서 완성된 것이다. 그러므로 넓고, 정밀하고, 엄격한 지도 정신과 생활 원리로서 거의 충분한 성능을 갖춘 것이다. 이외에도 다만 종교적 진리 방면에서도 화엄의 십현(十玄)[2]과 법화(法華)의 삼주(三周)[3]와도 오히려 비교할 수 없을 정도로 우주, 인생의 신비를 명쾌히 설파한

---

2 십현 연기(緣起)라고 해서, 세상 만물이 서로 끝없이 관계를 가지고 조화로운 존재의 세계를 형성하고 있음을 열 가지로 나누어 설명한 법문을 말한다.
3 『법화경』 가운데 부처가 세 번 법을 설법했다고 하여, 이를 3가지로 구분한 것이다.

점이 한두 가지가 아니도다.

저 조물주로서 천지 만물의 제1원인을 명시하고 신의 권능과 섭리로써 만물 상호간의 질서와 조화를 설명한 것이 그 하나이다. 이만할진대 개인의 영혼을 구하는 것이나 민족의 부활 지도력으로나 아무 부족함이 없지 않을까 한다.

나는 이에 유교 불교 모든 교문(敎文)에 구하고자 했으나 얻지 못했다. 이를 이제 가톨릭에서 얻은 느낌이 났도다. 아울러 나는 백여 년 전 선현들이 가톨릭을 도입하고자 했던 진정한 정신과 서로 뜻이 맞음을 깨닫게 되어 매우 기쁘게 생각한다.

대저 가톨릭은 교조(敎祖) 우리 주 예수의 말씀과 같이, 이 세상에 평화를 가지고 오지 않고 칼을 가지고 와서 불의를 없애고 의를 세우려 한 교문이라. 그러므로 그 역사는 투쟁의 기록이요 의로써 불의를 격멸하는 과정의 기록이다. 또 그것이 자연에 맡겨져서 인위적으로 이루어진 사실이 아니다. 커다란 경륜이 점차적으로 발전한 것임을 속이지 못할 것이다.

그것이 이스라엘 땅에 발생하여 로마 곧 당시 세계의 주축으로 들어가서 사방으로 선포되었다. 중세를 거쳐 근대로 내려오면서 교세가 점정 왕성해 졌다. 16세기 초에 예수회의 일파가 동양으로 와서 예수께서 지구 어디까지고 내 복음을 전파하라 하신 부탁이 실현되었다.

동양의 금단국(禁斷國) 조선은 가톨릭이 들어오는 것을 기다리지 않고 스스로 문호를 열었다. 이렇게 복음을 영입한 것이 세계의 전도사에서 하나의 이례적 사례가 되었다. 그리고 어느 것 하나 커다란 섭리의 발현이 아닌 것이 없다. 결코 일상적인 하나의 역사적 발전으로 볼 수는 없다.

세상에 종교도 많지만 개창자 이래 개종(開宗), 입단(立團)의 의의가 바뀌지 않고 상처 입음이 없이 오늘날까지 계속하는 것이 어디 있는가? 또 사상적으로, 문화적으로 항상 통일된 생명력을 가지며 변함없는 활동성을 가지고 있는 것이 몇이나 되는가? 이렇기 때문에 가톨릭은 인류의 사상, 문화에 관한 절대적 보호, 육성자로 유일한 권위를 지니며 변함이 없지 않은가.

오늘날 우리의 문화 지표를 통해 한쪽에 치우진 은사적(隱士的) 존재로부터 세계란 넓고 큰 길로 곧장 달려 나가야 하는 데 놓아야 한다. 어떻게 하면 우리가 이 길을 얻을 것인가? 또 도도한 아메리카니즘의 횡류(橫流)를 막고 건전한 신흥 국민의 바른 길을 개척함이 어떻게 가능할 것인가?

이를 생각할 때 우리는 일찍이 19세기 초 독일의 도덕 동맹 같은 것을 근거로 본받을 필요가 있다. 그런데 이를 말하면서도 그 구체적 방법을 논급하지 않았다. 이제 가톨릭을 제시하면 따로 도덕 동맹을 운위할 필요가 없을 것이다.

가톨릭은 국내에 30만 명이 경건한 신앙체를 결성하고 있으며, 세계적으로 4억 7천만이 이로써 서로 통하고 호흡을 함께 하고 있다. 그래서 견고한 일심동덕(一心同德)의 대집단을 이루며 독자적인 하나의 세계를 형성하고 있다. 이것이 어찌 하루아침에 이루어진 것인가.

한국의 개화를 논함에 모름지기 먼저 정신적 기반을 논해야 한다. 그러면 냉정하고 공평하게 가톨릭에 마음을 두지 아니치 못할 까닭이 여기 있는 바이다. 하물며 가톨릭은 홀연히 나타난 공중누각이 아니라 어떤 풍우에도 동요함을 보이지 않은 단단한 바위 위의 커다란 건축물임이 오랫동안 사실로써 증명되고 남음이 있지 않은가.

금일 이러한 정세에서 한국의 미래를 믿음직하게 맡길 곳이 가톨릭을 제외하고 또 무엇이 있다 하겠는가. 1955년 11월 17일에 과거 50, 60년간의 종교적 체험을 청산하고 가톨릭에 귀의해서 영세를 받았다. 이는 나에게 있어서는 개인적으로 영혼이 구제됨과 동시에 국가와 민족에 관해서는 옛것을 혁파하고 새로움을 진작하자는 하나의 염원이 함께 하는 것이다. 가능하다면 나라를 걱정한 선현이 2백 년 동안 완성하지 못했던 책임을 본뜨고 교감하고자 한다.

이에 심경의 변화의 시작과 끝을 약술하여 천하 동지의 비정(批正)[4]을 청하노라.

어리석고 완고한 나에게 이러한 식견을 열게 하신 천주께 무한한 은총에 감사하면서 붓을 놓노라.

4 비평하여 잘못을 바로잡음을 말한다.

역사적 입장에서의 대종교 개관*

1. 명칭

대종교는 고대 동방 인민 사이에 승계된 우주관 및 인문 기원 신화로부터 발전 성립된 일대 신앙 체계이다. 조선을 중심으로 하여 동북아시아 일대에 보편적으로 분포되어 있다. 교명(敎命)은 본래 따로 있지 않았다.

고대 동방 인민의 우주 주재신(主宰神)을 부르는 '밝은 (Barkan)'이란 말로 인하여 대체로 교화 관계의 모든 사상(事象)을 대강 '발그늬'라고 이르는 일이 있었다. 뒤에 전략하여 '부루'도(道)라는 말이 생겼다. 이 신앙 체계에서는 천계(天界)와 인간의 연락점으로 생각하는 백두산을 신앙상의 최고 표상으로 하여 여기를 '붉은'의 산이라고 일컬었다.

동방에 '붉은'이라는 신산(神山)이 있는 사실은 진작부터 중국 방면에 전해 알려졌다. 춘추 전국 시대(기원전 742년~기원 후 22년)의 지

* 미발표;『육당최남선 전집』9, 284~287쪽

리 지식을 취합한 가장 오래된 지리서 『산해경(山海經)』에 '불함(不咸)'(Burgham)이라는 형태로 이 산명(山名)이 수록되어 있다.

이 '붉은' 교화(敎化)가 전파된 범위에는 어디든지 원초적 붉은산을 모형으로 한 제2차성, 제3차성의 소(小) 붉은산들이 설정된다. 이 실례는 조선 반도를 중심으로 하여 인접한 해상 및 대륙 각지에 걸쳐서 수두룩하게 지적되는 바이다.

대종교라 함은 이 역사적 신앙체의 근대적 번역어이다. 종(倧)은 상고(上古)의 신인(神人)을 의미하는 자로서, '붉은' 교문의 제1조(祖)로 신봉되는 단군을 가리키는 것이다. 대(大)는 그 어른과 그 가르침의 성덕(性德)을 찬미하는 말이다.

2. 연원

고대 동방 아시아의 인민들은 우주를 상·중·하의 삼계로 구분하여서, 상층은 광명계로서 대주재신 아래 선신(善神)의 무리가 거주하고, 그 중간에 인계(人界)가 있어서 위로 선(善)의 원리를 기대하고, 아래로 악의 세력을 누르면서 생활한다고 한다. 이 우주관은 지금도 많은 사람의 신념이 되었다. 저 시베리아 방면의 고(古)아시아 인민 사이에는 이것을 테마로 한 여러 가지 설화가 존재하고 있는 터이다.

조선계(朝鮮系)의 오랜 전승을 살펴보자. 태고에 인간이 어려움에 빠졌을 때, 광명계 주재신의 한 아들이신 환웅이 인간 구제로 내려가기를 지원했다. 주재신이 태백산(지금의 백두산) 정상을 신도(神都)로 선택하고 환웅을 여러 신들과 함께 보냈다. 그리고 그에게 천상적 능력을 주어서 파견해 머물게 했다. 그 어른이 이리로 내려와서 신정(神政) 360여 개의 일을 시행했다.

그러던 중 신혼(神婚)에 의하여 아들을 낳으셔서 단군왕검이라 이름하고, 인간 다스림을 이 어른에게 맡기고 다시 하늘로 돌아갔다. 이에 단군왕검이 처음으로 인간적 국가를 건설하여 조선이라고 불렀다. 이 조선국의 종족과 문화가 사방으로 퍼져서 동방 세계에 있는 교화의 근본이 되었다고 한다.

단군은 천신(天神)의 뜻이요, 왕검은 엄위(嚴威)한 대인(大人)을 나타내는 말이다. 이 어른을 종족적 조신(祖神)으로 하여 차차 부족적 신앙 체계를 형성하는 것이 '붉은'교 곧 단군교(후에 대종교)의 연원이다. 환웅이 하늘에서 내려왔다는 천강신화(天降神話)가 동방 여러 국민들 사이에 널리 답습되었다. 그래서 이들의 건국 신화의 모형이 되었음은 신화학적 또 역사학적으로 분명한 사실이다.

3. 범위

이 신앙 체계의 중핵이 되는 단군이란 명칭을 비교 언어학적으로 깊이 살펴보자. 한문으로 단군이라고 쓰기 전의 어형은 실로 '단굴'이다. '단굴'은 고대 흉노어의 천(天)을 나타내는 탱리(撑犁; tanguri)와 현대 몽고어의 천(天), 천신(天神) 내지 천신 관계자를 의미하는 tangeri, tegri와 내지 터키 계의 여러 유목민 사이에 있는 유사 어형 등과 더불어 동원 관계에 있음이 명백하다.

한편으로 동북아시아 내지 중앙아시아에 걸쳐서 각지에 두루 burghan, tengeri, tegui로써 부르는 대표적인 명산이 있다. 이 산들은 대개 종교적 배경을 가지고 있다. 이는 실로 '붉은' 계통 고대 신앙의 형적에 속하는 것이다.

이 문화 계열에 관해 종래의 학자들이 단순하게 샤머니즘 (Shamanism)이라고 등한시해 버리고 정밀한 연구 대상으로 삼지 않았던 경향이 있다. 저 중국 역대 문헌에 나타나는 흉노 · 동호(東胡) · 몽고 · 여진 등 북방 민족의 신앙적 사실과, 핀(Pean) · 카빈(Carbin) · 루브루그니(Rubrugni) · 마르코폴로(Marco Polo) 등을 통해 소개된 몽고민족의 종교 문화와, 지금 일본 오키나와에서 행하고 있는 신도 등의 성격과 고대 아시아의 일반 문화는 실상 '붉은' 문화의 원류 관계를 천명할 때 비로소 그 진상을 파악하게 될 것이다.

4. 연혁

조선은 '붉은' 전통의 최고 표상인 백두산 지역을 국토로 전승해 옴으로써 조선인은 스스로 이 신앙체의 주인으로 믿고 있다. 또 동 북아시아 여러 국민 가운데 가장 오래된 역사와 안정된 국토와 계속 이어진 사회 문화를 가지고 있는 것이 조선이다. 때문에 이 신앙체의 정확한 전통이 당연히 조선에 탐색되어야 할 것이다.

다만 오랫동안 외래문화의 강대한 압력을 받아서 고유 신앙의 원형(原形) 고의(古義)가 많이 사라졌다. 그리고 문화에 대한 기준 관념의 추이로 말미암아서 고유 신앙에 대한 국민의 자각에도 때를 따라 성장하기도 하고 쇠퇴하기도 했다. 아울러 근세에 있는 교단의 존속 형태는 자못 변칙적인 것이었다.

교정(敎政) 일치의 고대 사회는 말할 것 없거니와 신라 시대에는 고유 신앙의 교화력이 매우 왕성했다. 이 점은 국민 연성 기관인 '화랑'단이 삼국 통일의 추진력으로 위대한 효과를 발휘한 사례에서도 명백히 인식될 것이다.

신라 하대로부터 중국 및 인도 문화에 깊게 영향을 받았다. 따라서 고유 신앙의 종교적인 면이 그것에 많은 영향을 받게 되었다. 신라의 후계자인 태봉과 태봉의 후계자인 고려 시대에는 교의(敎

義) 자체를 잊어버리게 된 경향이 있었다. 하지만 그 의식적 방면인 제천 전례는 '붉은이'의 고려적 번역어인 '팔관회'란 이름으로 매년 11월에 국가적으로 성대히 거행되었다.

조선이 일어나면서 여러 가지 사회적 요구 때문에 전시대의 문화가 전면적으로 바뀌게 되었다. 그 가운데 팔관회의 대전례(大典禮)도 없어지게 되었다. 그 대신 평양에는 숭녕전, 구월산에는 삼성사가 국가의 중심이 되어 설립되었다. 이곳에서는 중국적 형식에 의한 상식적 숭배가 새로 행해졌다. 전대의 팔관회에서와 같이 거국적이면서 즐거움을 함께 하는 모습이 없어진 것이다. 따라서 표면적으로는 전통적 신앙에 대한 일반 인식이 매우 희박해진 점도 있다. 하지만 실질에 있어서는 반드시 그렇지도 아니하였다.

옛날부터 관아·공청 같은 데는 반드시 '붉은'의 신당을 모셨는데, 조선 시대에도 말년까지 이를 존속하여 보통 '부군당(府君堂)'이라 불렀다. 연례의 제사를 각듯이 봉행하고 새로 임명된 관리는 먼저 이곳을 숭배한 뒤에야 사무를 보았었다.

한편으로 민간의 각 지방에는 매년 1, 2차의 부락제를 '부군굿'의 이름으로서 정성스럽게 거행하여 감히 태만히 하지 못했다. 이는 앞 시대의 국가적 제전인 팔관회가 지방에 분산되어 존재한 것이다. '부군'은 실로 '붉은'의 조선 시대의 번역어였다. 오래된 전통을 가진 '붉그뉘'의 풍이 변화하는 시세에 순응하면서 강인한 생명력을 발휘하고 나옴은 진실로 경탄스럽다.

5. 부흥

'붉은'계의 교단(敎團)에도 다른 여러 종교에서와 같이 벌써부터 신비파(Misticism)라 할 것이 성립되었다. 그래서 '붉은'교의 종교적 성능은 도리어 이 방면에 많이 남아 전해진다. 단군 시대의 것이라 하는『신지비사(神誌秘詞)』이하의 허다한 예언서와 단군 관계의 많은 사적은 실로 이 파를 말미암아 전승되어 오는 것이 각 시대에 부분적으로 남아 기록된 것에 지나지 않는다.

신라의 통일 원훈(元勳)으로 유명한 김유신과 같은 이가 이 파에 속하였던 듯하다. 고려의 인종 13년(1135)에 국교 중심의 현상 타파를 목적으로 한 묘청 일파의 신국 건설 운동은 실로 이 파가 현실적으로 활동한 두드러진 하나의 사실이다. 조선 시대에 있어서는 고유 신앙이 매우 희미한 법통을 유지하면서, 예언 선포와 비밀 결사 등의 방법으로써 침체하기 쉬운 민심에 희망과 활기를 불어넣어 온 것이 다 이 파가 시대적 상황에 대처한 활동이었다.

그러나 '붉은' 전통의 교단적 부흥은 그 기운이 얼른 일어나지 않았다. 그러다가 조선이 근대 제국주의의 풍파에 흔들릴 때부터 국민적 자각의 발흥과 함께 국민정신의 귀일점(歸一點)이 요구되기 시작했다. 청일 전쟁(1894~1895) 후의 제도 개혁에서 단군이 국민 교육상의 측면으로 다시 숭상되었다. 러일 전쟁 후의 광무(光武) 10년(1906)에 이르러 나철(羅喆) 등을 대표로 하여 단군교의 중흥이 천명되었다. 이어 어떤 사정에 인하여 교단의 이름을 '대종'이라고 고쳤다. 대종교단이 일본의 조선에 대한 국성(國性) 파괴 정책에 반항하면서 국내외를 통하여 민족 투쟁의 정신적 지주로 오늘에 이른 것은 따로 설명하지 않아도 알 것이다.

6. 교의(敎義)

요약해 말하건대, '붉은'의 고도(古道)는 천주(天主)를 광명의 본원으로 하여 인생과 사회의 광명화를 주된 교리로 하는 지극히 현실적인 신앙 형태이다. 대개 원시 시대의 배천(拜天, Heacenurship) 행사로부터 출발하여 민족 생활의 역사와 함께 자연스럽게 성립 발전했다. 그리고 차차 표상화(表象化), 관념화의 여러 계단을 거쳐 드디어 고등 논리 종교의 영역에 진입한 것이다.

신라 말의 문호 최치원의 설을 살펴보자. 우리나라의 '부루'도는 말 없이 실행하는 가운데 모든 종교의 요의(要義)를 겸비해 가진 현묘한 교문이라고 했다. 다만 역사적으로 성립한 교문인 만큼 신조 · 경전 · 수행 방법 등을 중요하게 생각하지 않았고, 그것들이 다 명백하게 밝혀지지 않았다. 그리고 교조의 개인적 증거와 깨달음을 기본으로 하는 일반 종교들과 크게 다르다.

7. 개천절

'붉은' 신앙 체계에서는 1년에 한 차례의 제천 전례를 가장 소중하게 봉행한다. 예로부터 이것을 '붉은이'라고 이르니 곧 신세(神世)의 표상을 의미한다. 신라의 불구내(弗矩內), 고려의 팔관회, 이조의 부군굿이 다 그것이 변한 하나의 어형에 불과했다. 큰 제사의 시기는 역대에 약간 변화가 있으되 보통 10월에 함이 원칙이었다. 날짜만은 따로 일정한 것이 없었다. 대종교의 중흥 이후에는 음력 10월 초삼일을 쓰고 또 명칭을 개천절이라고 일컬으니 다 신비파의 전승에 준한 것이었다.

대개 동방 여러 민족의 사이에서 10월을 신성하게 생각해서 중대한 제전이 매번 이달 거행됨은 예부터 지금까지 일관된 사실이다. 현대 조선에서 10월을 '상달'이라고 이르고, 일본에서 10월을 '신월(新月)'이라 부른다. 요나라에서는 천(天)과 조(祖)의 합향(合享)인 목엽산(木葉山) 대제를 10월에 행한다. 중국의 도교에서 태양의 천제인 동황태일(東皇太一)의 탄신일을 10월 1일이라 하는 등 모두 다 우리 10월 개천절의 근거에 관한 좋은 시사점일 것이다.

개천절은 곧 고(古)의 '붉은이'의 후대적 역어이다. '개천'은 실로 동방 여러 민족들 사이에서 건국과 동일한 의미로 사용하는 말이다. 이를테면 금나라 시대에는 백두산에 대해 '개천홍성제(開天弘聖帝)'라는 명칭을 바치니, 이는 백두산이 동방 세계에 있는 국가의 발원지임을 나타낸 이름이다. 고려의 묘청 일파가 복고적 이념의 새로운 나라를 세우면서 연호를 천개(天開)로 정하니 이 또한 건국 즉 개천의 전설 관념을 기초로 한 것이다. 개천절이라 함은 보통의 의미에 있어서는 건국 기념일에 해당한다.

8. 고적

'붉은' 신앙 곧 단군고교(檀君古敎)의 풍화(風化)는 사회 제도와 민속 각 방면에 많이 침투하여 있다. 이에 관해서는 조선이 '붉은' 신앙 체계의 근본적인 신성한 장소가 되는 까닭을 증명하는 데 필요한 지명적 고적의 사례를 예증하고자 한다. 예들 들면 옛 팔도별로 그 대표적 명산 하나씩을 추려보면 함경도에서는 백두산, 평안도에서는 묘향산, 강원도에서는 금강산, 황해도에서는 구월산, 경기도에서는 백운산, 충청도에서는 속리산, 경상도에서는 태백산, 전라도에서는 지리산이 거기에 해당할 것이다.

그런데 산명(山名)에 백(白) 자(子) 든 데가 백두산, 백운산, 태백산 셋이요, 지금은 아니지마는 옛날에는 백 자를 가진 데가 묘향산의 태백, 구월산의 백악 둘이다. 백(白)에 상관없는 것 같지만 실상 백(白)의 다른 형태인 '비로(Vairo)'를 상봉의 이름으로 가진 것이 금강산이다(위에서 언급한 여러 산에도 상봉을 비로라고 일컫는 데가 여럿이다).

이밖에 속리산의 상봉은 천황봉, 지리산의 상봉은 천왕봉으로 되어 있다.

　이상의 여러 산은 고대 부족 국가 시대에 각각 신성하게 여긴 산악들이다. 그 명칭의 어원을 고찰하건대 서로 모두다 언어적 유관 관계에 있음이 주목된다. 대개 백(白)과 비로는 '붉은'의 '붉'이 음운 전환의 법칙에 의하여 하나는 'ㄱ'(ㅈ) 뒷부분이 숨어서 '붉'이 되고, 다른 하나는 'ㄹ'(ㅈ) 뒷부분이 숨어서 '빅'이 된 것에 대한 한자적 사음(寫音)이다. 또 천황·천왕 등은 그것을 의역한 어형인 것이다.

　이 견해는 조선의 지명 어원론과 조선어의 음운 전환법을 설명함으로써 매우 명확하게 증명될 것이지만, 여기서는 그럴 필요가 없을 것이다. 여하간 하나의 국토 내의 대표적 명산들이 예외 없이 모두 '붉은'계의 동일한 명칭을 가지고 있다. 이것은 본래부터 이 국토가 '붉은' 신앙 체계에 있어서 가장 근본적인 어느 지위에 있기 때문으로 보아도 옳을 것이다.

해제

　자국사(自國史)의 서술 특히 역사 교과서의 편찬은 근대 국민 국가 수립 과정과 밀접하게 연관된다. 최남선은 1920년대 「조선역사 강화(朝鮮歷史講話)」, 1940년대 『고사통(故事通)』, 해방 후 『국민조선 역사』 등의 한국사를 집필했다. 그렇다면 최남선이 한국 역사에 관한 통사를 서술할 때, 여러 왕조와 역사적 사건에 관한 평가에 있어 무엇을 기준으로 설정했는가 여부가 그의 역사관을 확인하는 자료가 된다. 이 책의 제1부 〈역사론〉에는 최남선의 해방 후에 발표한 글을 포함해서 그가 한국 역사를 이해하는 방식에 관련된 글을 수록했다.

　1925년에 쓴 「아사인수(我史人修)의 애(哀)」에서 최남선은 조선사 편수회 즉 일본인의 손으로 조선사가 편찬되는 것은 조선인의 입장에서 보면 '최후의 정신적 파산'이라고 보았다. 또한 이를 극복하기 위해 "약자가 변명을 할수록 부끄러운 일이라고도 할 수 있다. 남을 원망하고 허물하기 보다는 우리 스스로 이에 관해 자기가 진상 규명하겠다고 천명하는 적극적 노력이 필요하다. 아울러 타인의 무고함을 타파하는 적극적 항쟁이 없다는 부끄러움을 스스로 깨달아야 한다. 역사적 진실의 파악에 깊게 책임감을 가져 열심히 노력하는 자세를 지니는 것이야말로 가장 현명한 일"이라고 주장했다. 즉 일본 사람들에 의한 조선사 정리에 대한 대항 혹은 대결 의식이 조선학 정립의 과정이었다.

조선학은 문화적 영역에서 고유한 조선적인 것을 찾는 작업이라고 할 수 있다. 최남선은 3·1운동 이후 1919년 3월 체포되어 1921년 10월 19일 가출옥을 함으로써 약 2년 8개월 동안의 감옥 생활을 경험했다. 3·1운동은 조선 민족 혹은 민중의 역량을 지식인이 확인했던 역사적 경험이었다. 최남선은 일본에서 배운 근대 학문의 방법론을 바탕으로 조선적 정체성을 찾는 조선학 연구를 통해 일제 관학자에게 학문적으로 대응하고자 했다.

1922년 발표된 「조선역사통속강화개제」에서 "정신부터 독립할 것이다. 사상으로 독립할 것이다. 학술에서 독립할 것이다. 특별히 자기를 지켜주는 정신, 자기를 발휘하는 사상, 자기를 구명하는 학술적으로 절대적인 자주, 완전한 독립을 실현할 것이다. … 내 영광의 북을 내 손으로 두드려야 한다."라고 해서 조선적인 정체성을 찾는 작업을 조선학이라고 천명하고 조선학이 지향해야 할 바를 제시했다.

일제 강점기와 해방 후의 「한국의 역사와 문화」 등을 통해 최남선은 한국사 서술에서 시대와 국가의 활동을 평가할 때 자조(自助)와 자주(自主)를 기준으로 삼았다. 삼국 시대를 서술하면서, 그는 중국에 대항해서 싸운 경험이 있는 고구려의 역사에 일찍부터 주목했다. 아울러 한국사에서 영토를 가장 확장시켰던 고구려를 상징하는 용어는 그가 선호했던 '민족적 자립', '절대 자주' 등이었다.

한편 신라의 삼국 통일은 최남선에게 고구려의 넓은 영토가 줄어든 역사적 사건이었다. 그리고 통일의 과정에서 중국에 의존한 비자주적인 측면을 비판적으로 보았다. 그럼에도 불구하고, 조선 문화를 강조한 조선학 연구자인 최남선의 입장에서 통일 신라가 보여준 문화적 역량 즉 불국사, 석굴암 등 문화적 성과에 대해서는 긍정적으로 평가했다. 즉 문화와 예술 등의 영역에서 '조선적인 것'을 찾는 작업을 통해 최남선은 조선인의 민족 단위를 형성한 것이 통일 신라 시대부터 이루어졌다고 보았다. 또한 최남선은 민족사의 입장에서 발해를 포함하고 영토를 확장한 고려를 높이 평가했으며, 문화적 측면에서 고려 시대에 만들어진 팔만대장경과 금속활자 등을 강조했다.

조선 시대 역사에서 최남선이 주목했던 것은 자주의 측면에서 중국적인 요소를 벗어나고자 했던 움직임이었다. 그 대표적인 사례로써 광해군과 그의 외교적 활동에 관해 그는 적극적인 의미를 부여했다. 그렇지만 중국적인 요소라고 해서 모든 것이 부정된 것은 아니다. 문명 담론과 연결해서, 중국을 통해 수입된 서구적 근대 지식의 모습에 관해서는 적극적인 관심을 기울였다. 그 한 사례로 최남선은 실학의 한 흐름인 북학(北學)에 주목했다. 그는 북학론과 북학론자가 경제 정책에 대해 관심이 높았으며, 외국의 진보된 기술 및 학술 수용에 적극적이었다고 보았다.

이렇듯 최남선은 민족적, 자주적, 문화적인 요소를 기준으로 한국사를 이해하고 서술했다. 우선 민족적 입장에서 최남선은 한반도를 넘어선 영토를 가졌던 화려한 과거에 주목했고, 누가 어떻게 이를 계승했는지를 보고자 했다. 그리고 자주적인 것은 전통 시대 역사 가운데 중국적인 요소에서 얼마나 독립적인가와 더불어 왕조의 교체 원인 및 전쟁 등 국가적 위기상황에 대한 평가를 민족 자립이라는 측면에서 보았다. 마지막으로 문화적인 측면에서 최남선은 우리 역사 가운데 세계적으로 내세울 수 있는 문화유산이 무엇이며, 이것이 민족 문화 발달에 얼마나 기여했는가를 역사 서술의 중심에 놓았다.

제2부 〈종교론〉에서는 최남선의 일제 강점기와 해방 이후 종교

관을 피력한 「인생과 신앙」, 「인생과 종교」 등과 함께 대종교에 관한 개괄적인 흐름을 소개한 글을 모았다. 특히 조선 불교와 관련해서 자신이 불교에 관한 관심을 피력한 「묘음관세음」과 당대 불교계에 대한 애정 어린 비판인 「참지 못할 일」과, 「대각심으로 돌아갑시다」 그리고 조선 불교 전반에 관한 역사적, 문화적인 정리 작업인 「조선 불교」 등을 수록했다.

1930년에 발표된 「조선 불교」는 원래 외국인이 읽을 것을 염두에 두고 쓴 글로 최남선 스스로 "문체와 용어가 저절로 다를 수밖에 없었다."라고 전제하고, "조선이 조선만의 조선이 아니라 전 동방의 조선, 나아가 세계의 조선임을 불교 사상을 통해 인식할 수 있다. 실제로 조선은 동방의 비밀을 깨트리는 매우 중요한 일부분이다. 세상에는 남방 불교, 북방 불교란 말이 있고 또 근래에 동방 불교란 말을 만들어 쓰는 사람이 있다. 그런데 교리에 있어서나 예술에 있어서나 불교의 종합 표현을 맨 먼저 실현한 조선 불교를 내버려 두고 진정으로 '동방 불교'의 이름을 가질 수 있는 자가 누구겠는가."라는 의도 속에서 집필했다고 밝혔다. 즉 '세계의 조선'이라는 표현에서 볼 수 있듯이, 최남선은 이 글을 통해 조선의 불교를 세계 불교계에서 유일하고 독자적인 특성을 지닌 '조선 불교'로 규정하고자 했다.

문화를 강조한 최남선은 한국의 불교 문화 유산을 세계에 내세울 만큼 뛰어난 것으로 평가했다. 그리고 일본인 학자들이 조선 불교가 중국 불교에 종속된 것으로 이해한 것에 대응하여 최남선은 불교라는 소재를 통해 과거 조선의 일본에 대한 문화적 우위를 논했다. 즉 최남선이 조선 불교의 독자성을 주장한 것은 식민지 시기 정신적 영역에서 일제와의 대결 의식을 보여주는 사례라고 할 수 있다.

최남선 한국학 총서를 내기까지

　현대 한국학의 기틀을 마련한 육당 최남선의 방대한 저술은 우리의 소중한 자산이다. 그러나 세월이 상당히 흐른 지금은 최남선의 글을 찾아보는 것도 읽어내는 것도 어려워졌다. 난해한 국한문 혼용체로 쓰여진 그의 글을 현대문으로 다듬어 널리 읽히게 한다면 묻혀 있던 근대 한국학의 콘텐츠를 되살려 현대 한국학의 발전에 기여할 것이었다.

　이러한 취지에 공감하는 연구자들이 2011년 5월부터 총서 출간을 기획했고, 7월에는 출간 자료 선별을 위한 기초 작업을 하고 해당 분야 전공자들로 폭넓게 작업자를 구성했다. 본 총서에 실린 저작물은 최남선 학문과 사상에서의 의의와 그 영향을 기준으로 선별되었고 그의 전체 저작물 중 5분의 1 정도로 추산된다.

　2011년 9월부터 윤문 작업을 시작했고, 각 작업자의 윤문 샘플을 모아 여러 차례 회의를 통해 윤문 수위를 조율했다. 본격적인 작업이 시작된 지 1년 후인 2012년 9월부터 윤문 초고들이 들어오기 시작했고 이를 모아 다시 조율 과정을 거쳤다. 2013년 9월에 2년여에 걸친 총 23책의 윤문을 마무리했다.

　처음부터 쉽지 않은 작업이리라 예상했지만 실제로 많은 고충을 겪어야 했다. 무엇보다 동서고금을 넘나드는 그의 박학함을 따라가는 것이 쉽지 않았다. 현대 학문 분과에 익숙한 우리는 모든 인문학을 망라한 그 지식의 방대함과 깊이, 특히 수도 없이 쏟아지는 인용 사료들에 숨이 턱턱 막히곤 했다.

최남선의 글을 현대문으로 바꾸는 것도 쉽지 않았다. 국한문 혼용체 특유의 만연체는 단문에 익숙한 오늘날 독자들에게는 익숙하지 않았다. 그렇다고 문장을 인위적으로 끊게 되면 저자 본래의 논지를 흐릴 가능성이 있었다. 원문을 충분히 숙지하고 기술상 난해한 부분에 대해서는 수차의 토의를 거쳐 저자의 논지를 쉽게 풀어내기 위해 고심했다.

많은 난관에 부딪쳤고 한계도 절감했지만, 그래도 몇 가지 점에서는 이 총서의 의의를 자신할 수 있다. 무엇보다 전문 연구자의 손을 거쳐 전문성을 확보했다는 것이다. 특히 최남선의 논설들을 현대 학문의 주제로 분류 구성한 것은 그의 학문을 재조명하는 데 도움이 될 것으로 본다. 또한 이 총서는 개별 단행본으로 구성되었다는 것이다. 총서 형태의 시리즈물이어도 단행본으로서의 독립성을 유지하여 보급이 용이하도록 했다. 우리들의 노력이 결실을 맺어 이 총서가 널리 읽히고 새로운 독자층을 형성하게 된다면 더 바랄 나위가 없겠다.

2013년 10월
옮긴이 일동

류시현

고려대학교 역사학과 졸업
고려대학교 대학원 역사학과 졸업(문학박사)
현 광주교육대학 사회과교육과 조교수

• 주요 논저
『최남선 평전』(2011)
『최남선 연구』(2009)
「근대 조선 지식인의 세계여행과 동서양에 관한 경계의식」(2013)
「1910년대 조선불교사의 연구와 '조선학'의 토대 형성」(2013)
「1940~60년대 시대의 '불안'과 조지훈의 대응」(2012)

최남선 한국학 총서 15

사론 · 종교론

초판 인쇄 : 2013년 10월 25일
초판 발행 : 2013년 10월 30일

지은이 : 최남선
옮긴이 : 류시현
펴낸이 : 한정희
펴낸곳 : 경인문화사
주 소 : 서울특별시 마포구 마포동 324-3
전 화 : 02-718-4831~2
팩 스 : 02-703-9711
이메일 : kyunginp@chol.com
홈페이지 : http://kyungin.mkstudy.com

값 19,000원
ISBN 978-89-499-0982-0 93910